한반도주둔일본군 사료총서 ①

일본의 군사적 침략과 한국주차군

한반도주둔일본군 사료총서 ①

조건 편역

일본의 군사적 침략과 한국주차군

역사공간

발간사

　이 책은 한국학중앙연구원 한국학진흥사업의 지원을 받아 2016년 12월부터 수행한 토대연구지원사업 '한반도주둔일본군(1875~1945) 관계 기초 사료 수집 및 번역총서 발간' 연구팀의 학술적 성과를 집대성한 것이다. 총 3년에 걸친 연구를 바탕으로 '한반도주둔일본군 관계 기초 사료 번역집' 8권과 '한반도주둔일본군 기초 사료 해제집' 1권을 간행할 예정이며, 이 책은 그 일환이다.

　이 연구는 군사지배에 기반을 둔 일본제국주의의 전면(全面)을 드러내기 위해 일본군의 역할과 실상을 규명해야 한다는 문제의식에서 출발했다. 근대 격변기 열강의 각축 사이에서 한국의 자주적 변혁은 제약되었고, 국권은 강탈되었다. 감성적 민족주의 차원을 넘어 근대 한국의 국권 상실 과정을 냉철하게 직시하기 위해서는 이에 대한 실증적 고찰이 이뤄져야 한다. 약육강식이 엄존하던 격변기의 현실과 이에 대한 우리의 대응을 성찰하는 것은 침핍(侵逼)으로 얼룩진 수난의 역사를 되풀이하지 않기 위함이자, 동북아 평화를 위한 역사 정립의 길이기 때문이다.

　그중에서도 운요호사건 이래 한국강점의 선봉에 섰던 일본군에 대한 연구는 필수적이다. 공사관수비대에서 시작해 한국주차대·한국주차군·조선주차군·조선군·제17방면군 등으로 변모한 일본군은 의병 탄압 및 독립운동 억압에 앞장섰으며, 강점 이후에는 식민지 민중의 삶을 통제하고 군사적으로 지배하는 주역이었다. 나아가 간도침략, 만주사변, 중일전쟁으로 이어지는 시기에는 일본의 대륙침략의 선봉에서 활동한 주체였다. 요컨대 일제의 한국 강점과 식민지배, 대륙침략을 규명하기 위해서는 한반도주둔일본군에 대한 이해가 선결되어야 한다.

연구팀은 관련 사료를 수집하고 번역 및 해제하는 과정에서 콜로키움과 학술회의를 매년 각 2회씩 개최하며 수집한 성과를 학계 일반에 공개하고 의견을 나누는 작업도 진행했다. 이를 통해 한반도주둔일본군 연구의 심화를 위한 학문 후속세대 양성과 학제 간 융합 연구의 활성화 등 미래지향적인 연구환경을 구축하고자 했다.

끝으로 3년에 걸친 본 연구를 지원해준 한국학중앙연구원과 이 책의 간행을 맡아주신 역사공간에 진심으로 감사드린다.

2019. 12
연구책임자 정태헌

차례

발간사 ·· 4
일러두기 ·· 8

해제 ·· 9

제1장 청일전쟁 이후 한국주차대의 편성과 활동
사료 01 내각훈령: 출병에 관한 임무의 건(1894. 6) ································ 23
사료 02 한국주차대 편제 요령(1899. 3) ·· 26
사료 03 한국주차대 편제 요령 및 복무규정 제정의 건(1903. 9) ·········· 29
사료 04 경성주차대 보고(1902. 12~1903. 11) ·· 44

제2장 러일전쟁기 간첩 활동과 군사적 침략
사료 05 1903년 12월 한국 출병에 관한 내주서(1903. 12) ···················· 81
사료 06 계림일지(1904. 5) ··· 84
사료 07 육군성 군무국 군사과 전역 업무 상보(1906) ·························· 116
사료 08 러일전쟁기 대한정책 실행의 경위와 북한군 전진난의 정황(1925) 168

제3장 한국주차군의 편성과 활동
사료 09 한국에 주차대를 배치하는 건(1904) ·· 179

사료 10 한국주차군사령관에 대한 훈령(1904. 3) ········· 182
사료 11 한국주차군사령부 및 예속부대 편성의 건(1904. 3) ········· 184
사료 12 한국주차군 병영, 관아 등 건축의 건(1906. 3) ········· 191
사료 13 한국주차군사령부 조례(1906. 7) ········· 194
사료 14 한국주차헌병대 인마배치표(1909. 1) ········· 197

제4장 한국주차군의 군사 활동 보고

사료 15 제13사단 1907년 8월 한국주차군대 보고의 건(1907. 9) ········· 225
사료 16 1909년 2월 한국주차군대 보고(1909. 4) ········· 255
사료 17 1909년 3월 한국주차군대 보고(1909. 4) ········· 265
사료 18 한국주차군 상황보고(1910. 1) ········· 276

제5장 한국주차군 연도별 작전 계획

사료 19 한국주차군사령관에게 주는 1907년도 작전 계획 훈령 ········· 297
사료 20 한국주차군사령관에게 주는 1908년도 작전 계획 훈령 ········· 302
사료 21 한국주차군사령관에게 주는 1909년도 작전 계획 훈령 ········· 307
사료 22 한국주차군사령관에게 주는 1910년도 작전 계획 훈령 ········· 312

찾아보기 ········· 318

일러두기

1. 인명과 지명 등은 일본어 자료 원문에 표기된 것을 그대로 따랐다.
2. 인명과 지명 등 고유명사는 각 자료마다 처음 나올 때만 한글과 원문을 병기하고 이후에는 한글만 표기했다.
3. 경성(京城)과 경성(鏡城)과 같이 음이 같은 고유 명사의 경우 혼돈을 피하기 위해 상대적으로 덜 쓰인 것의 원문을 항상 병기했다.
4. 일본 인명의 경우 한글과 원문을 병기하되 정확한 발음을 알 수 없을 때는 일반적으로 상용하는 성씨만을 한글로 기재했다.
5. 사료 문서정보란의 문헌코드(예. C00000000000)는 일본공문서관의 아시아역사자료센터에서 부여한 것으로 온라인 확인이 가능한 자료이다. 문헌코드가 없는 것은 연구팀이 직접 수집한 자료이다.
6. 본문의 주석은 모두 편역자가 작성한 것이다.

해제

한반도주둔일본군 사료총서 제1권의 제목은 『일본의 군사적 침략과 한국주차군』이다. 개항 이후부터 제국주의 일본의 한국병탄 이전까지 일본군의 군사적 침략 실태를 규명할 수 있는 사료들을 번역하여 수록했다. 특히 러일전쟁 개전 직후에 설치된 '한국주차군'의 군사 활동에 관한 사료를 집중적으로 선별했는데, 이를 통해 일본군의 한반도 침략이 매우 이른 시기부터 조직적으로 자행되었음을 밝히는 데 주안을 두었다.

제1권의 자료는 일본 방위성 방위연구소가 소장하고 있는 것을 주요 대상으로 했다. 다만 이들 중에는 일본 국립공문서관이 운영하는 아시아역사자료센터(アシア歷史資料センタ-)에 화상으로 게시되어 있는 것들도 있고, 방위성 방위연구소 사료열람실에 직접 방문하여 열람할 수 있는 것도 있다. 방위연구소 사료열람실에서 열람할 수 있는 자료는 수집이 가능한 것과 수집 자체가 불가한 것으로 또다시 나뉘는데, 총서 제1권에는 이 자료들을 골고루 담았다.

주지하듯 한국주차군은 일제 침략군으로 한국 식민지화에 가장 큰 역할을 담당했다. 한국을 반식민지로 전락시켰던 여러 조약들의 무력적 배경이었으며, 한말 의병에 대한 잔혹한 진압을 통해 한국병탄을 실질적으로 가능하게 한 장본인이었다. 병탄 이후에도 이른바 헌병경찰통치의 주임자(主任者)였을 뿐만 아니라 지속되는 식민지배와 침략전쟁의 주도자(主導者)였다. 사료총서 제1권은 이 중 청일전쟁 때부터 1910년 8월 직전까지, 한국주차군이라는 주요한 일제 침략군의 한반도 침략 과정을 비롯하여 그 조직과 편제, 그리고 군사 활동의 면면을 들여다볼 수 있도록 구성했다.

본문은 총 다섯 개 장으로 나누었다. 각 장의 제목은 제1장 「청일전쟁 이후 한국주차대의 편성과 활동」, 제2장 「러일전쟁기 간첩 활동과 군사적 침략」, 제3장은 「한국주차군의 편성과 활동」, 제4장은 「한국주차군의 군사 활동 보고」, 마지막 제5장은 「한국주차군의 연도별 작전 계획」이다. 다만 전체적인 맥락상 자료들은 다시 크게 두 시기로 구분된다. 첫 번째 시기는 청일전쟁부터 러일전쟁까지 일본군의 침략과 주둔에 관한 것으로 제1장과 제2장이 이에 해당한다. 두 번째 시기는 한국주차군의 편성과 군사 활동에 관한 것으로 제3장 이후에 수록된 자료들이 대상이다. 아래에서는 각 장별 주요 사료에 대한 설명을 통해 사료총서 제1권의 내용을 개관해보겠다.

제1장 「청일전쟁 이후 한국주차대의 편성과 활동」에는 모두 4개의 사료를 수록했다. 청일전쟁 직전인 1894년 6월, 육군 참모본부가 생산한 '출병에 관한 임무의 건'을 비롯해서, '한국주차대 편제 요령', '한국주차대 편제 요령 및 복무규정 제정의 건', '경성주차대 보고'가 그것이다.

'출병에 관한 임무의 건'은 일본군의 한반도 침략 명분과 주요 역할을 규정한 공식 문건이었다. 1894년 6월 청일전쟁 개전 직전 일본 육군 참모총장이 한반도에 침입한 혼성 제9여단장 오시마 요시마사(大島義昌)에게 하달한 것으로 일본군의 군사행동에 관한 지침에 해당했다. 다만 명분과 대요 위주로 기술되어 있었기 때문에 이를 통해 당시 일제 침략군의 군사적 도발 실태를 파악하기는 쉽지 않다.

'한국주차대 편제요령'은 청일전쟁 종전 이후인 1899년 3월에 만들어졌으며 청일전쟁 이후 한반도에 주둔하게 된 한국주차대의 편성과 배치, 규모 등을 알 수 있는 문건이다. 내용 자체는 간소한 편이지만 일제 침략군이 '한국주차대'라는 이름의 일원화된 편제를 구성하게 되었다는 사실은 주목할 만하다. 이것이 훗날 한국주차군, 조선주차군, 그리고 조선군의 모태가 되기 때문이다.

다음으로 '한국주차대 편제 요령 및 복무규정 제정의 건'은 1903년 9월 제작된 것으로 이전 주차대 편제의 개정 사항을 포함하여 부대 복무규정 등을 수록한 문서이다. 앞서 '한국주차대 편제 요령'이 좀 더 구체화되었다는 의미가 있지만, 그보다는 문건이 작성된 시기에 착목할 필요가 있다. 즉 러일전쟁 직전 한반도에 주둔하고 있던 일본군의 전쟁 도발에 앞선 군수 물자 집적과 수송에 관한 내용이 수록되어 있기 때문이다. 아직 전화가 짙게 드리우기 전이었지만 이미 한반도주둔일본군은 전쟁에 대비한 조직을 갖추고 군사적 침략 활동을 촉진하고 있었다.

마지막 '경성주차대 보고'는 1902년 12월부터 1903년 말까지 한성에 주둔했던 주차대의 보고 문건을 모은 것으로 당시 일본군이 한성에서 전개한 군사 활동을 구체적으로 파악할 수 있는 자료다. 특히 '경성주차대 보고'에는 일본군 병력들의 주둔 상황과 한반도 내 정보 수집 실태가 상세하게 묘사되어 있다. 또한 '위생 경황 보고'라는 제목 아래 기술된 일본군의 주둔 상황에는 동절기와 하절기 기후 변화에 따른 조처 내용과 전염병으로 인한 병사들의 피해 실태도 확인할 수 있다. 일본군은 한국인의 항일 투쟁뿐만 아니라 한국의 자연환경과도 전투를 벌이고 있었던 셈이다. 아울러 보고 내용 속에는 전쟁 준비를 위한 간첩 활동 내용도 자세히 언급되었다. 일본군의 간첩 활동 보고는 1903년 6월 주차군대 보고에 수록되어 있는 보병 대위 마쓰우라 야스시(松浦靖)의 '평양·의주·용암리 간 지리 실사 보고'가 대표적이다.

제2장은 「러일전쟁기 간첩 활동과 군사적 침략」으로 러일전쟁기 일본군의 군사 활동에 관한 자료를 중점으로 수록했다. 제1장과 마찬가지로 4개의 사료가 묶여 있는데, 1903년 12월에 생산된 '1903년 12월 한국 출병에 관한 내주서'를 시작으로 간첩 장교 이지치 고스케(伊地知幸介)의 『계림일지(鷄林日誌)』, 종전 직후에 작성된 '육군성 군무국 군사과 전역 업무 상보', 그리고 다니 도시오(谷壽夫)가 1925년에 저술한 '러일전쟁기 대한정책 실행의 경위와 북한군 전진난의 정황'이 그것이다.

'1903년 12월 한국 출병에 관한 내주서'는 앞서 청일전쟁 당시 '출병에 관한 임무의 건'과 마찬가지로 러일전쟁에 참전하는 부대의 작전 방침을 하달한 것이다. 소략한 분량에 비해 상대적으로 구체적인 작전 계획이 담겨 있어 주목을 요한다. 한반도 점령을 네 지역으로 나누어 기술했는데, 경부 남로, 경성과 원산, 그리고 다시 경성, 마지막으로 전도(全道) 군사점령 계획이다. 제12사단을 주력으로 하는 침략군의 경성과 주요 군사지역 점령 계획을 살펴볼 수 있다.

두 번째 사료인 『계림일지』는 일본군의 간첩 장교였던 육군 소장 이지치 고스케가 작성한 것이다. 이지치는 일지의 집필 이유를 "일본과 러시아의 개전 전부터 전쟁의 초기에 걸쳐 한국 경성에 주재하는 사이 집무의 편의상 이용을 위해 기재한 것"이라고 밝혔다. 공적인 보고를 목적으로 한 것은 아니지만 집무와 관련 속에서 편의상 제작한 까닭에 『계림일지』의 구석구석에는 러일전쟁을 둘러싼 일본군 장교들의 침략 행위가 군부 중앙과 관계 속에서 어떻게 전개되었는지 잘 드러나 있다. 일지는 모두 3부가 제작되었으며, 참모본부 부관부와 이지치 본인, 그리고 부관이 각 1부씩 보관했다고 한다. 특히 참모본부에는 추후 전사 편찬 자료로 제공할 목적이었다고 하니 이 자료의 중요성은 첨언이 필요 없다고 할 수 있다. 구성은 색인과 일지 두 부분으로 나뉜다. 색인은 1904년 1월 16일 도쿄 신바시(新橋) 출발을 시작으로 같은 해 3월 28일의 기록이며, 날짜별 행위 위주로 간략히 기재되었다. 일지 역시 1월 16일부터 기재되어 있는데, 좀 더 구체적인 일시와 인물, 사건, 그리고 도쿄에 보고한 '파성보고'를 수록해두었다. '파성보고'는 이지치 일행이 서울에서 머물렀던 호텔 하죠칸(巴城館)에서 따온 것이다. 원래는 일지 역시 3월 말까지 작성되어 있는데, 자료집에는 전쟁이 막 시작된 2월 8일까지의 것만 번역하여 게재했다. 애초 총서 지면의 한계도 있었지만, 일본군 간첩 장교들의 개전 직전까지 활동을 보여주고자 하는 의도에서였다.

제2장의 세 번째 사료는 육군성 군무국 군사과에서 작성한 전역 업무 상보이다. 이 업무 상보는 전쟁이 끝난 직후 육군성 차원에서 전쟁의 배경과 전개, 추이와 결과를 예하 각 실무 부서에 명령하여 기록한 것이다. 제1편 개전 이전의 업무와 제2편 개전 후의 임무 등으로 구성되었다. 특히 개전 이전의 업무 부분에는 일본군이 러일전쟁 개전에 앞서 한반도 군사점령을 위해 조직했던 임시파견대의 침략 계획이 주목된다. 일본은 전쟁 시작 전에 이미 동원령을 발포하여 병력을 충원하고 이들 중 일부를 임시로 편제·조직하여 한국을 군사점령하는 선봉 부대로 만들었다. 이 모든 사항은 앞서 언급했던 이지치 등 간첩 장교들과 육군성 군무국의 참모 장교들의 '작품'이었다. 업무 상보의 마지막에는 러일전쟁 개선과 한반도 내 한국주차군 주둔 등의 내용이 부기되어 있다.

제2장의 네 번째 사료는 다니 도시오(谷壽夫)의 글로 러일전쟁이 끝난 지 20년이 지난 시점에 작성된 글이다. 당대의 글은 아니기 때문에 사료적 가치가 떨어진다고 생각하기 쉽지만, 다니의 글은 일본 육군사관학교 강의록으로 사용할 목적으로 작성된 것이기 때문에 그만큼 정확성과 권위를 담보한 것이라고 할 수 있다. 요컨대 다니의 이 글은 일본 수뇌부의 러일전쟁 기록이자 신임 장교 양성서이며 그에 적합한 군부의 준공식 역사서였던 것이다. 자료집에는 다니의 글 중 일제의 한반도 군사점령에 관한 내용을 중심으로 번역 수록했다.

제3장은 「한국주차군의 편성과 활동」으로, 모두 여섯 개의 사료로 구성되어 있다. 제3장은 이 글의 중심 주제인 한국주차군의 본격적인 편성과 조직에 관한 내용을 담고 있다. 여기에는 '한국에 주차대를 배치하는 건'을 필두로 '한국주차군사령관에 대한 훈령', '한국주차군사령부 및 예속부대 편성의

건', '한국주차군 병영, 관아 등 건축의 건', '한국주차군사령부 조례', '한국주차헌병대 인마배치표' 등을 번역해서 실었다.

'한국에 주차대를 배치하는 건'은 1904년 초 육군성이 한국에 주차대를 배치해야 하는 이유와 그 개요에 대하여 기술한 문건이었다. 당시 육군성이 밝힌 주차대 배치 이유는 1904년 2월 한일의정서 협정에 따라 제국 정부가 한국 영토의 보전을 보장할 의무를 지게 되었기 때문이었다. 이 "중대한 책임을 다하기 위해" 한국 내 주요한 지점에 군대를 주차시키지 않을 수 없다는 것이다. 주차대의 주둔 방법에 대해서는 한국의 지형이 "종방향으로 구불구불 꿈틀거리고 동북부에는 산지가 서남부에는 평지가 많기 때문에 무력 배치도 서남부는 두텁게 동북부는 엷게 할 필요가 있다"고 적었다. 이 밖에 경성·의주·평양·진해·원산 등을 포함하여 국경 일대의 주둔 방침을 간략히 기술했다.

1904년 3월에 제작된 '한국주차군사령관에 대한 훈령'은 당시 참모총장이었던 오야마 이와오(大山巖)가 육군대신 데라우치 마사타케(寺內正毅)에게 전한 문건이다. 한국주차군사령관의 기본 임무를 명시한 것으로 모두 6개 항으로 되어 있다. 한국주차대가 한국주차군으로 확대 재편되면서 그 사령관에게 내린 훈령이라는 점을 염두에 두어야 한다. 문건에는 한국주차군의 주둔 목적이 "제국공사관, 영사관 및 거류민의 보호, 그리고 경성의 치안 유지 및 전선 배후에서 제반 업무를 온전하게 수행하기 위함"으로 기술되었다.

한편, 같은 시기 동일한 경로로 제작·발송된 문건으로 '한국주차군사령부 및 예속부대 편성의 건'이 있다. 앞서 주차군사령관에 대한 훈령에 이어 주차군사령부와 예하 부대의 편성을 명시한 자료이다. 한국주차군 예하에 편성된 부대의 형편과 각 부대의 편제, 주둔지 등이 꼼꼼하게 기재되어 있다. 아울러 부록으로 사령부 편제표를 비롯하여 병참감부, 주차전신대, 주차헌병대, 주차병원 편제표가 수록되었다.

'한국주차군 병영, 관아 등 건축의 건'은 1906년 3월에 작성된 것으로 육군성 경리국이 생산했다. 러일전쟁 종료 이후 을사늑약 체결과 통감부 설치 등 한국을 반식민지화한 일본은 본격적으로 군대를 한반도 곳곳에 주둔시키기 시작했다. 특히 이때의 군사시설은 '영구' 건축으로 건설되었다는 특징을 지닌다. 임시 또는 간이 시설이 아닌 해당 지역에 뿌리를 내리는 주둔 시설을 구축하기 시작했다는 것이다. 당시 육군성 경리국은 한국에 1개 사단 규모의 병력이 주둔할 수 있는 영구 건축 시행을 입안했다. 그리고 그해 4월 12일 육군대신이 경리국의 계획안을 결정함으로써 효력을 갖게 되었다. 이때 시작된 군사시설 건축은 1914년까지 계속되었다. 한국주차군은 육군성의 명령에 따라 주차군사령부 내 경리부에 임시건축과를 설치하고 주차군 주둔을 위한 토지 점탈과 시설물 구축에 박차를 가했다. 한반도주둔일본군의 초기 영구 주둔 시설물들 중 주요한 것은 이때에 모두 만들어졌다. 아울러 이 시설들은 아직도 용산 일대에 굳건히 버티고 서 있다.

다음 '한국주차군사령부 조례'는 1906년 7월에 생산되었으며 전시 이후 주차군사령관과 사령부의 임무 및 편제 등을 명시한 문건이다. 자료에는 한국주차군사령관을 "천황에 직예(直隷)하면서 한반도 내 육군 제 부대를 통솔하여 한국의 방위를 총괄하는 존재"로 규정했다. 아울러 군정 및 인사에 관해서는 육군대신, 작전 및 동원에 대해서는 참모총장, 교육에 대해서는 교육총감의 구처(區處)를 받는다고 설정했다. 이때 설정된 한반도주둔일본군 사령관의 위상과 통수 관계는 이후에도 지속된다. 한편 주차군사령부에는 참모부·부관부·법관부·경리부·군의부·수의부 등의 직속 기구들이 조직되었다.

제3장의 마지막 사료는 '한국주차헌병대 인마배치표'로, 1909년 1월에 생산되었다. 당시 한국주차군참모장 겸 한국주차헌병대장이었던 아카시 모토

지로(明石元二郎)가 작성한 것으로 확인된다. 주지하듯 1909년 초는 한반도 각지에서 의병이 봉기하여 항일투쟁의 기치가 높이 오른 때이기도 하지만 반면 병탄을 앞에 둔 무력 탄압과 식민지화가 가속화되던 시기이기도 했다. 그리고 이때 한반도 곳곳에 주둔하면서 한국민의 탄압에 앞장섰던 대표적인 조직이 바로 주차군헌병대였다. 문건을 작성한 아카시는 1907년 10월부터 헌병대장에 임명되어 조선에 주둔했고 병탄 이후인 1914년 4월까지 그 직을 수행했다. 사실상 한반도 헌병통치의 주도자이자 책임자였다고 할 수 있다. 문건에는 회령·청진·경성(鏡城)·성진 등 국경 일대에 배치된 헌병과 마필 배치 현황을 시작으로 한반도 전역에 주둔했던 헌병들의 배치표가 열거되어 있다.

제4장은 「한국주차군의 군사 활동 보고」로 모두 4개의 사료를 수록했다. 한국주차군의 편성과 주둔이 일단락된 후 한반도 각지에서 벌인 군사 활동에 관한 자료를 묶은 것이다.

첫 번째 사료는 '제13사단 1907년 8월 한국주차군대 보고의 건'으로 1907년 9월 작성되었다. 러일전쟁 종료 후 한반도에는 일본 본토 사단이 교대로 주둔하면서 한국을 사실상 군사 지배하게 되었다. 이를 '주차(駐箚)'라고 한다. 제13사단은 일본 혼슈의 센다이(仙台)를 위수지역으로 한 사단으로 1907년 8월 당시 한반도에 주둔하고 있었다. 특히 1907년 8월은 군대 해산에 따른 의병들의 무장항일투쟁이 격화되는 시점이었다. 이에 따라 한반도 각지에 분산 주둔하고 있던 제13사단 예하 부대의 보고 내용 속에는 일본군의 군사 활동과 더불어 그에 대응했던 의병들의 활동 상황이 적지 않게 기술되어 있다. 추후 관련 자료들과 함께 분석하여 한말 일제의 침략과 이에 대항한 의병들의 독립운동 실태를 연구하는 데 기여할 수 있을 것이다. 문건은 사단 예하의 보병 제50·51·52연대와 기병 제17연대 등의 보고 문서를 엮은

형태로 구성되어 있다.

　다음 사료는 1909년 2월과 3월의 한국주차군대 보고를 각각 묶은 것이다. 작성자는 한국주차군사령관 오쿠보 하루노(大久保春野)였다. 주로 후기의병의 활동 상황과 일본군의 토벌 정황이 기록되었다. 한국주차군은 이러한 주차군대 보고를 정기적으로 작성했을 것으로 판단되지만 현재 남아 있는 것은 많지 않다. 주요 보고 주제는 유사한데, 1919년 2월에는 지방의 현황과 경리(經理) 그리고 위생사항 등이, 3월에는 역시 지방의 상황을 비롯하여 지형·지리 및 운수 교통, 잡건, 경리사항, 위생사항, 군마 위생사항, 군대 근무 등의 내용이 상세하게 기재되어 있다. 특히 위생과 관련된 내용이 매우 구체적으로 보고되었는데 평시 주둔 상황에서 무엇보다 비중을 둔 사안임을 알 수 있다. 예를 들어 '한국으로 건너오는 병사와 귀환하는 병사'들에게 전염병 예방을 각별히 주의시키고 있었음이 확인된다. 사료에 드러난 당시 전염병으로는 천연두·장티푸스·성홍열 등이 있었다.

　제4장의 마지막 사료는 1910년 1월에 생산된 '한국주차군 상황보고'이다. 한국주차군사령관 오쿠보가 작성한 것으로 확인된다. 작성시점이 1909년 '남한대토벌'이 마무리되고, 결국 병탄을 반년여 남긴 때라는 점에 착안할 필요가 있다. 특히 '폭도의 경황'이라는 제목 아래에 "작년 8월까지는 폭도의 소굴로 가장 창궐이 극심했던 전라도도 지난날의 대토벌 후 계속하여 해당 수비대 헌병경찰관 등이 끊임없이 토벌·수색 등을 실시한 결과 금일에는 거의 집단 적도를 발견할 수 없다"고 자평하고 있는 대목이 눈길을 끈다. 군사적 침략 행위가 일단락된 이후 한반도주둔일본군의 주둔 상황을 잘 확인할 수 있는 자료이다. 각종 부표도 제시되었는데, 이 중 부표 제3에는 1908년과 1909년(1~11월)의 병력 손실 규모가 적혀 있다. 이에 따르면, 1908년 일본군 사망자는 119명, 송환자는 134명이었고, 1909년 사망자는 73명, 송환자

는 83명이었다. 이들의 사망이나 송환 이유는 의병 토벌과 관계된 것도 있겠지만 적지 않은 수가 전염병 등에 의한 것이었다. 이에 비해 부표 제4로 제시된 전사·전상자 계급별표는 의병과 전투에서 일어난 '손실' 현황도 기재되어 있다. 이에 따르면, 1909년도 전사자는 모두 15명이었는데 이 중 주차사단에서 2명, 임시파견대에서 13명이 나왔다. 전상자는 총 21명으로 하사관이 2명, 병졸이 19명이었다. 당시 의병의 피해에 견줄 바는 아니지만 일본군의 피해 실태를 파악할 수 있는 자료로 주목할 만하다. 한편 부표 제8에는 1909년 11월부터 12월까지 '폭도토벌 성적표'가 수록되었다. '남한대토벌작전' 완료 직후 의병 토벌 상황을 담은 통계라는 점에서 중요하다. 여기에 눈에 띄는 수치가 있는데, 1908년 10·11·12월과 1909년 동시기 의병 수를 기재한 대목이다. 1908년 10월과 11월, 12월 의병 규모는 각각 3,930명, 2,457명, 3,975명이었고 1909년 동 시기는 700명, 567명, 269명으로 기재되어 있다. 일제의 의병 토벌이 얼마나 잔혹하고 철저했는지를 웅변하는 수치라고 할 수 있다.

제5장은 '한국주차군의 연도별 작전 계획'을 번역해 수록했다. 1907년부터 1910년까지 총 4편이 담겨 있는데 구성과 내용은 대동소이한 편이다. 다만, 육군 중앙이 한국주차군사령관에게 연차별 공식적으로 내린 한반도 작전 계획 훈령이라는 점에서 중요하다. 무엇보다 1907년 작전 계획 훈령이 내려진 이래 지속적으로 강조되어 있는 것은 '북관군(北關軍)' 편성과 활동에 대한 부분이다. 북관군은 북쪽 관문을 지키는 군대라는 의미로 대러시아 작전 부대라고 할 수 있다. 한국주차군사령관에게 하달한 작전 계획 훈령의 주요한 대목이 한만 국경, 특히 러시아 국경 지역의 방비에 관한 내용이었던 것이다. 한반도주둔일본군의 주둔 목적, 즉 한반도 치안 유지와 대륙 침략이라는 두 개의 목적 중 후자의 것이 이미 두드러지고 있다는 점에 주목해야 한다.

물론 군사 활동 자체는 방비에 중점이 두어져 있지만 그 범주가 이미 한반도의 지경을 벗어나 있다는 것을 강조하고 싶다. 각 연차별 작전 계획 훈령 뒤에는 '만주 및 한국 내 세부지경 구분'이라는 제목의 지도와 '북관군 편제표'를 수록했다.

이상으로 한반도주둔일본군 사료총서 제1권의 장별 구성과 주요 내용을 개관해보았다. 애초 제1권의 대상 사료를 어떻게 구성할 것인가를 두고 연구팀 내에서 많은 고민과 시행착오가 있었다. 요컨대 한반도주둔일본군 연구에 크게 도움을 줄 수 있는 신규 사료를 발굴해서 번역하는 것이 가장 좋겠지만, 관련 연구총서가 처음으로 발간되는 것이니 기본적인 사료도 수록해야 한다는 의견이 만만치 않았던 것이다. 결국 일본군의 한반도 침략과 주둔을 설명할 수 있는 기초 사료들을 소개하는 일을 소홀히 해서는 안 된다는 결론을 내리게 되었다.

이에 따라 연구총서 제1권은 그간 잘 알려지지 않았던 한반도주둔일본군의 침략 활동을 포함하여 기본적인 편제와 조직, 군사 활동 보고 등을 함께 수록했다. 다만, 편역자의 능력이 미치지 못하는 부분이 있어 번역 오류는 물론 사료의 구성이 얼마만큼 총서의 취지에 부합했는지, 아울러 학계와 일반의 요구에 부응할지는 의문이다. 이제 관련 분야의 연구자들은 물론 관심 있는 많은 시민들의 질타와 조언을 적극 받아들이는 일만이 남아 있다. 아무쪼록 이 자료집이 '일제침략군'[1] 연구에 조금이나마 도움이 되었으면 좋겠다.

편역자 조 건

---

1 이 용어는 한반도주둔일본군 연구의 선구자인 임종국 선생이 『日本軍의 朝鮮侵略史』에서 주창한 것이다. 임종국 선생의 뜻을 기리는 의미에서 끝으로 이 용어를 명시하고 싶다.

사료

제1장

청일전쟁 이후
한국주차대의 편성과 활동

사료 01

내각훈령: 출병에 관한 임무의 건(1894.6)[1]

자료명	内閣訓令 出兵に関する任務の件
생산자	參謀本部
생산시기	1894年 6月
소장기관	日本 防衛省 防衛研究所
문서정보	陸軍省-日淸戰役戰役日記-M27-15-99(C06021837400)

1894년 6월 조선사건(朝鮮事件)
내각으로부터 훈령(육군대신에게)

1. 출병(出兵)의 목적은 공사관·영사관 및 제국 신민을 보호하는 데 있음을 주의할 것.

2. 공사관·영사관 및 제국 신민 보호 절차는 긴급한 상황에 임기(臨機) 처분하는 것 외에는 전권공사(全權公使)와 협의하고, 혹 의견이 맞지 않는 것이 있어도 병기(兵機)에 관한 경우 외에는 공사의 뜻에 따를 것.

3. 경성 외 각항에 거류하는 제국 신민을 보호하기 위해서 우선 공사와 협의를 거쳐 적절하게 조처를 하고 처분 후 보고할 수 있음.

4. 공사관·영사관 및 제국 신민을 보호하기 위해 정당방위가 필요한 경우

---

[1] 청일전쟁 직전 일본 육군 참모총장이 한반도에 침입하는 혼성 제9여단장 오시마 요시마사에게 하달한 작전 명령이다.

외에는 조선국의 내란에 간섭하지 않도록 주의하고 내륙으로 진입하지 말 것.

5. 각국 및 조선의 인민에게도 상황에 따라서는 상당한 보호를 제공할 것.

6. 대항자(對抗者) 외에는 살육을 행하지 말 것.

7. 만약 조선 정부가 위급할 때 그들이 우리 공사를 거쳐 구원을 요청할 경우에는 다시금 공사가 정부의 뜻을 전해야 하기 때문에, 임시로 진압 처분을 하는 것도 가능함.

8. 만약 조선국 국왕 또는 그 귀현(貴顯) 또는 각국 주재 관리가 위급한 상황에 처한 것을 목격했을 때는 적절한 보호 처분을 게을리하지 말 것.

9. 만약 청국이 출병하는 일이 있으면 군대 상호 간 상당한 경례(敬禮)를 지켜 충돌을 피하고 세□(細□) 내에서 인□(隣□)를 깨뜨리지 않도록 주의할 것.

경성에 주재하는 제국 전권공사 및 기타 대상과의 교섭에 관한 훈령

1. 이번 출병은 제국 공사관을 호위하는 한편 거주하는 제국 신민의 보호에 목적이 있으므로 다른 의도는 없다. 그리고 출병에 관한 한국과 일본 간의 관계는 1882년 제물포조약 제5관 및 1885년 7월 대리공사(代理公使)의 통지에 따른 것이고, 아울러 일본과 청의 관계는 1885년 텐진조약 제3관에 말미암아 이미 그 절차를 거친 것이다. 따라서 청국 및 외국 관리 등을 응대하고 접촉할 때는 그 취지를 양해(諒解)하도록 해야 한다.

2. 청국과 한국 및 그 밖의 외국 문무 관리와 교섭할 때는 힘써 온화하게 하고, 특히 한국민들의 의구심을 낳지 않도록 주의해야 한다.

3. 제국 군대의 영사(營舍)는 공사가 조회하여 조선 정부가 그 설치 및 수리를 하도록 하고, 단 조선 정부가 적절한 설비를 하지 못하는 경우에는 주둔

에 편리한 장소를 대여하도록 힘써야 한다.

4. 변란의 진정(鎭定)을 위해 조선 정부가 제국 군대의 조력을 청구한 때는 공사와 협의하여 그에 종사할 수 있다. 그럼에도 작전에 관한 것은 애초부터 귀관이 □행(□行)해야 할 것이다.

5. 전항의 경우, 혹 청국 군대와 함께 전지(戰地)에 출장하거나 혹 같은 지방에 주재하는 때는 공사와 협의 □처(□處)하여 청국군과 우리 군대가 충돌하는 일에 주의해야 한다.

6. 난민(亂民)의 무리가 경성에 난입(闌入)하고 조선 정부가 해당 지역에 있는 각국 공사관과 영사관 및 외국 인민을 보호하게 되어 각국 사신 혹은 영사가 제국 공사에게 □호(□護)를 청구한 때는 공사와 협의하여 가급적 □호(□護)를 제공해야 한다.

7. 조선에 파견한 제국 함대사령관과는 함께 상호 호응하여 모든 방면의 정보를 교류해야 한다.

1894년 6월 6일
참모총장 다루히토(熾仁) 친왕[2]
혼성여단장 오시마 요시마사(大島義昌)[3] 귀하

---

[2] 아리스가와노미야 다루히토(有栖川宮熾仁)를 말한다. 청일전쟁 개전 당시 참모총장을 역임했으나 장티푸스로 인해 이듬해 사망했다.

[3] 야마구치현 출신의 군인. 청일전쟁 직전 혼성여단을 이끌고 한국에 침략해 들어왔으며, 경복궁을 공격하여 조선 정부를 속박하고 전쟁을 도발한 장본인이다. 개전 이후에도 일본군 제1군 예하에서 전쟁에 참가했다. 러일전쟁 때도 제3사단장으로 참전했으며 전후 육군대장으로 진급, 관동주의 총독이 되었다. 일본의 수상 아베 신조(安倍晋三)의 혈족(진외증외고조부, 할머니의 외할아버지)이기도 하다.

사료 02
한국주차대 편제 요령(1899. 3)

자료명	韓國駐箚隊編制要領
생산자	陸軍大臣 子爵 桂太郎
생산시기	1899年 3月
소장기관	日本 防衛省 防衛研究所
문서정보	陸軍省-雜-M32-13-82(C10062245000)

송을(送乙) 제917호

한국주차대 편제 요령 별책과 같이 정함.

1899년 3월 31일 육군대신 자작 가쓰라 다로(桂太郎)

한국주차대 편제 요령

제1. 한국주차대는 보병 1개 대대로 하고 그 배치는 다음과 같다.

경성: 대대 본부 및 2중대

부산: 1중대

원산: 1중대

주차대는 그 배치된 지명을 관칭(冠稱)하여 모 지역 주차대라고 칭한다.

제2. 주차대의 편제는 별표와 같이 하고, 단 부산·원산에 주차하는 중대에는 대대 본부 소속 2(3)등 군의 및 1(2)(3)등 서기 각 1명을 부속한다.

제3. 주차대의 주차 기한은 약 1개년으로 하고 연대를 지정하여 매년 육군대신이 해당 사단장에게 하달한다.

제4. 주차대는 지정된 연대의 1개 대대를 기간으로 하고 제3년병을 잔류하여 편제에 이용하며, 장교 동상당관 및 하사 병졸과 함께 해당 연대의 다른 대대에 편입한다. 파견 대대 요원이 부족하면 다른 대대에서 전입하여 보충한다. 단 2(3)등 군의 1명은 육군성에서, 1(2)(3)등 서기 2명은 해당 사단 감독부에서 배속한다.

제5. 주차대는 평상시에 총을 휴대한다. 휴대하는 탄약의 수는 정규(定規)에 따른다.

예비 병기는 필요에 따라 그 연대의 평시 예비 정수 중에서 적절하게 휴행하도록 한다. 예비 탄약은 별도로 주차대에 구비하여 부속해두는 것으로 한다.

제6. 주차대에는 대소 행리(行李)[1]를 부속시킨다. 단 위생 재료, 취구하물(炊具荷物) 및 금궤(金櫃)는 적절히 휴행하도록 한다.

제7. 주차대는 인마 재료를 보충하지 않음을 원칙으로 한다. 다수의 결원이 생겨 임시로 보충해야 할 경우에는 육군대신이 결정하는 바에 의거한다.

제8. 각 지역 주차대는 각각 독립하여 육군대신에 예속한다. 단, 인사에 관해서는 평상의 계통에 따른다.

제9. 사단장은 편제의 기간으로 할 대대를 각 주차대로 구분하여 장교 동상당관, 준사관은 관과 씨명, 하사 이하는 인원으로 직원표를 제작하고 육군대신, 참모총장에게 보고하도록 한다.

제10. 주차대 대대로 편입되는 그해의 신병은 해당 연대 외 대대에 편입하도록 한다.

제11. 주차대 교대 시기는 매년 5월로 한다.

---

[1] 군장을 가리킨다.

[부표 1] 보병대대 임시편제표

구분 계급	본부		1개 중대	대대 계(4개 중대)	
	인원	승마	인원	인원	승마
소좌	대대장 1	2		1	2
대위			중대장 1	17	
중위	부관 1	1	3		1
소위				48	
특무조장			1		
조장			1		
1등군조	4		4		
2등군조			5		
상등병			12	480	
일등졸			108		
이등졸					
계	6	3	135	546	3
1등군의	1			3	
2등군의	2				
3등군의					
간호장	1			1	
간호수			1	4	
군리	1			1	
1(2)(3)등 서기	3			3	
총공장	1			1	
총공하장					
계	9		1	13	
합계	15	3	136	559	3

* 본부 군조 내 2명은 서기와 고수장(鼓手長), 2명은 취사괘의 분과로 함.
* 중대 군조 내 1명은 급양괘의 분과, 병졸 내 고수(鼓手), 나팔수(喇叭手) 각 2명. 1(2) 등졸 내 총공졸(銃工卒) 적어도 1명, 봉공(縫工), 화공졸(靴工卒) 적어도 각 2명을 포함함.

사료 03

한국주차대 편제 요령 및
복무규정 제정의 건(1903.9)

자료명	韓国駐屯(剳)隊編制要領及韓國駐屯(箚)隊服務規定制定ノ件
생산자	陸軍省 軍務局 軍事課
생산시기	1903年 9月
소장기관	日本 防衛省 防衛研究所
문서정보	陸軍省-貳大日記-M36-11-31(アジア歴史資料センター C06083813600)

이(貳) 제1787호

청명: 군사과

수령: 1903년 9월 29일

제출: 1903년 10월 1일

참모총장 협의안

한국주차대 편제 개정이 필요함에 따라 별책과 같이 한국주둔(차)대 편제 요령 및 동 복무규정을 제정하는 동시에 육군 평시편제 부록 중 제2장 이하 및 그 부표 제2호 이하를 삭제하는 것으로 함.

외무대신 협의안

이번 한국주둔(차) 제 부대 통할을 위해 경성에 주둔(차)대사령부를 설치하고 그 직무 중 다음의 일 항을 더하는 것으로 함.

주둔(차)대사령관은 근무 상황에 따라 사안이 국제적으로 관계되어 있고 지급을 요하는 때는 경성주차 제국공사 혹은 그 대리자 혹은 각 주차대 소재지 제국 영사 혹은 그 대리자와 상의하여 편의상 그를 처리(하고 또한 동관 등이 상의 혹은 청구하는 때는 그에 응)하는 것으로 함.

더불어 부산과 원산의 수비(주차)대장에게도 사태가 시급해 사령관의 지휘를 청할 겨를이 없을 때는 본 문건에 준하여 처리할 수 있도록 규정하자는 의견이 있음.

위 참모총장 및 외무대신으로부터 이의가 없다는 회답이 있었음.

상주안

한국주둔(차)대 편제 요령, 동 복무규정 제정 및 육군 평시편제 부록 중 개정의 건

육군대신

별지와 같이 상주함.

별지

한국주둔(차)대 편제 요령 및 복무규정을 별책과 같이 제정하고, 육군 평시편제 부록 중 제2장 이하 및 부표 제2호 이하를 삭제합니다. 그 이유는 별지와 같습니다.

〈이유〉

편제 요령 중 주둔(차)대사령부를 두는 것은 종전 경성과 부산, 원산에 분산 주둔하여 각각 독립해 육군대신에 예속시킨 제 부대 및 전신대, 헌병대 기타 병원 등을 통합 관할하는 사령관을 둠으로써 지휘 명령의 일치 신속을 도모하는 데 있다.

전신부는 주둔(차)대사령부를 설치하게 되면 좌관을 지휘관으로 둘 필요가 없다. 또한 현재는 다수의 기수와 건축 공수 등을 소속할 필요가 없으므로 그 편제를 개정한다.

헌병대는 그 인마(人馬)를 축소했음에도 인원이 오히려 200명을 초과함. 또한 이 부대는 교통이 불편한 각지에 분산해 주둔시킬 수밖에 없었으므로 특별히 위생부원을 배치할 필요가 있어 그를 부속하는 것으로 개정함.

종전 각 주차지에 병실을 설치하고 그 지역 소재의 위생부원에게 그 업무를 집행하도록 했는데, 이는 해외에 주둔하는 군대에서 위생상 결핍되는 바가 있으므로 새롭게 1개의 주둔(차)대 병원을 설치하는 것으로 하고 그 편제를 정함.

현행 편제 요령 중에는 편제에 속한 이외의 사항을 혼입(混入)했는데, 따라서 그를 삭제하여 별도로 상세한 주둔(차)대 복무규정을 정하고 사령관 이하 그에 근거하여 복무시키는 것으로 함.

한국주둔(차)대는 원래 임시 파견하는 것이었는데 그 편제를 항구 편제를 나타내는 평시 편제에 편입함은 타당하지 않으므로 이것을 평시 편제 부록에서 삭제하는 것으로 함.

위 재가를 구함.

한국주차대 복무규정

제1장 총칙

제1조 본 규정은 한국주차대의 근무에 관하여 준거해야 할 복무의 요강을 제시하는 것으로 함.

제2조 주차대의 근무로서 특별히 본 규정에 밝히지 않거나 그 외 평시의 규정에 의거하기 어려운 것은 전시 제 근무령을 준용함.

제3조 주차대 이동을 위해 군수품을 운반할 필요가 있을 때는 용역의 인마 재료를 사용하는 것으로 함.

제4조 한국주차전신대의 환자는 그 소재지 부근의 위생부원에게 진료시킴.

사령부·병원·병실 및 전신대에서 필요한 잡역 근무 인원은 되도록 해당 지역 소재의 보병 졸로 충당하고, 그럴 수 없는 인원에 한하여 용역자를 사용함.

제2장 한국주차대사령부

제5조 주차대사령관은 육군대신에 예속하고 한국주차대를 통할하며 제국 공사관·영사관 및 제국 신민과 전신 철도선의 보호에 임하고 부대 예하 각 부대의 교육 인사 및 경리 위생 사무를 총독함.

제6조 주차대사령관은 주차대의 근무상 중요한 사항은 육군대신의 지휘를 받는 것으로 함. 다만 그 일이 국제적으로 관계되어 있고 지급을 요하는 때는 경성주차 제국공사 혹은 그 대리자 혹은 각 주차대 소재지 제국영사 혹

은 그 대리자와 상의하여 편의상 처리하는 것으로 함.

전항 단서의 경우에는 즉시 육군대신에게 보고해야 함.

제7조 주차대사령관은 주차대의 하사, 병졸(경리부 하사 및 간호수를 제외)을 진급시킬 수 있음. 다만 진급에 관해서는 미리 원적지 사단장 혹은 헌병사령관과 협의할 것을 요함.

제8조 부관은 주차대사령관의 명을 받아 부대 업무에 복무함.

제9조 부감독은 주차대사령관의 명을 받아 한국주차대의 경리 사무를 관장함.

제10조 군의는 주차대사령관의 명을 받아 한국주차대의 위생 사무를 관장함.

제3장 경성·부산·원산 주차대

제11조 각 주차대장은 주차대사령관에 예속하고 본 규정에 명시한 것 외 내지 군대의 규정에 준거하여 그 부대 업무에 복무함.

제12조 부산과 원산의 주차대장은 (사안이) 시급하여 주차대사령관의 지휘를 청할 겨를이 없을 때는 제6조 단서에 준하여 처변할 수 있음.

전항의 경우에는 즉시 주차대사령관에 보고해야 함.

제4장 한국주차전신대

제13조 전신대장은 주차대사령관에 예속하여 경성과 부산, 경성과 인천 간 전신의 통신 및 건축 일체의 업무를 지휘 감독하고 전선의 보전과 선로 감시 업무를 관장함.

제5장 한국주차헌병대

제14조 헌병대장은 주차대사령관에 예속하여 한국주차대 소재지의 군기 및 정숙을 유지하고 또한 경성과 부산, 경성과 인천 간 전선의 수비를 관장함. 다만 전선의 수비에 관해서는 한국주차전신대장과 협의해야 하는 것으로 함.

제6장 한국주차대병원

제15조 병원장은 주차대사령관에 예속하여 병원 사무를 정리하고 입원 환자의 치료에 종사함.

병원의 근무에 관해서는 위수병원의 제 조규를 준용함.

제7장 보충

제16조 경성·부산·원산 주차대의 인원 및 재료는 보충하지 않는 것을 관례로 함. 다만 다수의 결원이 생겨 보충이 필요한 경우 및 다른 인원으로 대체할 수 없는 경우에는 임시로 그를 보충하도록 함.

제17조 상치부대(常置部隊)의 장교, 동상당관, 준사관, 하사, 판임문관, 병졸 및 경성·부산·원산 주차대의 군의, 공장(工長), 경리부 준사관, 하사의 보충은 임시로 육군대신에게 신청하도록 함.

제18조 병기, 피복, 양말, 제(諸) 재료 및 마필의 보충은 육군대신에게 청구하도록 함. 다만 육군피복창 및 육군양말창(陸軍糧秣廠)에서 현품으로 교부해야 하는 것 외 주차 지방에서 구매할 수 있는 것은 힘써서 현지에서 조변(調辨)하는 방법에 의함.

제19조 제17조에 명시한 인원의 보충에 관해서는 신청서에 결손자의 계급, 씨명, 원소관(原所管)의 대호(隊号), 관아의 명(고원, 용인은 그 원적지) 및

결손 사유를 상세히 기록하여 그를 첨부하도록 함.

제8장 인마·물건의 추송 및 환송

제20조 한국주차대에 추송해야 할 인마·물건은 당해 부대의 주차지로 송견하도록 함. 다만 그 발송 기일은 주차대사령관에게 미리 보고하는 것으로 함.

제21조 주차대에 추송·환송하는 인마와 물건은 통상 모지항(門司港)에서 승선 양륙시키고 그 업무는 대만육군보급창(臺灣陸軍補給廠)이 담임하도록 함.

제22조 주차대의 인마·물건 중 환송해야 할 것은 다음의 개소(箇所)를 향해 송부하도록 함.

1) 환자 – 히로시마(廣島) 위수병원

2) 병기 및 병기에 부속한 기구 재료 – 모지(門司) 병기지창

3) 피복 양말 및 병기에 부속하지 않은 기구 재료 – 육군양말창 우지나지창(宇品支廠)

제23조 주차대의 인마·물건 중 환송해야 할 것은 그 종류 및 원수를 수리할 사단 혹은 관아에 통보하도록 함.

제24조 무릇 추송 및 환송하는 물품은 충분히 견고하게 곤포(梱包)하고 그 표면에는 내용품의 종류, 원수 및 그것을 받을 부대호, 주차지 및 차출부대호, 관아명 등을 기재한 뒤 표찰을 단단히 부착하고 별도로 송장을 첨부하도록 함.

제9장 보고

제25조 임시 발생한 사건 외 한국주차대사령관이 육군대신에게 제출해야 할 정기보고는 다음과 같음.

1) 순보(旬報): 이전 10일간의 주차대 및 주차지 부근 정황 및 주차국과 관련한 외국 사정, 급양 및 위생 등 사항.

2) 인마현원표 매월 말일 조사

제26조 임시 발생한 사건 중 중요 또는 긴급한 보고는 부산·원산의 주차대장이 주차대사령관에게 보고하는 동시에 육군대신에게 보고하도록 함.

부칙

제27조 본 규정 이외에 경이(輕易)한 사항은 육군대신이 정하는 것으로 함.

한국주차대 편제 요령

제1장 총칙

제1조 한국에 있는 제국 공사관·영사관 및 제국 신민과 전신·철도선 보호를 위해 동국(同國)에 주차하는 다음의 제 부대는 총칭하여 한국주차대로 일컬음.

1) 한국주차대사령부
2) 경성주차대
3) 부산주차대
4) 원산주차대
5) 한국주차전신대
6) 한국주차헌병대
7) 한국주차대병원

부산·원산 주차대 소재지에는 병실을 갖추고, 해당 부대장에 예속하며 그 지역 소재의 위생부원에게 그 업무를 취급하도록 함.

제2조 한국주차대의 편제는 부표 제1호 내지 제6호에 의함.

제3조 한국주차대에는 대소 행리(行李)를 부속하도록 함. 다만 취구(炊具)·하물(荷物)·금궤(金櫃) 및 교대 도중 필요한 위생 재료는 적당히 휴행하도록 함.

제2장 편성 요령

제4조 한국주차대의 장교, 동상당관, 준사관, 하사 병졸은 모두 현역으로 충당함. 다만 경성·부산·원산 주차대의 병졸은 제1·제2년병으로 함.

제5조 한국주차대사령부, 한국주차전신대, 동 헌병대 및 한국주차대병원은 그를 특설하고 또한 상치(常置)하도록 함.

제6조 경성·부산·원산 주차대는 모(某) 보병연대의 모(某) 대대를 기간으로 하고 부족한 요원은 다른 대대에서 충족하며 기간대대의 인원 중 편성상 불용한 것은 다른 대대에 편입함. 다만 경성주차대 군의는 육군대신, 계수(計手) 2명은 당해 사단에서 배속함.

제7조 한국주차전신대의 통신원 및 한국주차헌병대의 헌병 파견 방법은 육군대신이 정함.

제8조 한국주차대사령부, 한국주차전신대, 동 헌병대, 한국주차대병원의 장교, 동상당관, 준사관, 하사(헌병대에서는 상등병을 포함)는 육군 평시편제의 정원 외로 하고 그 외의 인원은 원 부대의 정원 내에 있는 것으로 함.

제9조 한국주차대의 종졸 및 마졸은 특별히 용인을 이용함.

제3장 병기, 피복, 양말, 재료

제10조 한국주차대의 병기, 피복, 양말, 위생 재료 등의 정수 및 지급 방법은 육군대신이 정함.

제4장 교대

제11조 경성·부산·원산 주차대로 편성되어야 할 보병연대는 교대할 때마다 정함.

제12조 경성·부산·원산 주차대의 주차 기한은 약 1개년으로 하고 교대기는 매년 대략 5월로 함. 그리고 교대에 관한 세부 규정은 육군대신이 정함.

부칙

제13조 본 편제 요령은 1903년 12월 1일부터 실시함.

[부표 1] 한국주차대사령부 편제표

계급 \ 구분	인원	승마(乘馬)
좌관	사령관 1	2
대위	부관 1	1
중위	부관 1	1
1등군의	(1)	
1등부감독	1	
조장(군조)	2	
계수	1	
마졸	3	
계	10(1)	4

* (1)은 한국주차대병원장과 겸무로 함.
* 필요에 따라 통역(고원) 약간 명을 둘 수 있음.

[부표 2] 경성수비(주차)대 편제표

구분 계급	본부		1개 중대		계(본부 및 2개 중대)	
	인원	승마	인원	승마	인원	승마
소좌	대장 1	2			1	2
대위			중대장 1		9	1
중위	부관 1	1	3			
소위						
특무조장			1		26	
조장			1			
군조	3		6			
오장	고수장(鼓手長) 1		3			
상등병			12		240	
1(2)등졸			108			
계	6	3	135		276	3
군의	1				1	
간호장	1				1	
간호수			1		2	
상등계수	1				1	
계수	1				1	
총공장	1				1	
계	5		1		7	
합계	11	3	136		283	3

* 본부 군조 중 1명은 서기, 2명은 취사괘(炊事掛)의 분과로 함.
* 중대 군조 중 1명은 급양괘(給養掛)의 분과, 병졸 중 고수·나팔수 각 2명, 1(2)등졸 중 총공졸(銃工卒) 최소 1명, 봉공(縫工)·화공졸(靴工卒) 최소 각 2명을 포함.
* 중대에서 군조와 오장을 통하는 자는 장기하사, 오장만 하는 자는 단기하사로 함. 그리고 단기하사는 오장이 되어야 할 상등병으로 충용(充用)하는 것으로 함.

[부표 3] 원산(부산)수비(주차)대 편제표

계급	인원
대위	대장 1
중위	3
소위	
특무조장	1
조장	1
군조	6
오장	3
상등병	12
1(2)등졸	108
계	135
군의	1
간호수	1
계수	1
계	3
합계	138

* 군조 중 1명은 급양괘(給養掛)의 분과, 병졸 중 고수·나팔수 각 2명, 1(2)등졸 중 총공졸 최소 1명, 봉공(縫工)·화공졸(靴工卒) 최소 각 2명을 포함.

* 군조와 오장을 통하는 자는 장기하사, 오장만 하는 자는 단기하사로 함. 그리고 단기하사는 오장이 되어야 할 상등병으로 충용(充用)하는 것으로 함.

[부표 4] 한국주둔(차)전신대 편제표

계급 \ 구분		인원	승마
대위		대장 1	1
중위		대부(隊附) (1)	
하사		2	
통신원	군조(오장)	6	
	병졸	7	
건축원	군조(오장)	2	
	병졸	32	
계수		1	
병졸		1	
계		52(1)	1

* (1)은 주둔(차)대사령부 부관이 겸무함.
* 본 표 정원 외 배달부 6명, 군역부 14명을 둠.
* 당분간 본표 정원외 공병 상등공장(上等工長) 1명을 둘 수 있음.
* 하사통신원 중 약간 명을 상등병으로 보충할 수 있음.
* 통신원·배달부·군역부는 필요에 따라 증가할 수 있음.
* 통신원은 기수 혹은 고원으로 충당할 수 있음.

[부표 5] 한국주둔(차)헌병대 편제표

계급 \ 구분	인원	승마
대위	대장 1	1
중(소)위	3	3
조장	4	43
군조(오장)	17	
상등병	190	
군의	3	
간호장	3	
계수	1	
체철공장(蹄鐵工長)	2	
마졸	4	
계	228	47

* 본 표 정원 외 간병인 6명, 군역부 37명을 둘 수 있음.
* 제철공장은 고원으로 충원할 수 있음.

[부표 6] 한국주둔(차)대병원 편제표

계급 \ 구분	인원
일등 군의	병원장 1
간호장	2
계수	1
종졸	1
계	5

* 간호장 중 1명은 조제(調劑) 조수로 함.
* 본 표 외 간병인 6명, 마공(磨工)·소사(小使) 및 취부(炊夫) 각 1명을 둠.
* 소재지 위생부원은 병원 근무에 겸무시킴.

사료 04
경성주차대 보고(1902. 12~1903. 11)

자료명	京城駐箚隊報告
생산자	京城駐箚隊
생산시기	1902年 12月~1903年 11月
소장기관	日本 防衛省 防衛研究所
문서정보	陸軍省-雜-M36-6-100(C10071709400~C10071714300)

경주보(京駐報) 제7호
1902년 12월 한국 경성주차대 보고

1. 경성 부근 평온.
2. 이달 4일 회계 검사원에서 미와(三輪) 검사관이 출장하여 당대 경리상의 검사가 있었다. 같은 날 결료(結了)함.
3. 춘천·원주 지방 출장 중인 니시무라(西村) 소위는 이달 4일 귀착했다.
4. 제2중대 1등졸(34년병) 기쿠치(菊地幸吉)가 12월 27일 주차대 병실에서 병사했다.
5. 위생 개황은 별지와 같다.

이상을 보고함.
1903년 1월 3일
한국 경성주차대장 오타 히로사부로(太田廣三郞)

육군대신 데라우치 마사타케(寺內正毅) 귀하

1902년 12월 한국 경성주차대 위생 개황 보고

1. 일반 경황

비로소 병졸이 토지에 익숙해지고 점차 한국어를 이해하게 되어 한국의 사창(私娼)에 접하는 두려움이 없어질 것이라 고려하고 경계했는데, 이달 중순 경하감(硬下疳) 및 연하감(軟下疳)[1] 환자 각 1명이 발생했다. 그 후 다시 신체검사를 시행했는데 다른 환자는 발견되지 않았다.

이 지역의 추위는 심히 맹렬하여 적설량은 적은데 삭풍이 살을 에는 듯하고 액체 동결이 혹심하다. 도저히 우리 위수지 산형과는 비할 수 없다. 따라서 동상에 대해서는 고려해야 한다.

2. 환자 경황

병류표(病類表)에 따르면 이달 중 신 환자는 14명, 구 환자는 6명으로 합계 20명(지난달보다 5명 많음)이었다. 이 중 치료 10명, 사망 1명, 사고 1명, 후송은 8명으로 인원 1,000명당 1일 평균 환자는 현재 2.52명(지난달보다 1.22명 감소)이다. 또한 이달은 새롭게 입실한 환자가 없어 휴업했다. 새로운 환자는 8명으로 6명은 치료하고 2명은 후유가 있다. 치료 일수는 병영 병실 합계 286일(지난달보다 43일 감소)로 1인 평균 치료 일수는 14.3일로 감소했다.

장질부사(腸窒扶斯)[2] 구 환자 2명 중 1명은 치료하고 1명은 열이 내리기

---

1 매독.
2 장티푸스.

시작하여 좋은 징후를 보이고 있었는데 불행히도 이달 초부터 가답아성(加答兒性, Catarrhalis)³ 폐렴이 일어나 체력이 날이 갈수록 쇠탈(衰脫)하여 어떤 치료도 효과가 없었다. 결국 이달 27일 오전 0시 30분 쇠약에 빠져 사망했다.

뇌충혈(腦充血) 환자 1명은 이달 들어 점차 치료되었다.

화류병(花柳病) 환자는 구 환자 1명, 신 환자 3명, 계 4명인데 구 환자는 제2기 매독의 발증을 보여 원인이 입영 전으로 보인다. 신 환자 2명은 함께 한국의 사창(私娼)에서 얻은 매독이고, 다른 1명은 편평병지종(扁平胼胝腫)이 재발했다.

운동기병(運動器病)은 국소의 근류마티스(筋僂麻質斯)가 많다. 3명이 있었는데 모두 치료되었다.

3. 병사 경황

특기할 것 없음.

4. 병식 경황

주식은 쌀과 보리 혼합식이고 부식물은 주로 소고기·닭고기·계란을 이용했다. 어육은 공급이 적어서 적게 사용하고 채소류는 종류가 많아 재료로 □했다.

5. 지방 전염병 경황

이달 중 일본인 장질부사 신 환자는 2명이고 일본인과 함께 거주한 한인 측 상황은 불명이다.

---

3 점막 세포에 염증이 생겨 다량의 점액이 분비되는 상태이다.

위와 같이 보고함.

1903년 1월 6일

한국 경성주차대 부 육군 1등군의 세가와 료타로(瀨川良太郞)

경주보(京駐報) 제8호
1903년 1월 한국 경성주차대 보고

1. 경성 부근은 평온하다.
2. 육군 2등감독 유모토(湯本善太郞)가 1월 9일부터 당대 경리상 검사를 시행했는데 같은 달 10일 종료했다.
3. 근무상 보고해야 할 것은 없다.
4. 위생 개황은 별지와 같다.

위와 같이 보고함.

1903년 2월 3일 한국 경성주차대장 오타 히로사부로

육군대신 데라우치 마사타케 귀하

1903년 1월 한국 경성주차대 위생 경황 보고

1. 일반 경황

지난달은 추위가 혹심했는데 이달에 들어서는 엄한(嚴寒)이라고 할 만한 것은 없었다. 한인 또는 십수 년 동안 이곳에 거주한 일본인에게 들었는데 이번 겨울과 같은 따뜻한 기운은 십수년 만에 처음이라고 한다. 동상 환자 등은

1명도 없다. 새로운 환자로는 소수의 한□성(寒□性) 질환이 있을 뿐이다.

화류병은 그후 새로 발생하지 않아 다행이다. 대체로 말하면 병졸의 건강도는 크게 높아졌다. 또한 체중도 일반적으로 증가했는데 그 통계는 귀환 전에 종합할 생각이다.

2. 환자 경황

병류표에 따르면 이달 신 환자는 12명, 구 환자는 8명, 합계 20명(지난달과 같음)이다. 이 중 치료 11명, 후송 9명으로 인원 매 1,000명당 환자수 1일 평균은 현재 2.46명(지난달보다 0.06명 적다)이다.

이달 중의 신 입실 환자로는 1명이 후송되었다. 휴양 환자는 8명(이중 구 환자 3명)으로 치료 3명 외에는 후유가 있다.

치료 일수는 병영 병실 합계 381일(지난달보다 95일 많음)로 1인 평균 19일로 증가했다(지난달은 14.3일). 이것은 횡현(橫痃), 제2기 매독, 치위(痔痿) 등은 경과가 길기 때문이다.

급성 관절류마티스 1명은 처음 발생한 자로, 견갑주(肩胛肘) 관절에 종창(腫脹) 없이 동통(疼痛)이 발생했다. 심장에 이상 없고, 열도 없어서 지금은 나아지고 있다.

안면신경마비 1명은 그 원인으로 풍기(風紀) 위병 근무 때 한풍에 노출되었던 것 같다. 즉 말초성으로 정형적 증상을 거쳐 25일 치료되었다.

급성 기관지 가답아(加答兒) 1명도 역시 한모성(寒冒性)으로 12일 사이에 모두 치료했고, 흉막염(胸膜炎) 1명은 매우 급성으로 좌흉(左胸) 전부에 참출액이 흘러 진료를 받은 후 즉시 입실해 천흉술(穿胸術)을 시술했는데 지금은 차도가 있으나 도저히 후송을 면하기는 어렵다.

치질 2명은 오래된 것으로 1명은 치료했고 1명은 후유가 있다.

이하선염(耳下腺炎) 1명이 있어 애초부터 진료를 할 때 유행성이 아닌가 고려했는데 다행히 다른 데 미치지는 않았다. 이 환자도 18일 사이에 치료되었다. 항위염(肛圍炎) 1명은 애초 절개시켜 외부에 치루(痔瘻)를 남겼다. 그런데 해수(咳嗽)가 있어 지금은 자주 흉부검사를 시행하고 있다.

연하감(軟下疳) 2명 중 1명은 치료했고 1명은 횡현(橫痃)이 발생하여 절개했는데 후유가 있지만 나아지고 있다.

제2기 매독 2명 중 1명은 치료했고 1명은 후유가 있다.

이 외 특기할 것은 없다.

3. 병사(兵舍) 경황

난방실(煖室)은 제1중대에서는 주로 온돌 및 철제화로를, 제2중대에서는 난로를 사용하는데 연료 양액(量額)은 다음과 같다.

목탄 양(兩) 중대 평균 1일 소비량 68관 500돈 5엔 13전 8□
석탄 제2중대 각 22관 500돈강 1엔 4전

화로 1개에 대한 평균 인원은 2인강(人強), 또한 난로 1개에 대해 18인강이다.

4. 병식 경황

주식은 이전부터 계속해서 쌀 7, 보리 3의 혼합식이었다. 부산·원산은 다소 바뀌었다고 들었는데 당대는 여전히 이를 사용하고, 다만 보리의 보충분이 도착하지 않은 경우에는 일시 미식(米食)을 하게 된다. 부식물 품종도 이전과 크게 차이가 없다.

5. 지방 전염병 경황

일본 경찰에게 들으니 이달 중 전염병 없음.

위와 같이 보고함.

1903년 1월 31일 보병 제32연대 부 육군 1등군의 세가와 료타로

경주보(京駐報) 제12호
1903년 5월 한국 경성주차대 보고

1. 경성 부근은 평온하다.

2. 한국주둔군대 순시를 위해 파견을 명받은 시종무관 이노우에 요시토모(井上良智)가 이달 4일 육로로 부산에서 입경했다. 같은 달 5일 병사 및 병실을 순시했다. 우악(優渥)[4]한 성지(聖旨) 및 주효료(酒肴料)를 하사받았다. 같은 달 11일 군함 위문으로 인천으로 내려갔다.

3. 새로운 주차부대인 보병 제38연대 제3대대는 이달 14일 인천에 상륙하고 그날 입경했다.

원산·부산의 귀환대는 같은 배로 인천에 도착했다.

4. 이달 16일 교대를 마치고 같은 날 승선했다.

5. 경리에 관해 보고할 것은 없다.

6. 위생 개황은 별지와 같다.

---

[4] 은혜가 넓고 두터움.

위와 같이 보고함.
1903년 5월 16일 한국 경성주차대장 오타 히로사부로
육군대신 데라우치 마사타케 귀하

1903년 5월 한국 경성주차대 위생 개황 보고

1. 일반 경황
이달 기후는 점차 더워지고 있는데 가끔 아침저녁으로 냉기가 느껴진다. 환자는 소수의 병기만 있다. 건강도는 크게 높다.

2. 환자 경황
이달 15일간 신 환자 5명, 구 환자 7명, 계 12명으로 이 중 치료 11명, 사고 1명이 있다.

이달은 입실 환자가 없다.

(중략)

3. 병영 경황
날씨가 더워짐에 따라 청결을 더욱 힘써 실행하는 것 외 특기할 만한 건은 없다.

4. 병식 경황
주식은 쌀과 보리 혼합식이고 부식물 품종 등 종래와 크게 다르지 않다.

5. 지방 전염병 경황

이달 중 일본 거류민 사이에 전염병 환자가 장질부사(腸窒扶斯) 2명, 두창(痘瘡) 1명, 적리(赤痢) 1명으로 현재 치료 중이다.

위와 같이 보고함.
1903년 5월 15일
보병 제32연대 제1대대 부 육군 1등군의 이구치(井口胖)

한국 경성주차대 보고 및 동 병실 위생 개황 보고를 별지와 같이 보고함.
1903년 5월 22일
한국 경성주차대
육군성 부관부

경주보(京駐報) 제1호
1903년 5월 한국 경성주차대 보고

1. 경성 및 부근은 현재 평온하다.
2. 5월 16일 구 주차대와 사무 인계를 마치고 그날부터 임무에 복무했다.
3. 구 주차대인 보병 제32연대 제1대대는 같은 날 경성 남대문 정차장을 출발하는 열차로 인천으로 이동했다.
4. 보병 대위 마쓰우라 야스시(松浦靖)는 의주 지방 정찰을 위해 5월 25일 진남포로 이동하는 기선으로 의주 지방에 파견될 예정이다.
5. 위생 개황은 별지와 같다.

위와 같이 보고함.

1903년 5월 22일

한국 경성주차대장 가쓰가세 하지메(勝賀瀨元)

육군대신 데라우치 마사타케 귀하

경주보(京駐報) 제2호
1903년 5월 한국 경성주차군대 보고

1903년 6월 1일

한국 경성주차대

육군성 부관부

1. 경성 부근은 평온하다.

2. 한국 정부는 항상 우리 군대를 위구하여 가로막지 않는다. 영문(營門) 앞의 민가에 상복(常服)을 착용한 순검과 헌병 등을 배치하여 군대의 동정을 엿보고 대오(隊伍)의 대소에 관계 없이 영문을 나서게 되면 그를 미행하여 시시로 동국 경무청에 보고한다. 아울러 그를 황제에게 전달하여 상주한다고 한다.

들건대 이러한 상황에 이른 것은 2~3년 내 다를 것이 없다.

3. 압록강구 용암포에서 러시아인의 정황은 지난번부터 여전하게 다른 바가 없다.

4. 근무 및 경리에 관해서는 특별히 보고할 만한 건이 없다.

5. 보병 대위 마쓰우라 야스시는 의주 지방 정찰을 위해 5월 26일 출발

했다.

  6. 위생 개황은 별지를 통해 보고한다.

위와 같이 보고함.
1903년 6월 1일
한국 경성주차대장 가쓰가세 하지메
육군대신 데라우치 마사타케 귀하

경주보(京駐報) 제3호
1903년 6월 한국 경성주차군대 보고

  1. 경성 부근은 이상 없는데 지금 문제는 제일은행권 사건, 용암리(龍岩里) 사건 및 군함 양무호(揚武號) 사건이라고 한다.

  2. 이달 27일 강계군(江界郡) 주차부대가 원수부(元帥府) 앞으로 보낸 다음의 급전이 있었다.

러시아 병사 150명이 자성군(慈城郡)에 들어와 70명은 주둔하고 80명은 벽동군(碧潼郡) 등지를 향해 진행했다고 함.

이상 보고는 마쓰우라 대위의 보고 중 러시아 병사의 동작에 관한 건과 대조하면 꽤 믿을 만한 것임.

러시아공사 파블로프 씨[5]는 긴급 사건이 있다고 황제 알현을 청구 중으로 알현

---

5 당시 러시아공사 알렉산드르 파블로프(Aleksandr Pavlov)를 일컫는다.

후에는 즉시 뤼순에 부임. 본국으로부터 올 러시아 육군대신 및 총독과 회견하여 협의 및 보고의 사건을 알리게 될 것이다.

3. 근무 및 경리에 관해 보고할 건은 없다.

4. 의주 지방 정찰을 위해 출장 중인 보병 대위 마쓰우라 야스시는 이달 21일 귀착했다. 그 정찰 보고는 별지와 같다.

5. 위생 개황은 별지를 통해 보고한다.

위와 같이 보고함.
1903년 6월 29일
한국 경성주차대장 가쓰가세 하지메
육군대신 데라우치 마사타케 귀하

1903년 6월 경성주차대 위생 개황 보고

1. 환자 경황

이달 중 환자는 합계 11명으로 특별히 기재할 건은 없다. 기타로 이달 18일 제12중대 유영연습(游泳演習) 때 1명의 익사자가 나왔다. 수색에 시간을 허비한 탓에 구급법이 주효하지 않았음은 크게 유감이다.

2. 기후 개황

이달 중 날씨는 대부분 청천(晴天)하여 강우는 거의 2일에 지나지 않았다. 따라서 기온이 점차 높아져 최고기온은 34도(18일, 23일)에 달했다. 일교차가 가장 클 때는 24도가량 차이가 났다.

3. 음료수 경황

음료수에 대해서는 지난달 보고와 같다. 단, 제12중대는 병실의 물을 공급했는데 거리가 너무 멀어서 지금은 다시 공사관의 우물물을 공동으로 사용한다. 수질은 모두 가히 양호하며 검사 성적은 별표와 같다.

4. 지방 전염병 경황

이달 중 새로운 환자는 두창(痘瘡) 2명(사망 1명, 치료 1명), 장질부사 2명(치료 1명, 후유 1명), 실부적리(實扶的里) 1명(치료)으로 계 5명이었다.

위와 같이 보고함.
경성주차대 육군 1등군의 나카무라 고키치(中村幸吉)

〈수질검사성적표〉
(생략)

평양·의주·용암리 간 지리 실사 보고

1. 도로

1) 의주 가도의 폭은 5m 내지 2m 50cm(3~4개소는 현저히 좁은 곳. 뒤에 나오는 것을 제외) 평균으로 언덕길 외에 노면이 평탄하다. 보병은 4열, 기병은 2기 종대, 야포병은 포차 종대로 통과할 수 있다. 기타 차량도 그에 준한다.

언덕길은 왕왕 돌이 많이 섞이고 거칠어서 차량 통과가 조금 곤란한 감이 있다. 특히 심한 곳은 가산(嘉山)·백마산(白馬山)의 언덕길 및 납청정(納淸亭)·서림진(西林鎭) 서방의 언덕길로, 경사가 급하고 높다. 또한 만곡이 많고

산석이 돌출하여 포차의 통과를 저해한다. 단, 개소에 따라 대략 공병 1개 중대로 1시간 이상 작업을 시행하여 전차(前車)를 해탈(解脫)하면 포차를 통과시킬 수 있다.

기타 작고 불량한 개소는 5만분의 1 지도에 기입해두었다.

2) 도로 양측은 전지(畑地)가 대부분을 점하고 수전(水田)이 그다음이다. 다음으로 작은 삼림에서부터 점차 큰 삼림 사이를 통과하는 백마산의 동부는 약 500m 사이이다. 일반적으로 맑은 날에는 모래와 먼지가 날리고, 우천시에는 진창이 돼서 신발이 빠진다.

유촌(柳村)의 서쪽 의주 가도 위 약 100m 지점에 도폭 5m가 되도록 굴개(堀開)하여 수전을 만들고 1m 안쪽으로 좁게 통로를 만들었는데, 100m 사이에 3개소 각 길이 약 15m가 있다. 단, 수선에는 공병 1개 중대가 대략 2시간 작업하여 복구할 수 있다. 자재는 그 지역 부근에 제당(堤塘) 및 작은 삼림이 있어서 공급이 충분하고 운반도 용이하다. 기타 도로를 경작하여 밭으로 삼은 곳이 2~3개소 있는데 수선이 용이하여 많은 시간을 허비하지 않는다.

3) 의주에서 용암리에 이르는 사이는 약 9리로 도폭이 좁고 야포차는 통과할 수 없다. 단, 지형은 산지가 적고 대부분은 전지(畑地), 다음으로 수전(水田) 등이 많으므로 폭원을 확장하면 통과할 수 있다. 공사가 어렵지는 않은데, 많은 시간이 걸린다. 단, 삼교하(三橋河)로부터 남방 약 1리의 사이는 양쪽 대부분이 수전이라서 공사가 어렵다(공사를 시행하고자 하면 공병 1개 중대로 약 10일이 필요하다).

4) 용암리에서 차련관(車輦館)으로 통하는 도로(약 9리) 폭원은 좁아서 야포차가 통과하기 곤란하다. 길 옆에는 전지(畑地)가 많기 때문에 증축하면 통과할 수 있는데 공사에 꽤 시간이 든다(공사를 시행하고자 하면 공병 1개 중대로 약 10일이 필요하다).

2. 하천 및 교량

1) 의주 가도를 횡단하는 수십 개의 작은 천류(川流)에 가설된 토교(土橋)는 오직 이름뿐이고 기·포병의 통과를 견디지 못한다. 그럼에도 교량 양측은 수심이 얕고 강 밑바닥에는 작은 모래가 있어 도보가 곤란하지 않다(물이 많을 때는 통과 곤란할 것). 또한 작은 천류 부근(먼 곳은 수백 m)에는 작은 삼림이 산재해 있으므로 가교를 만들기 위한 재료가 부족하지는 않다.

2) 청천강[淸川江, 안주(安州)의 서문 바깥에 있음]은 유역 약 150m(물이 줄어들었을 때)로 도하점 상하류 1리 내에는 도선장(渡船場)이 없다. 이 도선장에는 항상 도선 2척(큰 것은 약 30인승, 작은 것은 4~5인승)있을 뿐으로 이 외에 상시 연결하는 배는 없다. 단, 중국 정크(돛대 2개) 수 척이 상류 2~3리까지 돛을 이용하여 항시 행행한다.

3) 옛 나루와 진하동(津下洞) 사이인 대령강의 도하점은 유역이 약 80m, 수심 2m 반(물이 줄어들었을 때)으로 도선용으로 대소 2척(큰 것은 약 25인승, 작은 것은 4~5인승)이 있다. 그리고 이 지점에는 하물을 운수하는 큰 정크(약 50~60승) 7~8척이 항상 계류(繫留)하고 있으므로 이를 이용하는 것이 가능하다.

4) 은지교(銀枝橋) 북단 길이 약 6m의 토교(土橋)는 파손되어 포차가 통과할 수 없다. 수심은 1m 반으로 도보도 역시 곤란하다. 그럼에도 가교에 필요한 재료는 그 부근에서 채집할 수 있으므로 공병 1개 소대가 약 1시간 작업하여 가설할 수 있다.

5) 석교(石橋) 남방의 길이 약 20m의 토교는 형체는 존재하는데 포차의 통과를 견디지 못한다. 상류는 수심 2m로 강하여 도보가 불가능한데 하류 약 30m 지점에 도보점이 있다. 다소의 공사를 시행하면 포차의 통과 지점으로

곤란하지 않다. 공사도 역시 용이하다[공사 역석(礫石)[6]으로 하저의 천심(淺深)을 균등하게 할 수 있음].

6) 삼교하(三橋河, 의주와 용암리 사이에 있음)는 수류면(水流面)이 간조 때 폭 약 70m, 수심이 약 2m이다. 도선은 대소 2척(큰 것은 25~26인승, 작은 것은 4~5인승)뿐으로 외에 그 부근에 응용할 정계(定繫)의 선박은 없다. 또한 동 지점의 상하류 각 약 1,000m 사이에는 도보점도 없다.

그 외 천류에 대하여 공사 시설이 필요한 개소는 지도상에 기입해두었다.

3. 연도 인민의 의향

1) 일반적으로 점차 개화하는 것 같다.

2) 우리 일본인에 대해서 용암리 부근은 호의를 표하는 정도가 깊음을 느낀다. 그리고 한인과 대화하면 매번 모두 먼저 러·일 개전의 실부(實否) 및 지속(遲速)을 묻는다.

평양·의주 사이 부자 중에는 이미 러·일 개전을 두려워하여 만약 러시아가 승리하게 되면 생명 재산을 안전하게 지키는 데 어려워질 것을 염려하여 다른 지방으로 피신하는 자도 있다고 한다.

3) 러·일 개전에 대하여 이 지방 인민은 일본의 승리를 기원하고 있다. 그 이유는 만약 러시아가 전승자가 되면 청·일 전역에서 청인에게서 받은 것보다도 한층 고통스러운 박해를 러시아인에게서 받게 될 것을 두려워한다고 말한다.

---

6 자갈.

4. 빈부의 차이

1) 의주 가도에서는 안주(安州)·정주(定州)·선주(宣州)[7]를 제외하면 부유하지 않다. 그럼에도 점차 가옥을 신축하는 상황이 있다. 특히 부유한 곳은 평양의 북방 안주·선주·의주부근의 촌락을 최고로 한다. 직업의 대부분은 농업이다.

5. 물자의 집산지

1) 진남포·평양·안주·선천을 큰 집산지로 한다. 단, 진남포를 제외하면 항상 물자를 집적하고 있지 않은데, 1개월에 몇 차례 장시를 연다. 원주민들은 2~3일 정도 분량의 식료만 구매하는 것이 풍습이다. 따라서 장시에 다량의 물자가 모이지 않는다. 그럼에도 수집하고자 한다면 부근 촌락에서 다량의 쌀·콩·보리·소 등을 집적할 수 있다.

2) 진남포에서 수출하는 물자는 쌀이 가장 많고 대두가 그다음이다. 대판상선회사의 기선이 입항할 때에 쌀 수천 가마니를 적재한다. 그리고 또한 3,000가마니 내외를 모아 남겨서 창고에 둔다. 대두와 보리도 쌀에 버금하게 다량으로 수출한다. 그리고 적재하고 남은 창고품도 역시 적은 양은 아니다.

창고는 일본인 소유 2채, 중국인 소유 2채가 있는데 1,000석여를 저장하기에 충분하다.

3) 평양 및 그 부근의 촌락에서 일시에 모을 수 있는 쌀은 약 2,000가마니, 소 100두, 대두·소두·보리 각 수백 가마니이다.

4) 안주·선천도 그 부근의 촌락을 합하여 모을 수 있는 수량이 지역별로 쌀 약 1,000가마니, 소 100두 남짓, 대두·보리 각 200가마니 내외이다.

---

7 宣川의 오기로 보인다.

기타 의주 가도의 작은 촌락에서는 집집마다 식료 2~3일분을 저장하는데 그 이상은 저장하지 않는 것 같다. 소도 1촌에 1~2두 정도뿐이다.

5) 마필은 태마(駄馬)로 평양에 20두, 안주에 10두, 선천에 3~4두, 의주에 7~8두로 그 외의 촌락에는 거의 없다고 할 수 있다.

6) 우차(牛車)와 소는 다수 모을 수 있는데 차량(車輛)은 소수로 겨우 평양·의주 사이에서 20량 내외에 불과하다고 한다(확실하지 않음).

7) 땔감은 도처에 대용으로 할 잡목과 생송(生松) 등이 많이 있다.

간장과 소금은(한국산) 조금 큰 촌락에서는 1개 연대에 필요한 분량은 즉시 가능하고, 그 부근 촌락에서 모으면 1개 여단 이상이 사용할 수 있는 양을 얻는데, 일시적으로는 곤란하지만 여러 차례 거듭하면 모을 수 있다.

설탕은 작은 촌락에는 일체 없다. 시가를 구성하고 있는 곳(평양·안주·선천·의주와 같이)에는 백당이 있는데 수량은 많지 않다(흑당은 거의 없다).

6. 통화 및 그 집수

1) 평양성 내에는 일본 은화 및 지폐도 통용한다. 그 외에는 은화라면 어느 지방에서도 통용한다. 한화와 교환 시세는 일본 은화 1엔에 대하여 한화(백동화) 1엔 50~60전이다. 그리고 의주 북방 자성 부근 압록강 좌안은 일본 은화 1엔에 대하여 한화 1엔 80전과 교환한다. 그 이유는 한전은 부피가 커서 마적의 약탈에 대해 은닉하기 곤란하기 때문이다.

2) 한전을 집수하는 견적고(見積高)는 수 일 사이에 그 액수가 평양에서 30만, 안주·선천 각 10만, 의주 15~16만(확실하지 않음)이라고 한다.

7. 숙영에 대하여

1) 평양·안주·정주·선천·가산 등에는 불각·관아·묘(일·청 전역에서 우

리 군이 사용했던 것)의 건물 34개소가 있다. 주벽(周壁)은 크게 파손되었지만 기둥과 지붕 등은 견고하므로 약간 수선을 가하면 창고 혹은 병참 숙사로 응용할 수 있다.

  2) 평양에서부터 약 2리마다 14~15곳의 촌락이 있는데 대부락이라고 할 수 있는 것은 순안(順安)·숙천(肅川)·안주(安州)·구진(舊津)·가산(嘉山)·납청정(納淸亭)·정주·선천·차련관·의주가 있다. 이상 각소에서 그 부근 촌락을 응용하면 대략 여단 숙사에 충당하기 족하다. 그 외 소부락에서는 그 부근의 촌락을 더하여 대략 1개 대대의 사영에 충당할 수 있을 정도다. 그런데 각 촌락 사이가 크게 멀리 떨어져 있기 때문에 러시아 군영과 상반하지 않는 한 대병을 숙영시킬 수 없다. 러시아 군영지는 도처에 적당한 지점이 있다. 그리고 재료 중 땔감은 소나무(立木)가 가장 다수로, 짚은 소부락에서 1개 대대 이상이 사용할 양을 모으기 어렵다.

8. 음용수

  1) 평양·의주는 하천 물을 이용하고 그 외에는 대부락에 3개소, 소부락에 1개소의 우물이 있다. 수질은 하천과 우물물 모두 가히 양호한데, 우물물의 수량은 많지 않다. 따라서 평양·안주·선천 등을 제외하고 1개 촌락에 1개 대대 이상의 병력을 집합시키면 무엇보다 음용수의 부족을 두려워해야 한다.

9. 인부의 징집

  1) 평양은 물 긷는 인부로 평상 200~300명, 의주에서는 물 긷는 인부 100여 명을 어디에서도 고역(雇役)할 수 있다. 그 외 부락에서도 용역(傭役)하면 수십 명을 얻기 어렵지 않다.

10. 인호(人戶)

1) 진남포 거류 일본인은 영사관원을 비롯 600여 명, 호수 150~160이고 한인은 약 200호가 있다. 상업은 더욱 번성하고 있다. 항내는 선착하기 좋아서 간조에 얕아도 수심이 17길이다. 만조 때는 20길여가 된다고 한다. 진남포에서 평양까지 수로에 왕복 기선이 있다. 큰 것은 철서호(鐵嶋號, 일본인 소유)로 약 80명승 1척이 있다. 이 외에 일본 상인 호리히사(堀久)의 소증기선으로 35~36인승이 항시 운항한다[왕로(往路) 6시간을 요함].

2) 평양의 일본 거류민은 200명여로 15~16호는 자기 소유의 가옥에서 주거하며 그 외에는 한인 가옥에 있다. 한인은 약 6,000호, 한인 전보국이 있는데 냉담하고 항상 전문에 오류가 많다. 재류 일본인은 크게 미혹(迷惑)을 느끼고 있다.

3) 안주는 약 1,000호, 정주 약 400호, 선주 약 700호, 순안 약 80, 숙천 약 70, 차련관 약 100호, 기타는 평양으로부터 1리 거리에 4~5호, 2리마다 14~15호 비율로 촌락이 있다. 연도 부근에 있는 촌락은 비교적 부유한 것같다. 30~40호를 일단으로 하는 것은 각소에 산재해 있다.

11. 백마산(白馬山)

1) 백마산은 세평(世評)에 떠들썩하게 되었는데, 러시아인은 아직 벌목에 종사하지 않는다. 다만 그 권리를 획득하려고 한정(韓廷)을 압박하고 있을 뿐이다. 또한 백마산은 세상 사람들 일반이 상상하는 것과 같이 대산심림(大山深林)이 아니다. 산 전체의 소나무는 의주 토인의 평가에 따르면 10만 원 내외의 가격이라고 전한다.

소나무가 많은 동남부에 비해서 서북부는 초생지(草生地)이다. 다만 벌목에 편리함은 남록 약 1리의 거리로 흐르는 삼교하(三橋河)까지 자연경사가

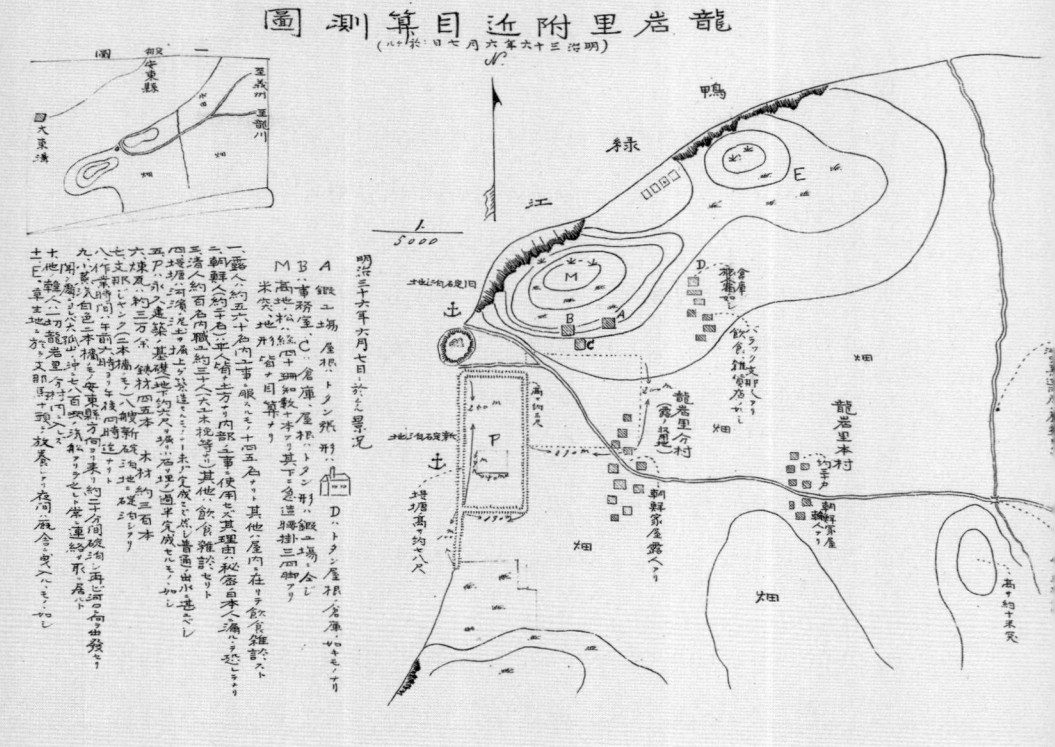

용암리 부근 목산측도(1903. 6. 7. 1/5,000)

1903년 6월 7일의 경황
A는 단공장(鍛工場), 지붕은 함석, 형태는 '그림'.
B는 사무실, C는 창고, 지붕은 함석, 장은 단공장과 동일.
M 고지의 소나무는 직경 40cm로, 수십 그루가 있다. 그 아래 급조한 의자 3~4각이 있다.
m, 지형 모두 목산(目算)임.
1. 러시아인은 약 50~60명이고 이 중 공사에 종사하는 자는 14~15명이다. 그 외는 옥내에 있어 음식 잡□(雜□)함.
2. 조선인(약 20명)은 평인이고 모두 토목에 종사한다. 내부 공사에 사용되지 않는데 그 이유는 비밀이 일본인에게 누설됨을 두려워하기 때문이다.
3. 청인 약 100명이고 이 중 직공(職工)이 약 30명(대공, 목수 등) 그 외는 음식 잡□(雜□)함.
4. 제방은 하천가의 진흙을 파서 축조했다. 아직 완성하지 않았다. 그러나 보통의 출수는 견딘다.
5. P는 영구 건축의 기초(지하 약 6척을 파고 작은 돌을 묻었다) 반 이상 완성된 것 같다.
6. 연와(煉瓦)는 약 3만여, 철재 45본. 목재 약 300본.
7. 지나 정크(돛 2개) 8척 정박지에 정박하고 있다.
8. 작업 시간은 오전 6시부터 오후 4시까지이다.
9. 돛이 2개인 백색 소기선이 안동현 방향으로부터 와서 약 20분간 정박하고 다시 하구를 향해 출발했다. 들은 바에 따르면 대고산(大孤山) 연안에 700~800톤의 기선이 있어 그것과 상시 연락을 취하고 있다고 한다.
10. 다른 한인은 일체 용암리 분촌 내에 들어오지 않는다.
11. E는 초생지로 지나 말 10두를 풀어 키우고 있다. 야간에는 구사(廐舍)에 들여놓는 것 같다.

있으므로 벌목 후 그것을 빠뜨려 흘려보내면 5리로 용암리에 다다른다. 즉 지형상 운반하는 데 드는 힘을 덜 수 있을 뿐이다.

12. 방어진지의 유무

1) 의주 가도에 인접한 진지는 청·일 전역 당시 선배 각위가 이미 실천 경험했던 바로서 이에 여기에 기재한다.

2) 의주 방향에서부터 용암리에 대한 진지는 삼교리(三橋里) 북방 고지를 이용했다.

〈이유〉 의주 지방에서부터는 도로가 협애하여 야포병은 행군하기 어려운데 산포병은 용이하게 행진할 수 있다.

포병 진지는 삼교리 동북방 약 2,000m에 있다. 5만분의 1지도상 표고 145고지 부근이 양호하다(산포 1개 중대의 진지. 이곳에 통하는 도로는 없는데, 삼교리 북방 고지 일단이 열려 있어 통과하는 데 용이하여 많은 시간이 걸리지는 않는다).

정면 폭 약 2,000m.

전방의 수전은 깊으므로 도보가 어렵다.

그 외는 지도상에 표현한 것과 차이가 없으므로 기술하지 않았다.

13. 봉황성(鳳凰城)의 근황

1) 6월 1일 봉황성에 파견된 귀화인 장발(張發)이라는 인물은 같은 달 6일 돌아왔다(장발은 지금 의주에 있음). 그의 말에 따르면 러시아 기병 200명, 산포 2문이 랴오양에서 왔는데 와 있던 병사를 합하여 인원 800명, 말 700, 포 6문(5월 상순에는 러시아 병사 40~50명, 포 2문뿐이었다. 같은 달 하순 러시아 병사

는 100명, 포는 2문 증가했다)이라고 하며 철퇴의 모양은 없다. 그 대장은 랴오양에 가서 아직 귀대하지 않았다[청인은 이 대장을 칭하여 파통령(巴統領)이라고 한다. 처자를 맞이하기 위해 랴오양에 갔다고 한다].

러시아의 모 장교가 원도대(袁道臺)에 보고하여 말하길 근일 파통령이 귀성함은 러시아 병사 모두가 봉황성에서 철수하고 압록강안·통구(通溝)·찰구(察溝)·창장커우(長江口)·주롄성(九連城)·다둥현(大東縣) 등의 각지 및 훈강(渾江) 강안, 퉁화(通化)·화이런(懷仁) 양현하 각소에 분주하여 러시아인이 계영(計營)하는 재목회사를 보호하려는 것이라고 함.

14. 부도에 대하여

1) 본서에 첨부된 용암리 부근 목산측도(目算測圖)는 의주에 있는 히노(日野) 대위가 일본인을 시켜 비밀리에 조사한 것을 참고하여 소관이 목격한 바를 가필한 것이다.

러시아의 건축 공사는 날이 갈수록 진척되는 것 같다.

평시는 뗏목의 집중지로서 양호한 지구이고 전시에는 병참 지점으로 가장 적절한 곳이다.

한국 경성주차 보병 제38연대 제12중대
육군보병 대위 마쓰우라 야스시

경주보(京駐報) 제4호
1903년 7월 한국 경성주차군대 보고

  1. 경성 부근은 평온하다.

  2. 근무 및 경리에 관해서는 보고할 만한 건이 없다.

  3. 위생 개황은 별지를 통해 보고한다.

  위와 같이 보고함.

  1903년 8월 1일

  한국 경성주차대장 가쓰가세 하지메

  육군대신 데라우치 마사타케 귀하

경주보(京駐報) 제5호
1903년 8월 한국 경성주차군대 보고

  1. 경성 부근은 현재 특별히 보고할 건이 없다.

  2. 근무 및 경리에 대하여 보고할 건이 없다.

  3. 이달 16일 육군 보병 중위 우라쓰지 히코로쿠로(裏辻彦六郞)가 한강 하천 정찰을 위해 출장했다 같은 달 17일 귀착했다.

  4. 위생 개황은 별지를 통해 보고한다.

  위와 같이 보고함.

  1903년 8월 31일

한국 경성주차대장 가쓰가세 하지메

육군대신 데라우치 마사타케 귀하

경주보(京駐報) 제6호
1903년 9월 한국 경성주차군대 보고

1. 경성 및 부근은 특별히 보고할 건 없음.
2. 근무 및 경리에 관해 보고할 건 없음.
3. 보병 소위 이노우에(井上清)는 평양 지방 지형 정찰을 위해 9월 9일 출발하여 20일 귀착했다. 그 보고는 별지와 같다.
 보병 중위 우라쓰지는 원산·평양 지방 지형 정찰을 위해 9월 18일 출발했다.
 보병 중위 에토 겐쿠로(江藤源九郎)는 삭령 지방 지형 정찰을 위해 9월 29일 출발했다.
4. 위생 개황은 별지와 같다.

위와 같이 보고함.
1903년 10월 1일
한국 경성주차대장 가쓰가세 하지메
육군대신 데라우치 마사타케 귀하

경주보(京駐報) 제7호
1903년 10월 한국 경성주차군대 보고

1. 경성은 일·러 교섭에 의해 종종 와전유설(訛傳流說)이 횡행하여 궁중과 부중에 누차 소요가 있었는데 시민은 대개 평온한 모양이다.

한정은 러시아에 궁성 보호를 위한 차병(借兵)을 요청하고자 참령 김인수(金仁洙)가 이미 뤼순을 향해 출발했다.

우리 공사관에서는 하기하라(萩原) 서기관이 압록강안 의주 및 용암리 지방에 출장하여 분요(紛擾) 사건에 관해 취조 중이라는 연락이 있었다.

이 지방의 사항에 관해서는 이미 숙지한 것으로 생각하여 상보하지 않았다.

한국의 병졸은 일본인에게 적의를 가지고 있지 않은데, 특히 우리 군인에 대해서는 일반적으로 온순하다.

2. 근무 및 경리에 관해 특별히 보고할 건 없음.

3. 보병 중위 우라쓰지는 원산 및 평양 지방 지형 정찰를 위해 출장한바 이달 11일 귀착했다. 그 보고는 별지와 같다. 보병 중위 에토는 삭령 지방 지형 정찰을 위해 출장한바 이달 21일 귀착했다.

4. 보병 군조 하시모토(橋本卯之助)를 안주에 파견하여 동지에 있는 도고(東郷) 대위의 지휘를 받기 위해 이달 17일 당지를 출발시켰다.

5. 위생 개황은 별지를 통해 보고함.

위와 같이 보고함.
1903년 10월 31일
한국 경성주차대장 가쓰가세 하지메

육군대신 데라우치 마사타케 귀하

1903년 10월 경성주차대 위생 개황 보고

1. 환자 경황

이달의 환자는 신 환자 8명[이 중 2명은 전증(轉症)], 구 환자는 18명으로 합계는 26명이다. 지난달에 비해 크게 감소했다. 지난달 중순에 이르기까지 계속 다발한 각기(脚氣)는 이달에 들어 1명도 발생하지 않았다(1명의 신 환자는 기관지염 및 각기의 본증은 치료함). 그럼에도 이 병에 걸린 자 중에 중증 환자 1명은 결국 충심(衝心)[8]에 의해 사망하고 3명은 히로시마 위수병원으로 후송했다. 장질부사는 이달에 들어 3명의 신 환자가 발생했다. 이 중 1명은 정찰을 위해 평양 지방에 출장하던 중 병에 걸려 후송한 뒤 병실에 수용한 자이고 다른 2명은 당지에서 발병한 것이다(이 중 1명은 중증으로 결국 사망하게 되었다). 이로 말미암아 병사 내외 일반에 다시 소독법을 엄행했다. 그 외 환자에 대해서는 특별히 기술할 건 없다.

2. 기후 개황

이달은 일반적으로 청천하고 점차 한랭해졌다. 상순에는 최고기온이 25도 이상으로 오르는 날이 있었는데, 하순에 이르러 최저기온은 0도 이하 7도에 달했다.

---

8 각기충심(脚氣衝心)을 말한다. 각기충심은 각기병이 심하여 심장에까지 무리를 주는 질환이다.

3. 지방 전염병 경황

이달 중 거류 일본인 사이의 전염병은 장질부사 4명, 적리 4명으로 모두 8명이었다.

〈부기〉

(생략)

위와 같이 보고함.
경성주차대 부 육군 1등군의 나카무라 다카요시(中村孝吉)

경주보(京駐報) 제9호
1903년 2월 한국 경성주차대 보고

1. 제일은행권 사건으로 한국 정부가 조금 동요했는데 무사히 낙착되었다.
2. 성환, 아산 지방 지형 정찰을 위해 본관은 2월 19일 출발하여 같은 달 28일 귀착했다.
3. 경리에 관해 보고할 것 없음.
4. 위생 개황은 별지와 같다.

위와 같이 보고함.
1903년 3월 2일
한국 경성주차대장 오타 히로사부로
육군대신 데라우치 마사타케 귀하

1903년 2월 한국 경성주차군 위생 개황 보고

1. 일반 경황

이달은 기후가 매우 온화했는데 바람은 비교적 많이 불고 차가웠다. 그래서 초순래 이곳에 거류하는 일본인 사이에 유행성 감모가 유행함을 듣고 경계를 더했는데, 결국 방어하지 못하여 중순경에 이것이 제2중대를 침습하여 수진자(受診者) 이외에도 경증 환자가 있었다. 뜻밖에 제1중대에는 거의 없었다. 그 원인이 어디에 있는지는 밝혀지지 않았다. 애초 제2중대 난실법이 불량함에 말미암아 실내외 온도차가 현저한 것이 아닌가 의심했는데 유행성 감모가 이와 같은 원인으로 발생하는지도 모르겠다. 혹은 이 요인에 더하여 제2중대 병사가 진고개(우리 거류민이 다수 거주하는 거리)의 유행 지역 내에 있어서 이것이 전파된 것인가.

당대 교대 이래 제1중대는 항상 제2중대보다도 환자가 적었던 예가 있다. 이달은 특히 차이가 심했다. 즉 제1중대는 신 환자 4명(외에 구 환자 5명)인데 제2중대는 신 환자 26명(외에 구 환자 5명)으로 그 차이가 현저히 컸다. 이 원인이 제2중대 병사 소재지의 부적당, 난실법의 불량에 있는 것일까. 왜냐하면 양 중대의 위생상 주의, 연습 행군의 경황, 근무 상황 등은 좋고 나쁨이 있다고 생각하지 않는다. 오직 두드러진 차이는 제1중대 병사는 토지에 적합한 온돌식 채난(採暖)인데 제2중대에서는 그것이 아닌 난로나 화로로 난방을 하는 데 있다. 그것이 부지불식간에 위생상 부적당한 생활을 하게 되는 것 같다.

2. 환자 경황

(생략)

3. 병사 경황

보통의 청결법을 시행하는 것 외 특기할 만한 것 없음.

4. 병식 경황

주식은 쌀과 보리 혼합식이고 부식물의 원료 등은 종래와 다르지 않다. 취사계는 대만 육군에서 조사한 조리법에 따라 □미(□味)를 공급한다.

5. 지방 전염병 경황

거류 일본인 사이에 유행성 감모가 대유행함을 들은 것 외 천연두 1명이 있을 뿐이다.

위와 같이 보고함.
1903년 2월 28일
보병 제32연대 부 육군 1등군의 세가와 료타로

경주보(京駐報) 제10호
1903년 3월 한국 경성주차대 보고

1. 경성 부근은 평온.
2. 전 부대를 4부로 나누어 이달 10일부터 성환 지방으로 행군하여 동 24일 하등의 사고 없이 모든 부대가 귀착했다.
3. 경리에 관해 보고할 사항 없음.
4. 위생 개황은 별지와 같다.

위와 같이 보고함.
1903년 3월 31일
한국 경성주차대장 오타 히로사부로
육군대신 데라우치 마사타케 귀하

1903년 3월 한국 경성주차대 위생 개황 보고

1. 일반 경황

이달 기후는 난기가 더욱 더해져 하순에 이르러서는 매화가 막 피려고 하는 호기이다. 그런데 당지의 기후는 삼한사온이라는 속언과 같이 어제 따뜻했는데 아침에는 추위가 느껴져 피복의 조절이 필요하다. 아울러 비라도 내리면 온도차가 심해 이달 초순래 항상 이곳에 거류하는 일본인 사이에 유행성 감모(感冒)가 작게 유행했는데 당대에서도 이달 이 병에 걸린 새로운 환자 6명이 발생했다. 그럼에도 하순에 이르러 점차 회복하여 종식되었다.

이달에는 근(筋)류머티스 환자 3명이 발생했다. 기후 변화가 원인인 것 같다.

양 중대의 환자 수를 비교하면 제2중대는 제1중대보다 항상 환자 수가 더 많고 유행성 감모도 대개 제2중대에서 발생한 것으로 지난달 보고되었다. 병사, 위치 등 그 관계가 적지 않은 것으로 판단된다.

2. 환자 경황

(생략)

3. 병영 경황

보통 청결법을 시행하는 것 외 특기할 것은 없다.

4. 병식 경황

주식은 쌀과 보리 혼합식이고 부식물의 품종 등 종래와 크게 다르지 않다.

5. 지방 전염병 경황

일본 경찰에게 들으면 이달 중 전염병은 없다.

위와 같이 보고함.
1903년 3월 31일
보병 제32연대 부 육군 1등군의 세가와 료타로

경주보(京駐報) 제11호
1903년 4월 한국 경성주차대 보고

1. 경성 부근은 평온.
2. 본관은 평양·의주 지방 지리 실사를 위해 4월 1일에 출발하여 같은 달 20일에 귀착했다. 보병 대위 와타베 이사무(渡部勇), 상등계수 오바타(小畑信夫)는 원산·부산 주차대 경리 사무 시찰을 위해 3일 출발 23일 귀착했다.

보병 중위 요시다 도시로(吉田熹郎)는 해주 지방 지형 정찰을 위해 6일 출발, 보병 중위 시키타 히데요시(式田秀義)는 경성·평양 간 도로 정찰을 위해 11일 출발, 보병 특무조장 스즈키(鈴木義之)는 진남포·평양 지방 지형 정찰을 위해 9일 출발, 모두 4월 중에 귀착했다.

3. 경리에 관해 보고할 일 없음.
4. 위생 개황은 별지와 같음.

위와 같이 보고함.

1903년 5월 1일

한국 경성주차대장 오타 히로사부로

육군대신 데라우치 마사타케 귀하

1903년 4월 한국 경성주차대 위생 개황 보고

1. 일반 경황

이달의 기후는 산야가 일반적으로 춘색을 띠고 복숭화와 자두가 상순에, 벚꽃이 중순에 모두 눈을 즐겁게 하는 호기이다. 따라서 낮과 밤의 온도차가 현저히 작아져 일반병의 건강도가 높아졌다.

양 중대의 환자수를 이전과 비교하면 제2중대는 제1중대보다 더 많은 환자가 발생했다.

2. 환자 경황

(생략)

3. 병사 경황

보통 청결법을 시행하는 것 외 특별히 기술할 건 없음.

4. 병식 경황

주식은 쌀 7, 보리 3의 혼합식이고 부식물로 소고기·닭고기·계란·채소는 풍부하다. 어육은 적은데 신선한 것이 적다기보다 공급이 적다. 그 외 특별히 기술할 것은 없다.

5. 지방 전염병 경황

이달 중 일본인 거류민 중 천연두 4명, 실포적리(實布的里) 1명의 신 환자가 있었다.

위와 같이 보고함.
1903년 4월 30일
보병 제32연대 부 육군 1등군의 이구치(井口胖)

경주보(京駐報) 제9호
1903년 11월 한국 경성주차군대 보고

1. 경성의 궁중, 부중은 러시아당이 독점하는 상황으로 작은 분쟁 분란이 끊이지 않는다.

인천항에는 러시아 전투함 우라볼[9] 및 볼타와[10] 2척 및 구축함 2척이 정박해 있다. 약 2주일 전 확실히 이 항에서 출항할 예정이었는데 갑자기 출항을 중지하고 정박하게 되었다. 필시 러시아공사가 한제(韓帝)에게 주상하자 유사시 즉시 이 함의 해병을 상륙해 황제를 보호해서 안심시켜야 한다는 것 때문이었다. 이렇게 하여 궁중 부중은 크게 안심하게 되었다고 수군거리고 있는데 진실에 가깝다.

2. 근무 및 경리에 관하여 특별히 보고할 건 없음.

---

9 'ウラーボル'이라고 기재되어 있다.
10 'ボルタワ'라고 되어 있다.

3. 위생 개황은 별지를 통해 보고함.

위와 같이 보고함.
1903년 11월 30일
한국 경성주차대장 가쓰가세 하지메
육군대신 데라우치 마사타케 귀하

1903년 11월 경성주차대 위생 개황 보고

1. 환자 경황

이달 중 신 환자 3명, 전염 1명, 후유 3명, 계 7명으로 지난달 후유였던 장질부사 환자는 2명 모두 회복했다. 이후 모두 동 증상 발생 흔적은 사라졌다. 신 환자에 대해서는 특별히 기재할 사실이 없다.

2. 기상 개황

이달에 이르러서는 날씨가 대개 청천하여 기온은 현저히 떨어지고 최고기온이 20도 이상 오른 날이 없다. 중순 이후는 최저기온은 연일 영도 이하로 하강하여 23일 최저기온은 10도로 내려갔다.

3. 병사 경황

병사의 경황은 지난달 보고와 다름없는데, 각 실에 난로를 설비하여 실내 온도가 0도 이하로 내려가는 날은 난로를 사용하도록 했다.

4. 지방 전염병 경황

이달 중 거류 일본인 사이에 발생한 전염병은 장질부사 6명, 적리 1명, 계 7명으로 장질부사는 지난달에 비해 2명이 증가했다.

위와 같이 보고함.

경성주차대 부 육군 1등군의 나카무라 다카요시

제2장

러일전쟁기 간첩 활동과 군사적 침략

사료 05
1903년 12월 한국 출병에 관한 내주서(1903. 12)[1]

자료명	明治36年 12月 韓国出兵に関する内奏書控
생산자	
생산시기	1903年 12月
소장기관	日本 防衛省 防衛研究所
문서정보	陸軍省-日露戦役-M36-19-122(C09123091100)

한국 출병에 관한 내주서 복본

1903년 12월 31일 총장·차장 동반 참내(參內)하여 내주(內奏)함.

한국 점령에 관한 작전 계획

한국 경부 남로(京釜南路) 전진 준비 계획

1. 선견징발대(先遣徵發隊, 제4사단 및 육군성에서 장교 15명 하사졸 166명, 합계 181명)를 한국 경성과 부산 간 남로상에 파견하여 병참 설비의 준비에 임하도록 한다.

---

[1] 1903년 12월 러일전쟁 직전 일본군이 한국을 무단 점령하기 위해 작성한 작전 계획의 사본이다. 러시아에 대한 선전포고에 앞서 한반도 내 병참선 확보와 한국 정부에 대한 무력 점령 방안의 기조를 밝히고 있다. 특히 일본군 선견징발대와 임시파견대의 편성 및 활동, 나아가 서울과 원산 등 주요지역의 점령 계획 등이 개략적으로 기술되어 있다. 러일전쟁에 따른 일본군의 한반도 침략에 대한 종합적 작전 계획을 엿볼 수 있다는 점에서 매우 중요한 사료이다.

한국 경성·원산 가점령 계획

2. 임시파견대(臨時派遣隊, 제4·제12사단 및 야전포병 사격학교에서 보병 5개 대대, 야전 산포병 1개 중대 인원, 장교 100명, 하사졸 2,883명, 합계 2,983명, 산포 6문)를 파견하여 경성 및 원산의 주차대를 증가해서 적의 소소한 기도(企圖)에 대응하여 한국 경성 및 원산의 점령을 지속하고 후속부대의 도착을 기다린다.

앞의 제1항과 2항은 개전을 예기(豫期)한 경우의 준비 수단으로서, 적에게 그 실행을 비밀로 하기 위해 작전 동작으로 이행하기까지는 복장을 변장하도록 한다. 그리고 두 번째에 언급한 임시파견대는 이후 편의를 고려하여 주로 제12사단에서 편성하도록 한다.

3. 해군의 작전 상황에 대응하여 제2항의 임시파견대 중 제12사단의 보병 4개 대대를 무장하여 함대와 함께 인천으로 이동할 수 있다.[2]

한국 경성 점령을 확실하게 할 계획

4. 제12사단을 동원하여 이들을 나가사키(長崎)에서 승선시킨 뒤, 한국 마산포(馬山浦) 및 노량진(露梁津)에 상륙시키고, 경부 남로를 이용해 경성을 향해 전진하도록 한다.

한국 전도(全道) 군사점령 계획

5. 결빙 시기 중에는 근위 및 제2사단을 우지나(宇品)에서 승선시켜 한국 인천항에 상륙하도록 한다.

6. 결빙 시기 이외에는 근위 및 제2사단을 우지나에서 승선시켜 한국 진남

---

2 3항은 문서 양식 바깥의 여백에 작은 글씨로 기재되어 있어 나중에 추기한 것으로 판단된다.

포에 상륙하도록 한다.

    이 경우에는 근위 및 제2사단에 제12사단을 통합하여 제1군으로 편성하도록 한다.

    근위 및 제2사단은 지속적으로 제12사단에서 동원하는 것으로 한다.

사료 06

계림일지(1904. 5)[1]

자료명	鷄林日誌
생산자	伊地知幸介
생산시기	1904年 5月
소장기관	日本 防衛省 防衛研究所
문서정보	陸軍一般史料-戰役-日露戰役-59

계림일지 범례

1. 이 일지는 본인[2]이 일본과 러시아의 개전 전부터 전쟁의 초기에 걸쳐 한국 경성에 주재하는 사이 집무의 편의상 이용을 위해 기재한 것에 불과하다. 따라서 그 기재법과 같은 것이 필요했으나 일정한 법식에 근거한 것은 없다. 또한 왕왕 생략한 것이 있다. 대체로 그 목적이 진중일지 등과 성질이 다

---

1 러일전쟁 당시 육군 소장이었던 이지치 고스케(伊地知幸介)가 작성한 것으로 일본군의 개전 전후 한국 내 첩보 활동 상황이 자세하게 기록된 자료이다. 방위성 방위연구소가 기록한 자료 입수 경위에 따르면, 육군 중장이었던 우치야마(內山英太郞, 육사 21기)의 알선을 통해 이지치의 사자(嗣子, 아들) 이지치 다다시(伊地知精)에게 원본을 확보한 뒤 1961년 12월 14일 마이크로필름으로 촬영했다고 한다. 『계림일지』의 유래에 관해서는 방위청 방위연수소(防衛研修所)에서 자료 입수를 담당했던 사료계장 2등육좌 마쓰다이라(松平永芳)의 기록이 있다. 복사와 촬영은 금지되어 있어 방위연구소 사료열람실에서만 사본과 화상을 열람할 수 있다. 여기에는 『계림일지』 범례와 색인, 그리고 2월 8일 개전까지의 내용을 번역하여 수록했다.
"일로(日露) 국교의 위기가 점차 급박한 때, 우리 육군에서는 기선을 제압하고자 유위의 인물을 한국 경성에 파견하여 정보 및 특별 임무에 종사시키는 것을 계획했다. 그리고 선발되어 그 임무에 복무한 것이 후에 육군 중장 남작 이지치 고스케였다. 당시는 육군소장, 야전포병감이었다.

를 뿐만 아니라 당시 정황이 극히 다단하여 정밀하게 기재할 시간이 없었다.

2. 이 일지의 기록은 본인과 함께 한국에 파견되었던 참모본부 부원 육군 보병 대위 이노우에 가즈쓰구(井上一次)[3]의 주요 임무였기 때문에 추후 조사가 필요하면 이노우에에게 문의하여 당시 정황 및 각종 관련 사항을 파악할 수 있다.

3. 이 일지는 3부를 제작하여, 1부는 참모본부 부관부에 납본, 추후 전사 편찬 등의 자료로 제공할 것이다. 1부는 본직 자신이 보관하여 추후 증빙으로 준비하고, 1부는 이노우에 대위가 보관하도록 한다.

전 한국 경성공사관부
1904년 5월 육군소장 이지치 고스케

계림일지 색인

일자	내용
1월 16일	1. 신바시(新橋) 출발, 고베(神戶) 도착

동 소장은 메이지 37년 1월 12일 특별 임무를 명받아 같은 달 16일 도쿄를 출발, 22일 인천을 거쳐 경성에 들어가서 그 일본 직을 면하고 한국공사관부 무관을 배명했다. 특별 임무를 띠고 한국 내에서 활약한 것 2개월여, 3월 19일부 본직을 면하고, 다시 야전포병감으로 보임되어 같은 달 27일 인천을 떠나 30일 고베에 도착 귀조했다. 『계림일지』라는 것은 실로 이 사이 동정을 중장 스스로 확인한 일지였다."(松平 解說, 「계림일지 유래」)

2 이지치 고스케 본인을 일컫는다.
3 이노우에는 이시카와현(石川縣) 출신이다. 청일전쟁이 발발했던 1894년 7월 육군사관학교(5기)를 졸업하고 보병 제20연대 소속으로 참전했다. 1901년에는 육군대학교(15기)를 졸업했다. 러일전쟁 당시 참모본부에서 근무했고, 압록강군 참모로 봉천회전에 참전하기도 했다. 1919년 육군 소장, 1923년 중장으로 진급했다. 1926년 제2사단장을 역임한 뒤 이듬해 9월 예비역에 편입되었다.

일자	내용
1월 17일	1. 고베 출항
1월 18일	1. 모지(門司) 출발
1월 19일	1. 부산 도착 2. 전신(電信) 연착(延着)에 관한 건
1월 20일	1. 목포 도착
1월 21일	1. 목포 출발
1월 22일	1. 인천 상륙 2. 경성 도착
1월 23일	1. 파성(巴城)[4] 보고 제1호
1월 26일	1. 용산 병영 건축의 의견 상신 2. 제12사단 인천 상륙 준비에 관한 의견 상신
1월 27일	1. 파성보고 제2호 2. 도고(東鄕) 소좌의 적 상황 보고
1월 28일	1. 파성보고 제3호 2. 함경도 삼수군수 적 상황 보고
1월 29일	1. 용산 병영 및 인천 상륙에 관한 참모차장 회답
1월 30일	1. 군사행동 지연에 관한 의견 구신
1월 31일	1. 외무대신의 러시아 회답 기한에 관한 통보
2월 1일	1. 해군대신이 치요다(千代田) 함장에게 주는 훈령 2. 러시아 수도 구리노(栗野)[5] 공사의 전보 요령 3. 도고 소좌의 적 상황 보고 4. 공사관부 무관 관사로 이전 5. 마쓰이(松石) 대좌 등을 만나 회의를 개최
2월 4일	1. 뤼순 함대 출항과 인천 군함에 관한 문의 전보 2. 위에 대한 회신 전보

---

4 하죠칸(巴城館)을 말하는 것으로 보인다. 하죠칸호텔(巴城館ホテル)이라고도 했다. 하죠칸은 당시 일본인이 운영하던 충무로[本町] 일본인 거류지 내의 주요한 숙박시설이었다. 이지치는 이곳에 머물면서 한국 내 상황을 정탐하고 그 내용을 정리하여 일본에 보고했다. 이른바 파성보고이다.

5 구리노 신이치로(栗野愼一郎)를 말한다. 러일전쟁 직전 주러 일본공사로 재임하면서 러일 교섭 실무를 담당했고, 개전 결정과 함께 국교 단절의 '집행자'를 맡기도 했다.

일자	내용
2월 4일	3. 포항 부근의 정황 4. 우장(牛藏) 부근의 정황 5. 러시아 함대 출항 목적 및 차병 문제 6. 위 사항에 대한 회신 7. 전신 생략에 관한 의견 상신
2월 5일	1. 러시아 군함의 뤼순 귀항 2. 청국 공사의 의용대 조직 3. 도고 소좌의 의주 귀환 4. 동원 개시와 사쿠라이(櫻井), 무라오카(村岡) 양 대위에 대한 훈령 전보 5. 전선 절단에 관한 전보 도착
2월 6일	1. 뤼순 출항 러시아 함대에 관한 차장의 통보 2. 임시파견대 및 선견징발대의 출발에 관한 통보 3. 마쓰이 대좌 이하를 만나서 회의를 개최 4. 대동강 결빙에 관한 차장의 문의 전보 5. 도고 소좌 귀환에 관한 전보 6. 전선 불통의 건 차장에 회신 7. 진남포 □다니(□谷) 영사의 보고 8. 러시아 기선 포획에 관한 부산주차대장의 보고 9. 선발대 상륙에 관한 차장의 통보
2월 7일	1. 나가시마(永島) 포병 대위에게 주는 훈령 2. 경성 및 인천의 정황에 관한 문의 전보 3. 위 사항에 대한 회신 4. 부산 전신국 점령에 관한 주차대장의 통보
2월 8일	1. 치요다함의 출항 및 나가시마 대위 파견 보고 2. 한정(韓廷) 동요와 경성·인천 중립지에 관한 보고 3. 수송 담임관 가사바(笠場) 대위에 관한 오자와(大澤) 대좌의 전보 4. 인천 해안의 피아 군함 정황 보고 5. 일본병 상륙에 관하여 한국 대관(大官)에 통보 6. 선발대의 상륙 및 안동현(安東縣) 방면 정황 보고 7. 러시아 공사관 처분에 관한 훈령 전보 8. 인천의 경황 보고 9. 임시파견대의 인천 도착 전보 10. 나가시마 대위의 귀착
2월 9일	1. 선발대 상륙 전후에 관한 보고 2. 선발대의 입경

일자	내용
2월 9일	3. 인천에서의 포성 4. 러시아 군함의 퇴각 5. 기코시(木越)[6] 소장의 도착 6. 기코시 소장에게 주는 명령 도착 7. 전선 개통 및 진남포 정황에 관한 참모본부의 전보 8. 한국 정부가 건설한 경의철도에 관한 문의 전보 9. 원산과 마산 간 전선 불통에 관한 문의 전보 10. 러시아 군함 코레예츠의 격침 11. 일본과 러시아 군함의 정황 12. 한국 황제 알현 상황 보고 13. 일본 함대의 안전 및 러시아 군함의 항복
2월 10일	1. 알현에 관한 관찰, 러시아 공사 퇴거 및 비밀정찰 파견에 관한 보고 2. 가사바 대위에 관하여 오자와 대좌에 전보 3. 함경도 방면 정찰을 위해 나가이(永井), 가시무라(樫村) 초치 4. 용산 병영 공사 감독으로 미야자키(宮崎) 기수 사용에 관한 전보 5. 청국 의용대용 병기에 관한 전보 6. 나가이와 가시무라에 관한 부산 영사의 회신 전보 7. 뤼순 해전에 관한 전보 8. 인천 포로에 관한 문의 전보 9. 제12사단 인천 상륙에 관한 전보 10. 제4사단 1대대 원산진 파견 11. 전선 및 진남포, 포로에 관한 전보
2월 11일	1. 평양 방면의 정황에 관한 차장의 문의 2. 전선 접속에 관한 문의 3. 러시아공사, 포로 및 전신 개통에 관한 전보 4. 한국 국왕 신뢰에 관한 문의 전보 5. 위 회신 전보 및 동청철도 정부 사업에 관한 문의 6. 미야자키 기사에 관한 소토마쓰(外松) 경리국장 반전
2월 12일	1. 나가이, 가시무라에 관한 부산 영사의 전보 2. 나가이, 가시무라 급료 전차(前借)에 관한 전보 3. 위 사항에 대한 회신

---

[6] 기코시 야스쓰나(木越安網)를 말한다.

일자	내용
2월 12일	4. 경성과 의주 간 전□ 개통 5. 러시아 공사 출발 전보 6. 병참에 관한 병참감의 통보 7. 대동강에 관한 무라오카(村岡) 대위의 보고 8. 도고 소좌, 무라오카 대위 및 원산과 경성(鏡城) 간 전□에 관한 보고
2월 13일	1. 진남포 및 대동강에 관한 무라오카 대위의 전보 2. 러시아 군함에 관한 전보 3. 동청철도를 정부 사업으로 인정하는 건 4. 평양 파병에 관한 의견 상신 5. 이용익(李容翊) 방문의 경황 및 동청철도회사 지점 사용에 관한 보고 6. 동청철도회사 건물 제 재료 사용에 관한 명령 7. 러시아함 쓰가루(津輕) 해협 습래(襲來)의 전보 8. 경부철도 남로(南路) 개수의 건
2월 14일	1. 한국 황제의 일본 군대 위문 2. 선전(宣戰)의 조칙 3. 한국 전선의 감독 및 증원파견의 건 4. 독일공사관 호위병 입경의 풍설 5. 의주 방면의 정황 1 6. 의주 방면의 정황 2 7. 의주 방면의 정황 3 8. 한국 전신 사용 및 감독에 관한 일본군사령관의 훈시 9. 기밀비의 추송
2월 15일	1. 경부 남로의 개수 2. 선발대 일부를 평양에 파견하는 의견 상신 3. □국 공사관 호위병 귀환의 풍설 4. 의주 방면의 정황 5. 경흥감리(慶興監理) 귀환에 관한 차장의 문의 전보 6. 대동강 방면의 정황에 관한 무라오카 대위의 전보 7. 도고 소좌의 의주 도착
2월 16일	1. 군사령부 일부를 전진해야 하는 의견 상신 2. 원산과 경성(鏡城) 간 전선 개통 3. 러시아 군함에 관한 정보 4. 다나카(田中) 경성우편국장 신분에 관한 건 5. 경흥감리에 관한 사쿠라이 대위의 전보 6. 선발대 평양 전진에 관한 대본영의 회신 전보

일자	내용
2월 16일	7. 선발대 1개 중대 평양에 전진 8. 제12사단의 선두 도착
2월 17일	1. 의주 방면의 정보에 관한 도고 소좌의 전보 2. 제12사단 상륙을 위한 해주 병영의 의견 상신 3. 한국에 총독부 설치 의견 상신 4. 한국 궁궐 및 소유 가옥 사용의 승낙 5. 제12사단 상륙 통보에 관해 총무부장에게 전보 6. 제12사단 숙사에 관해 차장에게 전보 7. 진남포 병참사무에 관해 무라오카 대위에 내리는 명령 8. 한국 전선 점령 및 감독에 관해 차장에게 전보
2월 18일	1. 뤼순 귀한 상황 전보 2. 제일은행 화폐 군용 선편 □에 관한 전보
2월 19일	1. 도고 소좌의 인치(引致) 2. 도고 소좌 인치의 상세 보고 및 선발대 일부 전진 보고 3. 제12사단장의 경성 도착 및 의주 방면의 정황
2월 20일	1. 평양 방면의 정황 2. 파성보고 제4호 3. 선발대 일부 전진 중 도중 지연에 관한 전보 4. 평양 방면 정황 5. 사사키 지대의 전진
2월 21일	1. 평양 방면의 정황 2. 일본군 일부 평양에 도착 3. 평양 방면의 정황 4. 도고 소좌의 암호에 관한 총무부장의 문의 5. 위 사항에 대한 회신
2월 22일	1. 경성과 평양 간 경편철도 부설에 관한 의견 상신 2. 평양 방면의 정황에 관한 신조(新庄) 영사 전보 3. 경성과 평양 간 경편철도 부설에 관한 차장 답전
2월 23일	1. 안주 방면 정황 2. 이노우에 대위 귀조에 관한 총무부장의 전보 3. 한일의정서의 조인 4. 이용익의 일본행
2월 24일	1. 이노우에 대위 귀조(歸朝)에 관한 회신 2. 평양 방면 정황

일자	내용
2월 24일	3. 영국 소좌 페레이라 씨 종군 허가의 건 4. 사쿠라이 대위 전시 직무에 관한 전보
2월 25일	1. 파성보고 제5호 2. 경성에 병력 증가 의견 상신 3. 영국 소좌 페레이라 씨에 관한 회신 4. 이용익 출발에 대한 전보
2월 26일	1. 신조 평양영사 도고 소좌에 관한 보고 2. 경성(鏡城)에 있던 사쿠라이 대위의 귀환 3. 후쿠시마(福島) 소장의 종군 외국 통신원에 관한 □의(□意) 4. 뤼순 폐쇄에 관한 통보
2월 27일	1. 제12사단의 전진 계획 2. 사쿠라이 대위의 도문강 방면 정황 3. 무라오카 대위의 대동강에 관한 보고 4. 부산과 마산포 간 전선 점령에 관한 의견 상신 5. 경성에 독일 소좌 유무에 관한 이구치(井口) 소장의 전보 6. 외국 무관 종군원 취급에 관한 차장의 전보
2월 28일	1. 평양 칠성문 외곽에서 일본과 러시아 병사 충돌 2. 독일 소좌 폰 클레르에 관한 회답 3. 한국 전선 사용에 관한 병참총감의 훈령 4. 칠성문 외곽 상보
2월 29일	1. 안주 방면의 적 상황 2. 의주 방면 적 상황에 관한 혼마(本間)의 보고 3. 의주 방면 정황에 관한 와타나베(渡邊哲平)의 보고 4. 위 사항을 정보차장에게 전전(轉電)
3월 1일	1. 제12사단장 출발 2. 도고 소좌 인치의 정황 3. 경성 이북의 전신 요금에 관한 의견 상신
3월 2일	1. 비밀 정찰 나가이(永井)의 경성(鏡城) 출발 2. 비밀 정찰자의 현상 보고 3. 한국 전신 요금에 대한 회신 4. 파성보고 제6호 5. 경성 내 보부상의 불온 6. 구완희(具完喜) 저택에 폭열탄 투입

일자	내용
3월 3일	1. 진남포에 후지카와호 도착 2. 한국 전선에 관한 병참총감의 훈령 3. 군의 승선(乘船) 움직임 및 한국주차대 교대에 관한 총장의 회보 4. 태고산(太孤山) 부근 중국 선박 대여에 관한 오시마(大島) 대좌의 전보
3월 4일	1. 한국 전선(電線) 사용에 관해 차장에 질의 2. 군의 집중 계획 3. 영국 수도 런던에 군의 집중 계획 전보 □□의 건 4. 러시아 기병의 경성(鏡城) 도착 5. 제1군의 승선 연기 6. 한국 전언에 관한 건 7. 진남포 상륙 숙영과 급양에 관해 마쓰이시(松石) 대좌에게 전전(轉電) 8. 군의 승선 연기의 뜻 마쓰이시 대좌에 전전(轉電) 9. 군의 계획에 관하여 이노우에(井上) 중장에 전전(轉電)
3월 5일	1. 용산 병영의 접수 2. 군 승선 연기의 건 이노우에 중장에 전전(轉電) 3. 진남포에 다카치호함(高千穗艦) 도착 4. 한국 경영 방침에 관한 질의
3월 6일	1. 용산 병영의 완성 보고 2. 비밀 정찰 혼마에 관한 문답 3. 무라오카 대위의 적 상황 보고 4. 한국주차군대의 증가 5. 무라오카 대위의 적 상황 보고 6. 혼마에 대한 영사의 회답 7. 제12사단장의 하천(河川)에 관한 보고
3월 7일	1. 중국 선박 대여에 관한 무라오카 대위의 보고 2. 사쿠라이 대위 경성(鏡城) 부근의 적 상황 보고 3. 중국 선박 대여에 관한 건 회답 4. 제2회 동원 발령 5. 혼마의 적 상황 보고
3월 8일	1. 제국 군함에 관한 사쿠라이 대위의 보고 2. 전보에 관한 총무부장의 주의(注意) 3. 군의 정보에 관해 사쿠라이 대위에게 통보 4. 경성 방면의 정황에 관한 사쿠라이 대위의 보고 5. 한국의 정체(政體)에 관한 고무라(小村) 대신의 훈령 6. 성진수비대 파견의 건 외무대신의 통보

일자	내용
3월 9일	1. 제1군 승선 보류 2. 독일 소좌 폰 클래르 도착 3. 알렌과 페레이라 씨에 관하여 사카키바라(榊原), 마쓰이시 양 대좌의 의뢰 4. 원산 대대장 다카키(高木) 소좌가 보고한 포시에트 방면 정황 5. 한국군사령부의 설치 6. 일본인 점검에 관한 사쿠라이 대위의 보고 7. 무라오카 대위의 적 상황 보고 8. 이노우에 제12사단장으로부터 대본영에 제출된 적상 보고
3월 10일	1. 다나카(田中) 우편국장에 관해 오우라(大浦) 체신대신에 제출한 서한 2. 제1군 승선 출발 3. 가시무라의 건 마쓰이시 대좌에 문의 4. 외국 무관 진남포 파견에 관한 차장의 주의(注意) 5. 위 사항에 관한 사정 상신
3월 11일	1. 내장원(內藏院) 소유지 사용에 관한 사카키바라 대좌의 내전(來電) 2. 위 사항에 대한 회신 3. 나가이의 서한, 사쿠라이 대위로부터 전전(轉電) 4. 가시무라에 관한 마쓰이 대좌의 회신 5. 외국인 전신 검사에 관한 차장으로부터의 전보 6. 영국 대위 빈센트, 미국 군함 신시내티 및 내외 신문 기자에 관한 전보
3월 12일	1. 일본인 살해에 관한 사쿠라이 대위의 전보 2. 한국 견습사관 임관에 관한 기노시타(木下) 소좌의 전보 3. 위 사항에 대한 회신 4. 안주 방면의 적 상황에 관한 무라오카 대위의 전보
3월 13일	1. 독일 소좌 폰 클래르에 관해 고다마(兒玉) 차장에게 전보 2. 한국 견습사관 소위 임관의 건 육군대신에 전보 3. 평양대(平壤隊) 처분에 관한 고다마 차장의 전보 4. 프랑스 공병 대위 빼뇰에 관한 차장의 전보
3월 14일	1. 프랑스 공병 대위에 관한 회신 2. 주차군사령관의 임명 3. 폰 클레르 소좌에 관한 회신 4. 평양대에 관한 회답 5. 10일 해전 공보 6. 군의 상륙 및 신문 기자에 관한 마쓰이시 대좌의 보고

일자	내용
3월 15일	1. 통신 취체에 관한 의견 구신 2. 적 상황에 관한 제12사단장의 보고 3. 제12사단의 일부 청천강안에 증가 4. 러시아인 경성(鏡城) 도착
3월 16일	1. 신문 기자 통신에 관한 건 외무성 참사관과 협의할 것 2. 참모본부 소속으로 전직(轉職) 3. 경흥감리의 귀경 4. 의주 이동의 정황에 관한 이노우에 중장의 보고
3월 17일	1. 이토 대사의 도착 2. 전직□(轉職□)의 변경 3. 파성보고 제7호 4. 일본 유학 한국 학생의 처형[7] 5. 의주 이동 정황에 관한 이노우에 중장의 전보
3월 18일	1. 제12사단의 평양 집합 및 군사령관 진남포 도착
3월 19일	1. 전직(轉職)의 건 통보 2. 상하이 영자신문 기자에 관한 주의 3. 사쿠라이 대위의 전보
3월 20일	1. 군사령부 평양 도착 2. 사쿠라이 대위에 전직(轉職) 통지 3. 무라오카 대위에 동상 전직 통보 4. 사쿠라이의 경성(鏡城) 발 보고 5. 위 사항에 대한 전전(轉電)
3월 21일	1. 의주로부터 귀환한 와타나베와의 면회 2. 대사 일행과 함께 □ 공사관에 초청
3월 22일	1. 미국공사관의 초청 연회 2. 이토 대사의 만찬회
3월 23일	1. 페레이라 소좌에 관해 후쿠시마 소좌에게 전보

---

[7] 이른바 혁명일심회(革命一心會) 사건으로 인해 일본 육사에 유학했던 한국인 유학생들이 한국 정부에 의해 처형됐던 일을 가리킨다. 당시 처형된 한국인은 김홍진(金鴻鎭)·장호익(張浩翼)·조택현(趙宅顯) 등 3명이었다.

일자	내용
3월 24일	1. 한국 대관(大官)을 역방(歷訪)함 2. 이토 대사 저택에서 야회(夜會)
3월 25일	1. 황제 및 황태자 알현 및 각국 사신의 역방(歷訪)
3월 26일	1. 일본공사관 및 관원을 방문함 2. 이토 대사의 경성 출발
3월 27일	1. 경성을 출발, 귀조의 길에 대하여 2. 인천 출발
3월 28일	1. 팔구포(八口浦)의 투□(投□) 2. 해군 병원선의 방문
3월 29일	1. 사세보(佐世保) 입항 2. 진수부(鎭守府) 및 그 외 방문 3. 사세보 출항
3월 30일	1. 고베 도착
3월 31일	1. 고베 출발
4월 1일	1. 신바시 도착

계림일지

1월 16일

오전 7시 30분 이노우에 대위와 함께 신바시를 출발하여 오후 10시 30분 고베에 도착했다.

1월 17일

정오 가나자와호(金澤丸)에 승선하여 고베를 출발했다.

1월 18일

오후 1시 모지에 도착, 오후 5시 출범했다.

1월 19일

오전 8시 부산에 도착하여 상륙, 영사관에 가서 알렸다.

부산주차대장의 말에 따르면 경성·부산 간 전선은 공병대로 교대시킨 이래 지연되는 일이 많았다고 □하여 전신국에 대해 그 사실을 조사했으나 잘못이 없으므로 그 뜻을 참모총장에게 보고했다.

오후 5시 부산을 출발했다.

1월 20일

정오 목포에 도착했다. 바람이 거센 탓에 다음 날 정오 출항하겠다고 보고한 뒤 상륙하여 영사관에서 숙박했다.

1월 21일

정오 목포를 출발했다.

1월 22일

오전 8시 인천에 도착, 상륙했다.

오후 12시 50분발 열차에 탑승하여 경성으로 이동했으며, 즉시 참모총장에게 전신을 보내 도착했음을 보고했다.

1월 23일

외부(外部) 및 각국 사신을 방문했다.

오후에 마쓰이시, 노즈(野津)[8] 두 사람을 만나 회의를 개최했다.

파성보고(巴城報告) 제1호를 참모총장에게 발송했다. 그 요지는 다음과 같다.

1. 착임 및 각국 사신 방문의 건.
2. 경성 및 인천의 인심은 의구심이 있으나 비교적 정숙함.
3. 각국의 군인들은 정숙하며 우리 주차대도 이들과 분쟁이 발생할 위험은 없음.
4. 경성·부산 간 전신선은 공병에 맡긴 이후로 극히 지연되고 있음.
5. 한기가 매우 혹심한 까닭에 신탄을 준비할 필요가 있음.
6. 음용수 결핍으로 찬수기(鑽水器)를 준비할 필요가 있음.
7. 선발대의 숙영은 경성에 여단사령부 및 2개 대대, 인천에 2개 대대씩을 준비하는 한편 철도 수송 준비를 해야 함.

1월 24일
보고 사항 없음.

1월 25일
보고 사항 없음.

1월 26일
한국 황제는 공사에게, 가령 일본군이 입경하게 되면 성 밖에서 숙영해야 한다는 점을 요구했다. 우리 거류민이 가옥에 숙박할 때에는 거류민의 미혹

---

[8] 주한 일본공사관부 무관과 한국 군부 고문을 역임했던 노즈 시즈타케(野津鎭武)를 말한다.

(迷感)이 많음을 고려하고, 장래에도 경성에 우리 병사들을 주둔시킬 필요가 있는지 고려하여 오후에 다음의 전보를 발송했다.

참모차장 앞

선발대의 대부분을 경성 내에 들임은 정략상 고려할 때 회피할 필요가 있음. 용산에 병영을 조성하고 그곳에 숙영시킬 예정으로 필요한 비용 범위에서 그것을 준비하여 선발대 출발의 보고를 기다려 착수할 것임. 이 설비는 장래에도 이익이 있을 것으로 생각함.

또한 제12사단을 즉시 인천에 상륙시키는 것이 매우 유리하여 그것을 준비할 필요가 있다는 생각에서 다음의 의견을 상신했다.

참모총장 앞

제12사단 주력의 수송에 앞서 해군의 기도(企圖)가 성효(成效)되면, 상륙 즉시 인천으로 이동하는 것이 유리합니다. 그에 따르는 준비 계획이 필요하다고 생각합니다. 가부(可否)의 지령을 구합니다.

1월 27일

오후에 파성보고 제2호를 발송했다. 그 보고는 다음과 같다.

파성보고 제2호

1. 소관의 도착에 대한 각국 사신의 의향 및 변장병(變裝兵)의 존재에 관한 그릇된 견해: 소관은 23일 공사와 함께 한국 외부(外部) 및 각국의 사신을 회방(回訪)함에 따라 각국 사신도 또한 소관을 답방했습니다. 아울러 23일 밤에는

'브라운' 씨의 야회(夜會)에 초대받아 외국인과 회합할 기회를 얻었습니다. 그 말하는 바에 따르면, 무릇 소관의 파견에 관해 의외의 감정을 품고 러시아공사와 같이 어떻게든 의심하려고 하는 경향이 있습니다. 또한 독일 공사가 말하는 바에 따르면, 경성 부근에 다수의 일본군이 몰래 존재하고 있으며 만일의 경우에 본관은 그들을 지휘하는 사람이 될 것이라고 합니다. 각국 공사와 영사 등도 일본 병사가 변장한 채 경성 부근에 들어와 있다고 생각하는 것 같습니다.

2. 노즈 소좌의 고빙(雇聘) 사정: 노즈 소좌를 고빙함은 국왕과 이용익(李容翊)과의 담합으로 성사된 것으로 이(李)의 알선에 의한 것입니다. 이러한 계약을 성사시킨 까닭은 만일 수많은 일본병이 경성에 진입하는 상황이 벌어진다면 노즈 소좌를 그 사이에 서게 하여 국왕의 신변 안전을 도모하고 왕궁의 위험을 예방하려는 것입니다. 노즈 소좌 고빙의 건은 내외 모두 그것을 비밀리에 했고, 소관은 내외인의 질문에 대해서는 경성주재관에게 인계하여 종래의 업무를 맡게 될 것이라고 했습니다.

3. 한·일 동맹의 불성공과 선후책: 공사의 상세한 보고와 같이 한국과 일본 간의 동맹은 23일 밤에 조인해야 할 바입니다. 따라서 공사는 당사자인 이근택(李根澤)·이지용(李址鎔)·민영철(閔泳喆) 등 3인에게 극렬한 압박을 가하며 그 성효(成效)를 기도했습니다. 그런데 다른 한편에서는 러시아공사가 이재순(李載純)에게 한·일 간 밀약의 유무를 질문하면서 국왕에게 만일의 경우 러시아공사관에 피난할 수 있음을 권고했습니다. 또 다른 한편으로는 한국 정부가 당사자로 (인쇄 불량으로 해독 불가) 소관은 이때 한국 정부의 □란(□亂)을 □□함은 대국(大局)에 □하여 불이익이 된다고 믿습니다. 이 조약의 존부(存否)는 심히 우리에게 이익□□, 오히려 당사자 3인[9]이 그 직에 있을 가능성을

---

9 이근택·이지용·민영철을 일컫는다.

인식하고, 현상 유지의 의견을 공사에게 개진했는데 공사도 동의를 표하여 이 방침을 채용하고 나중에 더 좋은 방책을 취하는 것으로 했습니다. 한·일 동맹은 일시 성공하지 못하더라도 당국 정부 및 인민 일반의 의향은 일본을 신뢰하는 것 같습니다.

4. 정책상에 관한 보고의 발송: 정책상에 관한 건은 항상 공사가 외무대신께 보고하기 때문에 공사와 소관의 의견이 달라 상용(相容)하는 때 외에는 소관이 특별히 보고하지 않겠습니다.

5. 공사와 마쓰이시 대좌, 노즈 소좌 사이의 관계: 공사와 마쓰이시 대좌 및 노즈 소좌 사이의 관계는 이제까지는 물론 앞으로도 추호의 격의가 없었습니다. 서로에게 의견을 개진하고 화리협동(和裏協同)하여 제반 업무를 계획했습니다. 따라서 우려할 만한 양자 사이의 걱정은 필요치 않다고 믿습니다.

오후 6시 다음의 전보가 도달했다.

재 의주 도고(東鄕) 소좌 발

의주는 평온한데 봉황성(鳳凰城)으로는 최근 다수의 러시아 병력이 랴오양(遼陽)으로부터 왔습니다. 현재 봉황성에 있는 것을 안동현으로 증가시킨다는 소문이 있어 인심이 흉흉하며, 또한 수일 전 랴오양에서 봉황성으로 □□□ 차량 40량분이 도착했습니다.

이에 따라 마쓰이시 대좌에게 보내 참모본부로 전달시켰다.

1월 28일
다음의 보고를 참모총장에 보냈다.

파성보고 제3호

1. 재한 영국공사관 부 무관의 방문: 지난 27일 영국 공사관 부 무관 소좌 페레이라 씨가 방문했습니다. 이번 달 상순 시베리아 철도를 이용해 당지에 도착한 것으로 그 담화 중, "1) 11월 말 바이칼호를 통과할 때 그곳에 있는 영국 기사(技師)의 말에 따르면 400 내지 500의 러시아 병력이 매일 동쪽으로 진군하고 있다. 2) 영국 선교사는 펑톈(奉天)에 2명, 잉커우(營口)에 2명, 랴오양(遼陽)에 1명, 봉황성(大孤山)에 1명이 존재하는데, 이들의 말에 따르면 안둥현에 200, 봉황성에 800, 랴오양에 3,000의 러시아 병력이 있다고 한다. 또한 랴오양에 있는 병력은 6,000명 이라고도 한다"라고 말했습니다. 그래서 러시아와 일본의 개전 시에 만주 방면의 정황이 모두 불명하게 이르렀을 때 이들 선교사에게서 정보를 얻는 방법이 없는가라고 말했으나 그는 명확한 답을 주지 않았습니다. 또한 영국 무관은 참모본부가 제작한 만주 및 조선 교통지도를 보고는 1장을 얻을 수 있는지 의뢰하여 각 1매를 증여하는 것으로 했습니다. 다시 송부해주기를 바랍니다. 아울러 그는 일본군이 군사행동을 시작하게 되면 그와 동행하겠다는 취지를 전했습니다.

2. 러시아공사관에서 만찬회 경황: 지난 27일 러시아공사는 소관 및 하야시(林) 공사를 공사관으로 불러 만찬의 향응을 펼쳤습니다. 모인 사람은 공사관원을 비롯 약 25~26명으로 그 주요한 자는 러시아인으로는 공사 부부, 바랴크호 함장, 공사관 호위대장 및 군리(軍吏) 1명, 프랑스인으로는 공사 □□□□□(アドミラルゲーシ) 및 빠스칼 함장, 빠스칼 승조(乘組) 대위와 중위 각 1명, 그리고 부영사 외에 이탈리아공사 부부 및 여행 중인 영국 부인 미스 □□(ゲロン, 연령 약 60세) 등으로 대체로 유쾌하게 담화했는데, 러시아공사는 그 성질도 그렇지만 음기(陰氣)로 인해 의기(意氣)가 오르지 않았습니다. 다만, 바랴크 함장과는 장쾌하게 담화했습니다. 러·일 교섭사건은 끝내 한마디

도 나오지 않았습니다.
3. 삼수(三水) 부근 러시아 군인의 행동: 함경도 삼수 군수로부터 26일 외부로 다음의 전보가 도착했음이 당일 우리 공사에 통보되었습니다. "러시아 사관 2명이 병졸 13명을 이끌고 후창(厚昌) 방면으로부터 와서 이곳에 숙박하고 같은 달 13일 갑산(甲山) 지방을 향해 출발함."

1월 29일
이날 밤 다음의 전보가 도착했다.

1. 선발대에 관한 의견 인정함. 비밀이 확보되는 범위 내에서 준비해야 함.
2. 해군의 기획이 효과를 거두게 되면, 제12사단의 주력 운용에 관해서는 당부에서 이미 계획이 있음.

1월 30일
군사행동이 예정보다 지연되어 이날 밤 다음의 전보를 발송했다.

참모차장 앞
군사행동의 개시가 이미 계획한 것보다도 지연된 데는 가스가(春日)와 닛신(日進)의 도착 등 군사상의 이유가 있음은 별도로 말한 바와 같습니다. 비록 당지에서는 러시아가 양보(讓步)하는가라는 풍설이 많다고 해도 이러한 이유 하에 군사행동을 지연하는 듯 판단하여 □□않는 바가 되어야 합니다. 혹 타협으로 흐를 우려가 있으면 향후 정책상 경성에 병력의 우세를 점하기 위해 출병을 서두를 필요가 있습니다.

1월 31일

이날 외무대신에게서 공사의 허가로 하달된 전보를 통보받음. 그 요지는 다음과 같음.

일본은 2일까지 러시아 측의 회답이 있기를 희망하고 만약 2일까지 회답이 없으면 그 기한을 확답받아야 함.

2월 1일

이날 해군대신이 인천에 정박하는 치요다(千代田) 함장에게 보낸 다음의 전보가 도착함. 요지는 다음과 같다.

러시아는 2월 2일 아시아총독에게 최후의 회답을 보냄에 따라 특별히 주의를 요함. 필요하면 독단으로 사태에 임하도록 함.

오후 공사는 □러시아 구리노(栗野) 공사로부터 외무대신에게 도착한 전보를 보여주었다. 그 요지는 다음과 같다.

이 문제는 신중하게 주의를 해야만 한다. 각 대신 및 아시아 총독의 의견 간에 조화를 꾀하기 위해 약간의 시일이 필요하다. 또한 □답(□答) 시일은 황제의 뜻이 나와야 하므로 확실히 말하기 힘들다. 단, 러시아는 가능한 한 양보하려는 뜻이 있다고 한다.

이에 공사는 위 전보를 고무라(小村) 외무대신에게 보냈다. 그 요지는 다음과 같다.

군사행동 지연은 러시아에게 선제(先制) 이익을 얻게 할 우려가 있음. 조선의 지위에 따라 참고를 위해 전품(電稟)함.

오후 5시 다음의 전보가 도착했다.

의주 도고 소좌 발
러시아는 29일 이래 그 □부터 평화의 설(說)□□□ 사령부 이하 화락(和樂)의 정황을 보인다. 봉황성에는 증병의 모양은 없고 지극히 평화롭다.
이날 공사관 부 무관을 포함 자리를 옮겨 저녁 식사 후 마쓰이시 대좌, 사이토 중좌, 노즈 중좌를 모아 □□의 회의를 했다.

2월 2일
보고 사항 없음.

2월 3일
보고 사항 없음.

2월 4일
오전 9시 다음의 전보가 도착했다.

참모차장발
오늘 오후 4시 26분 지부(芝罘) 영사가 보낸 전보에 따르면 지금 수선 중인 함선 1척을 □하고 뤼순구(旅順口)에 □의 러시아가 가지고 있는 군함은 출항했는데 그 행선은 불명이라고 하는 전선(電線)에 의해 귀관은 속히 인천에 있는 러시아 군함의 특이 동향을 확인하고 전보하도록 할 것.

이에 따라 다음의 전보를 발송함.

참모차장 귀하
인천의 러시아 군함에 관해서는 아직 특이 동향 없음.
일본을 위해 □□ 행동을 속히 통보 요청함.

오전 11시 다음 2개의 전보를 공사에게서 통보받았다.

2월 3일 오후 9시 40분 외무대신발
블라디보스토크 주재 무역사무관의 보고에 따르면 동 항구에 있는 위수사령관이 무역사무관에게 통고했는데 "나는 블라디보스토크에서 언제라도 계엄령을 포고할 수 있는 명령을 수령했다. 따라서 블라디보스토크항에 재주하는 일본인은 최후의 퇴거를 준비하라. 만약 잔류하는 일본인이 있으면 하바롭스크로 이주시켜야 한다."

2월 3일 오후 9시 외무대신발
우장(牛莊) 주재 영사가 2월 3일 발송한 전보에 따르면 랴오양에서 러시아의 행동은 비상하게 활발함. 압록강을 향해 군대가 이동을 시작함. 뤼순에 도착한 제9연대의 4개 중대 및 랴오양에 있는 제15연대의 2개 중대는 2월 1일 랴오양을 출발함.

아울러 다음의 정보를 공사에게서 전달받았다.

미국 전기회사 사장은 동국(同國)의 신문 통신원에게 도착한 러시아 군함이 뤼순에서 출발한 것은 육군 병사가 탑승한 운송선을 인천으로 호송하는 데 있다는 전보를 보았음. 이에 얼마 전 조선 대관(大官)과 러시아공사관의 교통이 빈번함에 따른 차병(借兵) 문제의 결과가 아닌가 라고.

이에 따라 다음의 전보를 발송했다.

당지 미국통신원에게 도달한 전보에 따르면 러시아 군함이 뤼순을 출발함은 육병(陸兵)을 탑재한 운송선을 인천에 호송하려는 것이라는 의심을 들게 한다. 영국공사관에 문의하자 공사는 러시아 함대 출발의 일을 듣고 위해위(威海衛)에 있는 사령장관에게 문의했는데 아직 회답을 얻지 못했다. 다만, 영국 군함은 러시아 군대의 행동을 감시하고 있기 때문에 머지않아 회답이 도착한다고 한다. 어쨌거나 러시아 육병 도착의 풍설이 높아짐은 사실로서 약간의 징후가 있다.

오후 9시 다음의 전보를 발송했다.

참모총장 귀하

시국의 절박과 함께 통신이 빈번하게 와서 지연될 우려가 있습니다. 통신의 생략과 업무의 통일을 꾀하기 위해 군사행동에 관한 건은 마쓰이시 대좌, 사이토 중좌에 관한 것도 같은 방식으로 본직이 발송해야 합니다. 내지로부터도 같은 방식으로 육군대신과 협의가 있었습니다.

동시에 다음의 전보가 도착했다.

이시모토(石本) 육군차관발

통신 지연의 건은 사이토 중좌에게 통신하겠음. 상세한 내용은 동관에게 허가함.

2월 5일

오전 11시 공사로부터 다음의 통보를 받았다.

2월 4일 오전 10시 지부 영사발

2월 4일 오후 러시아 군함은 뤼순으로 복귀함.

오후 3시 다음의 전보를 발송했다.

육군차관 귀하

청국 공사는 의용대 조직을 위해 병기 구입을 신청했습니다.
이 건은 미쓰이(三井)에 명령했는데, 이에 따라 상당의 편의를 주도록 요청했습니다.

총무부장 귀하

도고 의주에서 귀환, 무라오카(村岡) 어제 출발하도록 함.

오후 8시 30분 다음의 전보가 도착했다.

2월 5일 오후 4시 35분 차장발

6일부터 근위 · 제2 · 제12사단의 동원을 시작으로 군사행동에 들어간다.

다음을 도고와 사쿠라이에게 전할 것.
"6일부터 동원을 시작, 군사행동에 들어감. 귀관은 가능한 한 오랫동안 임무를 계속하도록 하고, 차례로 경성에 도착하도록 할 것."
다음을 무라오카에게 전할 것.
"6일부터 동원을 시작으로 군사행동에 들어감. 귀관은 위험이 없는 한 임무를 계속할 것."

이러한 내용을 마쓰이시 대좌로 하여금 전달시켰다.
이날 해군 공사관부 무관에게 전선 전부의 파괴를 명령했다.

2월 6일
오전 11시 다음의 전보가 도착했다.

2월 6일 오전 10시 차장발
3일 출항한 러시아 함대는 그날 밤 다롄만에서 가박(假泊)하고, 지난 4일 오후 3시 전후 귀항하여 모두 항 외에 정박함.

동시에 주차대사령관에게서 다음의 통보를 받았다.

2월 5일 오후 9시 50분 도쿄 육군대신의 발전에 의하면 2월 6일 임시파견대는 사세보를 선견징발대는 오사카를 출범하여 한국으로 향할 것임.

이에 따라 마쓰이시 대좌, 사이토 중좌, 노즈 소좌 및 요시다 해군 소좌를 만나 다음의 건을 협의했다.

1) 요시다 해군소좌는 치요다 함장에게 통보할 것.
1) 일본 함대의 동정을 시찰할 목적으로 장교 1명을 기선에 태워 파견하기 위해 인천에 있는 우선회사 지점장을 내일 경성으로 부를 것.
1) 인천 숙영 계획 실시는 모레 8일 오전으로 조치할 것.
1) 용산 병영은 비밀을 보장하는 범위에서 실시 준비할 것.

오후 4시 30분 다음의 전보가 도착했다.

차장발
무라오카 대위에게 다음의 건을 전할 것.
대동강 결빙의 모양 및 금후 판단은 어떠한가.

오후 8시 다음의 전보가 도착했다.

차장발
다음의 건을 도고에게 전하고 2~3명의 하사졸을 그에게 부속할 것. 다시 의주로 보내 이전 임무를 계속하도록 할 것. 의주에서 귀환하면 경황을 전보할 것.

곧 다음의 회신을 발송하고 기회를 얻게 되면 전달하도록 마쓰이시 대좌에게 명령했다.

차장 귀하
해군의 요구에 의해 원산의 북쪽 및 개성의 북쪽에서 전선을 절단함에 따라 금후 4~5일간은 통신을 두절해야 할 필요가 있어 도고, 사쿠라이, 무라오카의 훈령은 전선 개통 후에야 전달할 수 있습니다.

그날 밤 다음의 통보를 공사에게서 받았다.

6일 오후 2시 10분 진남포 □곡(□谷) 영사발
오늘부터 대동강 입구에 순사 1명, 헌병 1명을 평복(平服)의 □로 파견하여 동 항 부근을 통과하는 선박에 주의하고 있음.
동지 당항과는 급항(急航)하면 하루로 왕복할 수 있음.

또한 주차대사령부에게서 다음의 통보를 받았다.

2월 6일 오후 6시 15분 부산주차대장발
오늘 오후 부상(扶桑)과 평원(平遠) 항이 내외에서 러시아 기선 2척을 포획했음.

또한 오후 10시 50분 다음의 전보가 도착했다.

2월 6일 오후 5시 30분 차장발
선발대는 오늘 출발하여 8일이나 9일에 상륙할 예정이다. 만약 정황상 인천 상륙이 허락되지 않으면, 아산(津島의 對岸) 혹은 천수만 나이다동[10] (수영), 혹은 마량동(비인)에 상륙할 수도 있다. 아산이라면 발안성(發安城)을 거쳐 상륙 후

---

10 'ナイダ洞'이라고 기재되어 있다. 명확한 명칭은 확인할 수 없었다.

이틀째에 수원에 도달함. 나이다동이라면 예산을 거쳐 제4일에 진위(振威)로, 송동(松洞)이라면 홍산(鴻山)과 예산(禮山)을 거쳐 제7일에 진위에 도달할 예정임. 따라서 되도록 철도 수송을 준비할 것.

2월 7일

지난밤 전보의 주지에 기초하여 인천 우선회사 지점장 이타미 지로(伊舟二郞) 씨를 불러 소증기선 1척을 빌리는 등을 협의했다. 나가시마(永島) 포병 대위에게 훈령을 내리고 제반 준비를 하도록 했다.

훈령

귀관은 인천항에 준비한 소증기선을 타고 아산 방면에 진항하여 선발대장 기코시(木越) 소장에게, 본직은 참모총장에게서 받은 임무에 기초하여 다음의 건을 전달한다는 뜻을 전달하고, 속히 선발대의 상륙점을 보고해야 함.
1) 한국에 대한 정략상의 고려에 의해 선발대의 숙영은 용산에 축설(築設) 중인 창사(廠舍)가 완성될 때까지 경성 및 인천의 일본인 가옥을 사용하는 계획으로, 경성에 선발대사령부 및 2개 대대를 인천에 잔여 2개 대대를 숙영하도록 준비함. 위 숙영 설비는 인천에서는 후쿠다(福田) 보병 대위, 경성에서는 미야케(三宅) 보병 중위에게 맡기고 제반 준비를 정리할 수 있도록 알릴 것.
2) 선발대가 인천에 상륙한 경우에 경성에 숙영할 사령부 및 대대를 위해서 기선 수송을 준비할 것.
3) 만약 아산에 상륙한 때는 수원에서, 천수만에 상륙한 때는 진위에서, 다음과 같이 기차 수송을 준비할 것.
제1·제2열차: 사령부 및 2개 대대를 경성으로
제3·제4열차: 2개 대대를 인천으로

4) 상륙점이 아산 혹은 천수만이 되면 마에가와(前川) 1등주계를 수원 혹은 진위에 파견하여 양식과 신탄 등 기타 준비를 하도록 할 것.
5) 인천 이외의 상륙점은 도로가 조악하여 운반이 곤란하므로 꼭 필요한 화물 외에는 상륙시키지 말고 해로로 인천에 양륙시킬 것.
6) 상륙 직후 숙영 등 기타 용변(用辨)에 제공하기 위해 한국어 통역을 겸한 상인을 나가시마 대위에 부속 파견시키니 적절히 이용할 것.
7) 나가시마 대위는 본 건을 접한 즉시 인천에 귀환하여 선발대의 상륙점을 보고할 것.

위와 같이 훈령했다. (서명)
오후 3시 다음의 전보가 도착했다.

오후 2시 33분 대본영발
경성과 인천의 현재 정황을 보고할 것. 이후 귀관은 매일 오후 6시 정시 보고를 제출할 것.

오후 5시 다음의 전보를 발송했다.

국왕과 정부는 시국이 절박하여 일본병이 대거 한국에 들어온다는 이야기가 떠돌자 중립 선언의 가치가 없음을 깨닫고 낭패한 정황이 있음.
러시아 함이 뤼순을 출항한다는 보고가 도착한 때부터 우리 거류민은 불안함을 드러냈는데, 특별한 일은 없음.
열국 공사관과 영사관은 대체로 정온, 영국과 미국은 가장 우리에게 동정을 표함. 다른 나라도 악감(惡感)이 있지는 않음. 러시아공사는 은밀히 한국 황제와 대관에게 몰래 접촉하려고 애쓰고 있음.

우리 함대의 전위가 인천 부근에 도착하는 사이 치요다함이 가장 위험하게 됨. 그러는 사이에 러시아병이 입경하거나 혹은 치요다함에 변이 있는 경우, 우리 거류민의 격앙과 낭패함을 진정시키고자 선발대가 경성에 도착했을 때, 국왕이 외국공사관에 도망함을 예방하는 등 여러 가지의 경우를 예상하여 공사와 협의했음. 또한 선발대 도착 준비도 각각 착수 중임.

천수만에 상륙한 때는 경성 도착 시기가 지연되어 경성의 치안에 고려되는 바가 있음. 가능하면 선발대의 인천 상륙을 실행하도록 함대사령관에게 통고할 것.

주차대사령관이 다음과 같이 통보해 왔다.

1) 오후 1시 30분 육군대신발 전보에 의해 선발대는 6일 정오 출범함.
2) 어제 오후 0시 5분 부산주차대장의 보고에 따르면, 어제 오후 마산에서 군함 아타고(愛宕)가 한국전신국을 점령함. 그와 연계하여 우리군의 이익을 보호하기 위해 오늘 아침 8시 함대사령관의 의뢰에 응하여 부산의 한국전신국을 점령함. 이후 부산 제국영사와 협의를 마침.

이날 밤 영국공사관부 무관 페레이라 씨가 만주 작전에 관한 의견을 보내와서 참모총장에게 전송했다.

2월 8일

오전 7시 30분 인천항의 정황에 관하여 인천보급창에 전화로 문의한 결과에 따르면,

군함 치요다는 지난 밤 2시 인천을 출발함. 러시아 군함은 여전히 정박 중임.

또한 오전 8시 노즈 소좌로부터 온 정보에 따르면,

어제 낮부터 밤에 걸쳐 현상건(玄商健)이 폐하의 명에 따라 프랑스공사관에 누차 왕복함. 그 목적은 경성과 인천을 중립지역으로 하려는 운동이라고 함.

이에 따라 오전 9시 다음의 전보를 발송함.

인천보급창의 통보에 따르면 치요다는 지난 밤 무사 출항함. 러시아 군함은 여전히 정박 중임.
지난 밤 소증기선에 나가시마 포병 대위와 한국어가 통하는 자 4~5명을 동반해 인천을 출발, 아산만에 이르러 선발대 사령관에게 준비의 대략을 통고함과 동시에 이들의 상륙을 보조시킴.

아울러 오전 10시 다음의 전보를 발송함.

참모총장 귀하
어제부터 한정(韓政)의 동요가 심하여 국왕이 프랑스공사관으로 도망한다는 풍설이 있음. 우리 공사는 이를 막기 위해 힘쓰고 있음. 또한 프랑스공사로부터 경성과 인천을 중립지로 하는 운동이 시작되었으나 결코 이루어질 수 없는 목표임.

오전 11시 다음 전보가 도달함.

오전 9시 58분 오자키(大澤) 대좌발

선견대에 수송 담당으로 가사바(笠場) 대위를 부속함. 가사바가 인천에 도착하면 해당 지역에 잔류하도록 함.

오후 5시 인천보급창으로부터 인천 앞바다에서 일본 군함 목격이 보고됨. 곧바로 다음 전보를 발송함.

참모차장 귀하

인천 앞바다에 일본 군함 약 10척을 보았습니다. 러시아 군함은 의연 인천에 정박 중입니다.

사료 07
육군성 군무국 군사과 전역 업무 상보(1906)[1]

자료명	明治37·8年 戰役業務詳報 軍務局 軍事課
생산자	陸軍省 軍務局 軍事課
생산시기	1906年
소장기관	日本 防衛省 防衛研究所
문서정보	陸軍省-日露戰役-M37-7-128(C06040131900~C06040139700)

제1편 개전 이전의 업무

  1903년 10월에 이르러 러·일 외교관계는 더욱 절박하게 되었다. 참모본부는 작전 계획상 제1차 부대의 상륙 지점을 부산 부근으로 하고 정황이 허락하면 가능한 북방에 상륙시킬 계획이었는데, 부산에서 경성 방향으로 육행하는 것은 시간이 오래 걸리고 또한 급양이 불편하므로 다음 요령에 따라 선견징발대(先遣徵發隊)를 준비시켰다.

---

[1] 일본 육군성 군무국 군사과에서 러일전쟁 직후에 작성한 문건으로, 개전 이전의 전쟁 준비부터 개선(凱旋)에 이르기까지 과정을 상세히 기록한 것이다. 일본군의 전쟁 계획과 전시 활동을 통해 한반도에 대한 침략의 실상을 구체적으로 파악할 수 있다. 되도록 원문 전체를 번역하되 한국과 관련성이 적은 것은 생략했다.

선견징발대

선견징발대 편성 요령 적요

제1. 선견징발대의 인원은 변장시킨다.

제2. 선견징발대의 인원은 무릇 권총을 휴대시킨다. 그리고 하사 이하의 권총 및 탄약(개인당 30발)은 육군대신이 지급한다.

제3. 선견징발대는 6개 반으로 나누고, 1반은 주계정(主計正) 또는 주계 1 내지 3, 계수(計手) 1로 편성한다. 호위병으로 장교가 지휘하는 18명 내지 35명으로 구성한 부대를 예속한다.

제4. 선견징발대의 요원 중 경리부원은 육군대신에 배속하는 자로 충당하고 그 외는 제4사단의 현역자로 충당한다.

선견징발대에 관한 원안은 1903년 10월 하순 참모본부가 기안하여 12월 1일까지 육군성과 내부 협의하여 결정했다. 그럼에도 군령과 군정에 관한 한계에 따라서는 왕왕 참모본부와 육군성이 의견을 달리하므로 선견징발대 및 이후 정황에 따라 임시 파견해야 할 부대의 군령 계통에 관하여 미리 밝혀 둘 필요가 있다. 따라서 선견징발대 편성 요령과 함께 다음의 상주안을 구비하는 한편, 대신과 총장의 연서로 1월 9일 윤재(允裁)를 받아 당일 재가했다.

상주안

1. 선견징발대의 복무 및 행동에 관해서는 어느 시기까지는 대체로 육군대신의 구처에 따르는 것으로 한다.

2. 한국주차대에 내려야 할 군령은 그 부대가 임시파견대와 협동의 동작으로 이행하는 시기부터 참모총장이 안을 책정하여 윤재를 받고 참모총장은 그를 봉행하는 동시에 육군대신에 이첩한다.

3. 임시파견대에 내려야 할 군령은 참모총장이 그 안을 책정하여 윤재를 받는다. 그리고 그 내지 항만 출발 전과 귀착 후에 있어서는 육군대신이 그를 봉행하고 내지 항만 출발 후부터 귀착 시기에 이르기까지 사이에는 참모총장이 그를 봉행하며 동시에 육군대신에게 이첩한다.

임시파견대

우리 한 개 부대가 만약 부산에서 육로로 갈 때는 경성에 도달할 때까지 긴 시간이 걸리므로 경성·원산을 확실하게 우리가 갖기 위해서는 가능한 빨리 한 개 부대를 경성 혹은 원산에 파견할 필요가 있다. 그럼에도 개전 후에는 기회를 잃을 두려움이 있고, 한편으로는 개전 전 군대를 한국에 상륙하면 외교상 온당을 잃을 수 있으므로 이를 고려하여 10월 26일 참모본부에서 임시파견대 편성 요령, 변장 피복 지급 방법과 수송 방법을 기초하여 12월 1일까지 육군성과 내부 협의 결정했고 육군성에서는 12월 30일까지 그 세칙을 기안했다.

임시파견대 편성 요령 적요

제1. 임시파견대는 보병 5개 대대, 야전포병 1개 중대로 한다.

제2. 보병 대대는 제4사단에서 1개, 제12사단에서 4개 대대, 야전포병 중대는 야전포병 사격학교에서 편성한다.

제3. 편성은 대략 평시 편제에 병졸은 2~3년병으로 한다.

제4. 파견대 인원의 복장은 변장으로 하고, 그 무기는 곤포(梱包)하여 별도로 그를 수송하는 것으로 한다.

제5. 보병대를 위해 수송할 병기, 피복, 기구 재료는 해당 연대가 보관하는 전용품을 사용하고 포병중대의 병기, 피복 재료의 지급 방법은 육군대신이 정한다.

제6. 제4사단과 제12사단은 이 편성을 위해 생기는 결원을 보전하기 위해 해당 연대의 귀휴병 모두를 소집한다.

변장 피복 지급 방법, 수송 물건에 관한 규정의 적요

제1. 변장의 구분은 다음과 같다.

1) 보병 대대 본부 및 2개 중대, 산포 1개 중대: 장교 상당관은 관리, 하사는 속관, 병졸은 담부(擔夫)·상인 등

2) 보병 3개 대대 반: 장교 상당관은 기사, 하사는 기수·□두(□頭), 병졸은 공부 등

3) 보병 1개 대대: 장교 상당관은 관리, 하사는 상인, 병졸은 어부 등

4) 곤포 하물 재령자(宰領者): 장교 동상당관은 상인, 하사와 병졸은 담부

제2. 변장 피복은 도쿄 및 오사카에서 육군대신이 준비하고 각 부대에 송부한다.

제3. 수송해야 할 물건

1) 무기: 소총 및 부속구, 칼, 검, 산포 6문 및 그에 필요한 기구 재료

2) 탄약: 소총 1정에 따른 약 200발. 산포 1문에 따른 약 120발

3) 피복 장구 및 행리

4) 위생 재료

제4. 곤포 상륙지를 인천 및 원산으로 하고 인천 물량은 경성으로 수송하기로 한다.

제5. 산포 및 부속 기구 재료는 한국 황제 헌납용, 그 외 물건은 한국주차대용이라고 칭하여 수송한다.

제6. 수송물의 승선지는 사세보 및 오사카로 하고 승선지까지의 수송 및 선박 탑재는 사단장 및 사격학교장이 계획하며 상륙지에서부터 도착지까지의 수송은 마쓰이시(松石) 중좌의 구처를 받는다.

〈결과〉 임시파견대 편성의 건은 선견징발대의 편성과 함께 극히 비밀로 하여 파견대에는 하치스카(ハチスカ),[2] 징발대에게는 도요토미(トヨトミ)[3]의 암호를 부여했다. 그리고 제4, 제12사단 참모 및 사격학교장을 비밀리에 상경시켜 세부 타합을 했는데 다음 해 2월에 이르러 변장을 중지시켰다. 당시 당국자 사이에서 러시아에 대한 작전은 공세 작전인데 극히 소극적 고안을 가지고 있어 이에 2안을 기초하여 구체적으로 발전시켰다.

이로부터 우선 참모본부에서는 마쓰이시 대좌(마쓰이시 대좌의 주 임무는 첩보 근무임)를 경성 부근에 파견하여 임시파견대 상륙에 관한 제 준비도 하게 했다. 따라서 본안처럼 임시파견대를 편성하여 그를 파견하는 것은 불가능하지 않다고 할지라도 당시 정황에서는 시종 비밀리에 경과시킴이 불가능할 뿐만 아니라 오히려 그것을 실시하면 열국의 강평을 부를 수 있어 중단하게 되었다.

임시파견대 제1안(변장 피복)은 결국 윤재에 의해서 중단하고 1904년 1월 16일 송병(送丙) 제56호로 임시파견대 편성 요령을 정했다. 이것이 개전 당시 제12사단으로부터 인천에 파견되었던 것으로 전안이 변화된 것이었다.

---

2 임진왜란 당시 일본군 제5진의 장수였던 하치스카 이에마사(蜂須賀家政)를 가리키는 것으로 추정된다.
3 1592년 임진왜란을 일으킨 도요토미 히데요시(豊臣秀吉)를 일컫는 것으로 추정된다.

대만수비군사령부

당시 대만총독 고다마(兒玉) 중장은 참모차장을 겸직하고 있어 대만에 있을 겨를이 없었으므로 대만 내 육해군 통솔자를 임명할 필요에 따라 육해군대신 연서로 대만에 수비군사령관을 두는 건을 각의에 제출하여 12월 29일 다음과 같이 칙령을 반포했다.

대만에 수비군사령관을 두는 건을 재가하고 이에 그를 공포한다.
필요 시 대만의 경우에는 대만수비군사령관을 둘 수 있다.
수비군사령관은 육해군 중장으로 친보하고 대만총독의 명령을 받아 육해군을 지휘하며 그 명령을 받을 겨를이 없는 경우에는 군사에 관하여 총독과 동일한 직권을 가진다.
〈주의〉 1904년 1월 11일 육군 중장 구로세(黑瀨義門)를 대만수비군사령관에 보임한다.

신문지 단속

시국의 절박과 함께 각 신문지는 그 기사 및 논설 내 개전을 창도(唱導)하여 왕왕 군기 누설에 이르는 경향이 있으므로 1월 4일 다음의 수령(首令)을 발한다.

신문지 조례 제22조에 의거하여 당분간 군대의 진퇴 기타 근기, 군략에 관한 사항을 신문지 및 잡지에 기재하는 것을 금한다. 단, 미리 육군대신의 허가를 얻은 것은 제한하지 않는다.

부칙

본령은 발포일로부터 시행한다.

〈주의〉 본안은 미리 해군과 내부 협의하여 동시에 발포한다.

러시아에 있는 무관의 보호

참모총장은 러·일 외교의 형세가 날로 부정적이 됨에 따라 러시아 수도에 있는 육군 보병 소좌 마치다(町田經宇) 및 시오다(鹽田武夫) 보호의 건을 육군대신에 조회하여 1월 7일 시오다 소좌에게는 육군대신으로부터 귀환을 명하고 마치다 소좌는 참모본부에서 조치해야 한다는 취지를 회답했다.

러시아 군대에 대한 조치

1월 5일 재경성 주차대사령관 사가와 고사쿠(佐川耕作)는 경성의 형세가 날로 절박함에 따라 만약 러시아 군대가 경성에 들어오는 때는 어떻게 행동해야 할지에 관한 방침을 육군대신에 전보로 품의함에 따라 육군대신은 공사와 협의하여 조치해야 할 것으로 회답했다.

통역 모집

우리 군의 한국 상륙을 결항하는 데 한국어 통역이 결핍하여 이를 모집하기 위해 1월 8일 참모차장이 그 준비를 육군성에 의뢰했다. 육군차관은 다시 참모본부 차장과 협의하여 참모본부 출사(出仕) 히라야마 하루히사(平山治久)를 부산 및 마산포 부근에 파견했고 마침내 1월 11일 육군대신은 다음 요지의 훈령을 히라야마 대위에게 주어 한국으로 출발시켰다.

훈령

1. 장래 필요에 응하여 한국에서 통역을 고입(雇入)할 예정이 있으므로 귀관은 1월 13일 오사카를 출발, 부산에 상륙하여 부산·마산포·목포의 순서로 장래 고입할 통역에 적당한 인원을 정하여 그와 고입계약을 해두고 필요에 따라 그를 소정의 부대에 배속해야 한다.

2. 귀관의 임무 집행에 대해서는 비밀이 누설되지 않도록 주의해야 한다.

3. 통역의 모집은 시험이나 기타 적당한 방법을 사용한다. 그 일급을 3 내지 4등으로 구분하여 일급 약 1엔 50전 이하 70전을 목표로 하여 계약해야 한다. 단, 특별히 우수한 자는 2엔까지를 지급할 수 있다.

4. 통변에 적임자라도 다음 사항에 해당하는 자는 채용하지 않는다. 단, 제2호에 해당하는 자로서 특별히 기량이 우수한 자는 본 대신에 신청하여 채부(採否)의 지휘를 받는다.

1) 징병적령자 및 징집유예 중인 자
2) 예비후비 병역 및 보충병역 중인 자
3) 중죄의 형에 처해진 자
4) 감시복행 중인 자

5. 한인 통변의 고용에 대해서는 극히 비밀로 하여 영사와 협의한다. 단 모집 준비만 하고 모집 실시는 이후 명령을 기다려야 한다.

통역관 배당표

병참감부 52

제12사단 62

마산포 및 노량진 정박장사령부 4

히라야마 대위를 부산에 파견하기 위해 육군대신으로부터 외무대신에 조회하고 그가 부산·마산 및 목포에 도착하면 각 영사와 협의하여 상당한 조력 및 편의를 제공할 것을 각 영사에 훈시해야 할 것을 의뢰한다.

히라야마 대위는 1월 15일 오전 부산에 도착하여 1월 24일까지 예정된 통역 모집을 종료했다.

〈결과〉 히라야마 대위와 계약한 통변은 제12사단이 부산 또는 목포 부근에 상륙하기 위해 해당 지역에서는 사용하지 않는다. 다만, 후일 제12사단이 인천에 상륙하면 해당 지역으로 수송하여 그에 배속하고 잔여는 근위 및 제2사단에도 배속한다.

히라야마 대위는 장래 제12사단 병참감부 부관으로서 전시 직무에 재직한다. 따라서 이 감부 참모장으로 전시 직무를 가진 보병 소좌 후지이 고쓰치(藤井幸搥)의 내명을 받는다. 병참감부 설비에 필요한 선박 차입을 계약하여 마산포 및 노량진의 연락을 계획하는 것, 부산정박장사령부 요원 소좌 미야자키 요시테루(宮崎吉輝) 및 대위 가네다 후사키치(金田房吉)에 의해 수요 재료의 조달 계약을 체결하는 것, 재한국 예후비 군인을 고입하는 때 직접 제12사단장과 협의하는 것, 정박장사령부 요원 가네다 대위에게 통역을 부속시키는 것, 부산주차대 장교 이하로 하여 마산·하동 간의 정찰을 시행하는 것, 거류민 중 주요자를 모아 통역 모집을 위한 향응을 베푸는 것 등을 위해 많은 경비가 필요하고, 또한 대부분은 준법의 지출로 하여 육군대신의 훈령에 어긋나기 때문에 참모총장에게 조회하여 처분을 요구하고 동 대위를 소환하는 것으로 한다.

태묘 보호

1월 14일 참모총장의 협의에 따라 제1차 동원과 동시에 이세(伊勢) 태묘 보호를 위해 제3사단으로부터 보병 1개 중대를 야마다(山田)에 파견할 것을 제3사단장에게 명령했다.

양말(糧秣) 매수

선견징발대의 편성은 다소의 이론이 있어 아직 실시되지 않고 있는데 경부남로의 진군을 고려할 때 양말 집수는 매우 중요하다. 따라서 미쓰이(三井) 물산회사에 명하여 내밀하게 매수에 종사시키고 감독으로 주계 6명을 1월 14일 고베를 출발하여 부산으로 향하게 했다. 그것을 위해 양말 및 인원 보호의 필요가 있을 때는 원조할 것을 한국주차대사령관에게 내훈했다.

1월 19일 육군대신으로부터 참모총장에게 선견징발대의 사무는 다른 방법으로 실시할 것이므로 이 부대 편성 요령서 발포는 보류해둘 것을 통보했다.

한국주차대에게 주는 훈령

1월 17일 육군대신이 한국주차대사령관에게 다음의 훈령을 하달했다.

시국의 진보에 따라 이후 제12사단 내 평시 정원의 보병 4개 대대로 임시파견대를 편성하여 기코시(木越) 소장을 사령관으로 인천(불가능할 때는 아산 혹은 수영 비인만)에 상륙하여 육로로 경성에 들어가 이 지역의 점령에 임하도록 한다. 귀관은 위 파견대 사령관이 한국에 상륙한 후는 이 사령관의 지휘를 받도록 한다.

〈주의〉 1월 15일 참모총장은 소장 이지치(伊知地幸介)를 경성에 파견하여 한국주차대사령관, 마쓰이시(松石) 대좌, 노즈(野津) 소좌, 기코시(木越) 소장 및 일본 공사와 서로 각각 협동하여 한 가지 목적을 향해 임무를 수행하도록 한다. 또한 경성에 열국 병력이 입성하여 중립지가 되는 일이 없도록 전력을 다해야 할 것을 훈령한다.

마쓰이시 대좌는 1903년 10월 19일 참모총장의 명을 받아 경성에 파견되었다. 주로 러·일 간 교섭에 따라 발생할 수 있는 사건을 신속하게 보고하여 전략상 이해에 관한 제 보고 및 정보 수집을 임무로 한다.

러시아 전함 출동

1904년 2월 3일 오후 4시 26분발 지부(之罘) 영사가 보낸 다음의 전보가 육군대신에게 도착했다. 따라서 쓰시마(對馬) 경비대, 하코다테(函館) 요새, 한국주차군, 제7, 제10, 제12사단장에게 통보한다.

현재 수선 중인 군함 1대를 제외하고 뤼순구에 있는 모든 러시아의 유력한 군함은 출항했는데 그 행선지는 불명이다.

2월 4일 해군대신은 연합함대사령장관, 사세보(佐世保) 진수부사령장관, 쓰시마(對馬) 요항부사령관에 대하여 다음의 건을 하달[4]할 것을 통보했다.

---

4 칙지(勅旨, 일왕의 의사나 명령)를 전달하는 것을 의미한다.

어제 뤼순을 출발한 러시아 함대의 행선지는 현재 불명이다. 이들이 혹 사세보 군항구[쓰시마는 대구만(大口灣)] 근처에서 적의(敵意)를 보인다고 인식될 때는 즉시 그를 격파해야 한다.

이에 따라 육군대신은 같은 날 오후 10시 10분 다음의 전보를 제12사단장에게 발령했다.

어제 뤼순을 출발한 러시아 함대의 행선은 아직 불명이다. 해군은 이들이 혹 사세보 군항 또는 쓰시마 대구만구 근처에서 적의를 표하는 것으로 인식될 때는 이를 격파할 것이다. 귀관은 사세보 요항사령관에서는 진수부사령장관과, 쓰시마경비대사령관에서는 요항사령관과 협의하여 각기 동작에 협력할 것을 명한다.

제2편 개전 후의 임무

임시파견대 제1회 동원

2월 4일 러시아 군함이 여순을 출항하여 5일 아침에 이르러서도 그 소재가 불명이었다. 묘의(廟議)[5]는 동원 실시를 결정하여 4일 오후 9시 30분 임시파견대의 편성을 실시하고 이를 한국에 파견할 것을 제12사단장에게 하달했다. 5일 오후 부대 동원의 윤재를 받아 오후 4시 다음의 부대 동원 및 편성명

---

5 국가의 중대사를 결정하는 대신들의 회의를 의미한다.

령이 하달되었다.

근위·제2·제12사단의 야전대, 제1사단 내 군사령부, 근위·제2·제6·제8, 제12사단의 후비대, 제4사단 병참전신치중, 제7·제12사단의 요새포병대 및 쓰시마경비부대, 제6사단의 공병대, 근위·제1·제2·제6·제8·제12사단의 보조수졸대, 대만 평후(澎湖)섬 요새 포병대의 동원.

선구(線區)사령부 1, 제1·제3·제4·제5사단, 임시병참사령부 5개, 우쓰노미야(宇都宮)·아오야마(靑山)·누마즈(沼津)·하마마쓰(濱松)·나고야(名古屋)·마이바라(米原)·오사카(大阪)·히메지(姬路)·오카야마(岡山)·히로시마(廣島)·우지나(宇品)·이토자키(糸崎) 및 사가(佐賀) 임시정차장사령부, 병참 부속 전신 요원 및 병참설비 준비 요원.

하코다테·쓰시마·사세보·나가사키·팽호도 요항 동원

도쿄만·유라(由良)·히로시마만·마이즈루·시모노세키 및 기룡 요새의 경급(警急) 배비.

〈의견〉 동원 및 편성 명령의 실시는 오전부터 준비하여 오후 4시에 발령할 예정인데, 1개 사단에게는 관련된 것만 하달하고 그 외에는 다른 것을 통보하도록 규정했다. 따라서 각 사단이 매번 하달 문건을 다르게 하여 같은 전보를 사용할 수 없도록 원고를 작성하는 데 시간이 필요했다. 근위 및 제1사단에게는 오후 4시에 하달되었는데, 다른 부대는 전보 원고 작성에 맞춰 차례로 발전(發電)하기 때문에 오후 11시경에 이르렀다. 그 결과 전달을 위한 형식이 되어 그 규정이 세밀함을 잃게 되었다.

이번 전쟁 중 수많은 동원 및 편성을 실시했는데, 후일에 이르러서는 대부분 같은 문장을 이용하는 것으로 변경했다.

선견징발대

5일 오후 0시 25분 선견징발대 내 호위대의 편성을 제4사단장에 하달했다. 단, 이 부대는 변장을 멈추고 6일 오전 10시까지 편성을 완결하여 오사카에서 후지카와호(富士川丸)에 탑승하고 마산에 상륙했는데 이후 육군대신의 직할이 되었다.

임시파견대는 6월 오전 사세보에서 승선해야 하므로 6일 오전 0시 10분 육군대신은 사세보 진수부사령장관 앞으로 다음의 칙어를 전보했다.

아래의 명령을 기코시 육군 소장에게 전달할 것.
아래 칙어를 부하에게 내밀히 전달할 것. 짐은 동양의 평화로써 짐이 마음의 기뻐하고 행복해 하는 바인데, 따라서 청·한의 양국에 관한 시국의 문제에 따라 짐이 정부로 하여 작년 이래 러시아와 교섭하도록 했다. 그런데 러시아 정부는 동양의 평화를 고려함에 성의가 없음을 확인하게 되었다. 대개 청·한 양국 영토의 보전은 우리 일본의 독립 자위와 밀접한 관계를 가진다. 이에 짐은 정부에 명하여 러시아와 교섭을 끊고 우리 독립 자위를 위해 자유의 행동을 집행할 것으로 결정했다.
짐은 경 등의 충성 용무를 신뢰하고 그 목적을 달성함으로써 제국의 광영을 오로지할 것을 기약한다.

해안감시초의 개설

2월 6일 본토 및 대만 내 해안감시초의 개설을 하달했다.
이날 오후 2시 임시파견대가 사세보를 출범했다는 취지로 제12사단장으로부터 보고가 있었다.

양말예비창고의 편성

2월 7일 양말예비창고 1개의 편성을 하달했다.

폐쇄학교의 처리

폐쇄학교의 처리 평속(平續)을 정했다.

2월 8일 선견징발대는 6일 오후 4시 오사카를 출범했다. 또한 참모본부의 의뢰에 따라 의주에서 첩보에 종사하는 보병 소좌 도고 신지로(東鄕辰二郞)에게 호위를 위해 하사졸 약 3명을 부속하도록 한국주차군사령관에게 통보 및 명령했다.

선박 나포

2월 9일 각 사단장 및 대만 총독에게 다음의 건을 내훈했다.

러시아 제국 의용함대에 속한 선박 및 관용선박은 1904년 칙령 제20호의 규정에 관계 없는 것으로 나포를 면제해야 할 제한이 있지 않다. 이러한 취지를 주의할 것.

이날 선견징발대는 제12사단이 한국 상륙한 이상 귀관의 지휘에 속한다는 것을 동 사단장에 영달했다.

이날 해전의 결과 뤼순의 적함에 손해를 주고, 인천 부근의 적함을 격파했다.

상륙점 변경

2월 10일 참모총장에게서 다음의 건을 이첩함.

빛나는 해전의 결과 인천 부근에 군대를 상륙할 수 있게 됨으로써 제12사단의 상륙점인 노량진 및 마산포를 인천으로 바꾸고 경성과 마산포 및 노량진 사이의 제 설비를 중지함.

이날 선전의 조칙이 있었다.

대본영 동원

2월 11일 대본영 동원을 하달했다.

〈주의〉 대본영 동원은 참모총장이 군령부장과 함께 2월 5일 윤재를 받았는데 육군대신 및 해군대신에게 미리 그 실시일에 맞춰 승인할 바가 없었으므로 육군대신에게 즉시 전선했는데, 참모본부에서는 대본영 동원은 참모총장의 직권이라는 것을 주장하여 수일간 결정한 바가 없었으나 이날에 이르러 실시를 전선했다. 대개 대본영 동원 계획령이 아직 윤재를 거쳐 결정되지 않았던 것이다. 동 명령 중 상주 및 전선의 방식에서 불비점이 있어 되돌려졌던 것이다.

집적장의 편성

2월 12일 야전 병기 본창 화물집적창고 각 1개의 편성을 전선했다.

해저전선 보호

동일 제5·6·7·8사단장에게 그 사관 내의 해저전선 보호를 위해 감시병 파견을 명령했다. 그 장소는 다음과 같다.
제5사단 히시우라(菱浦), 사이고(西鄕), 혼조(本庄)
제6사단 오하마(大濱), 구지(久慈), 미사토(美里)
제7사단 기코나이(木古內)
제8사단 사이(佐井), 다이라다테(平館), 이마베쓰(今別)

하코다테·오타루·무로란의 경계

동일 제7사단장에게 경비를 위해 하코다테에 보병 1대대, 오타루에 보병 2개 중대를, 무로란에 보병 1개 중대의 파견을 전선했다.

증가 임시파견대

동일 증가 임시파견대는 지난 13일 오타루호(小樽丸)에 승선할 것을 명했다.

〈주의〉 증가 임시파견대는 임시파견대의 제1안을 변경하여 제12사단으로부터 정규 군대를 파견한 결과 한국 동해안 경비를 위해 제4사단에서 편성하게 되었다.

군기 누설 예방

군기 누설을 방지하기 위해 외국인이 우리 계엄 및 요새지대 내 혹은 군항·요항·군아의 소재지 또는 군대의 승선지 부근에 출입하는 것을 감시해야 한다는 취지를 내무대신에게 조회하고 헌병사령관에게 명령했다.

교통기관의 보호

철도 전신 기타 교통기관 경호를 위해 지방장관으로부터 출병을 청구한 때는 적절히 처리해야 한다는 취지를 각 사단장에게 내훈했다.
2월 17일 제4사단 및 제6사단 보조수졸대의 동원 및 제5사단의 무경(戊庚) 정박장사령부의 편성을 전선했다.

철도대대 및 군용철도감부의 동원 및 편성

2월 18일 근위사단 철도대대 및 제4사단 공병대대의 동원을 전선했다.
2월 21일 임시군용철도감부의 편성을 근위사단장에게 전선했다.

〈결과〉 임시군용철도감부는 병참총감의 지휘에 속하고 철도대대 및 공병 제4대대는 함께 한국에 파견되었다. 철도대대는 3월 4일 고베(神戶)를, 공병 제4대대는 2월 29일 오사카를 출범하여 인천에 수송되었다.

중포병 제1연대의 동원

2월 23일 제1사단 및 제5사단에 야전 중포병 제1연대의 동원을 전선했다.

기독교 목사 종군

2월 26일 영국공사가 기독교 목사를 종군하는 건을 조회함에 따라 사단에서 적절히 동반 수행시킬 것을 회답했다.

휼병부 개설

2월 26일 육군 고시로 육군휼병부를 성 내에 개설했다.

종군 외국 무관

2월 25일 참모총장으로부터 종군 외국 무관 35명 및 대본영 육군 막료 부속 장교와 동 고등문관 5명에게는 승마(마구 제공) 각 1두, 마졸 1명을 지급하는 취지를 조회받아 그에 응했다.

〈결과〉 종군 외국 무관은 이후 10명이 증가하여 각군에 분속했다. 그리고 승마는 육군사관학교, 마졸은 육군대학교 및 기병 실시학교에서 용인을 준비하고, 마구는 병기본창, 피복은 피복창에서 준비하여 관계학교에서 교부한 후 대본영 부관의 처리를 받았다.

주재원 및 유학생 소환

사변에 의해 구주 주재 및 유학 육군무관에게 귀조를 명령했다. 다만 고지마(兒島) 보병 소좌 및 다니구치(谷口) 군의, 그 외 공사관 부 무관은 여전히 주재시켰다.

러시아공사관부 보병 대좌 아카시 모토지로(明石元次郞)[6]는 스톡홀름에 체재하고 있기 때문에 독일 주재원 포병 소좌 나가오 도시로(長尾駿郞)를 동 대좌에 부속시켰다. 단, 나가오에게는 3월 4일 명령을 발하고 그 외는 2월 18일 명령했다.

임시중앙마창(臨時中央馬廠)

3월 1일 임시중앙마창 요령을 발포했다.

〈주의〉 임시중앙마창의 계축마(繫蓄馬) 수는 설치 당초에 1,200두, 이후 점차 2,400두까지 증가할 수 있는 규정이 있었는데 1905년에 이르러 필요한 경우에는 그 계축수를 증가할 수 있도록 변경했다. 애초에도 최근 정기 검사에서 드러난 것으로 야전군 내 마필의 감모율은 약 2분의 1(외국에서는 10의 8 내지 10이 되는 것이 있다.) 이상에 달하여 사단 보충마창의 공급력으로는 도저히 충당할 수 없다. 특히 기병용 승마 및 포병용 승만마(乘輓馬)는 특별하게 수를 조절할 필요가 있다.

본 전역 간 단지 야전군의 감모만을 보충하는 것은 계축두 수와 같은 약

---

6 明石元二郞의 오기.

2,400두로 충분하지 않은데, 작전의 진보에 따라 다대의 임시 편성을 시행함으로써 1905년에 이르러 다수의 마필을 구매한 결과 그 계축두 수를 증가함에 이르렀다.

전시의 해석

각의에서 2월 6일부터를 전시로 정하는 것으로 결정했다(3월 11일 하달).

한국주차대의 교대

제4사단에서 파견된 한국주차대는 제6사단 후비보병 제48연대 제1대대 및 제45연대 제1대대의 2중대와 교대하여 경성에 제48연대 제1대대, 원산에 제45연대 제4중대, 부산에 동 제2중대를 주차시켰다. 수송에 관해서는 운수통신장관에게 계획하도록 했다.

〈결과〉 본 건은 육군대신 참모총장 연서로 윤재를 의뢰하여 3월 3일 재가, 동일 육군대신이 제4·제6사단장에게, 참모총장이 한국주차군사령관에게 명령했다. 제4사단장으로부터 파견은 3월 18일 전부 위수지로 복귀했다.

한국 학생 고원 채용의 건

한국 학생으로 우리 육군에서 견습사관 계급에 있는 자는 명목을 고원(월봉 20엔)으로 하여 근위사단사령부 소속을 명했다.

〈결과〉 위 한국 학생은 소위 계급의 군복을 착용하여 근위사단에 종사시켰는데 압록강전 이후 한국으로 귀환했다.

제2회 동원

3월 6일 을(乙) 군사령부, 근위사단, 야전포병여단, 동 보충대, 제1·제3·제4사단의 야전사단, 야전전신대, 병참제부대, 유수부대, 해안감시초, 정차장사령부, 제1사단 후비 제대, 제3사단 후비 공병중대, 보조수졸대, 제5사단 예비병원, 제9·제10사단 보조수졸대 각 1대의 동원을 전선했다.

태묘(太廟) 경호대 교대

3월 9일 근위 후비보병 1중대를 제3사단에서 파견했던 이세(伊勢) 태묘(太廟) 경호대와 교대시켰다.

응빙(應聘) 장교 소환

3월 11일 및 21일 청국 응빙 장교 포병 중좌 이가타 도쿠조(鑄方德藏), 보병 소좌 마쓰우라 간이(松浦寬威), 다카야마 기미미치(高山公通), 사이토 스에지로(齋藤季治郎)를 해약(解約) 귀조시키는 취지를 참모총장이 협의해 왔다. 12일 및 19일 귀환 명령을 발했다.

한국주차군의 편성

11일 한국주차군사령부 및 예속부대의 편성을 전선했다.
12일 전열(戰列) 보병대의 정원은 보충상의 필요에 따라 일시 정원을 초과할 수 있도록 정했다.

특업 장교의 배속

13일 철도 및 전기 업무에 종사하는 재향 장교 동상당관 이하의 자는 동원 때 전 병과에도 불구하고 그 업무에 적당한 부대에 배속할 수 있도록 정했다.

기관포대 편성

14일 제1사단 내 기관포대 2대의 편성을 전선했다. 19일, 22일, 28일에 제8사단 여호(呂号) 정박장사령부, 제5·8·11사단 보충마창 및 제1사단 후비보병 제1여단의 동원 및 편성을 전선했다.

보충대 초과 인원 소집해제

보충대는 간부의 인원비에 따른 병기 피복 및 이후의 보충 등 관계를 고려하여 적당히 그 초과 인원을 소집해제할 것을 각 사단에 명령 하달했다.

외국통신원 해상통신

3월 31일 대본영은 해군성과 협의상 해군 외국통신원의 해상통신 규정을 정했다. 그 요지는 다음과 같다.

1. 다음에 열거한 사항은 미리 대본영에 제출하여 허가를 받는 것을 요한다.
   선명, 국적, 총 톤수
   선장 이하 승원의 명부
   나가야 할 항만명
   예정 항로
   통신장치
2. 통신선의 나포 및 그 도착 목적지는 통신원 혹은 선장이 속히 소재 제국 육해군의 □석(□席) 지휘관에게 보고한다.
3. 우리 군의 행동에 관한 통신은 모두 그 지역 소재의 제국 육군 혹은 해군 또는 그 지정 관헌의 검열을 받는 것으로 하고 제국 함선의 소재, 그 미래의 행동에 관한 일부의 사항은 통신할 수 없다.
4. 통신선에 무선전신기를 장치할 때는 다음의 제 조항을 준수해야 한다.
   a. 통신선과 무선전신을 교환할 상대방의 이름을 미리 대본영에 제출하여 그 통신번호를 승합(承合)함.
   b. 통신에서는 반드시 비밀암호를 사용하고 절대로 평문을 사용해서는 안 된다. 그리고 그 암호는 미리 대본영에 제출할 것.
   c. 제국 함선에서 현재 무선전신을 통신하고 있는 사이에는 절대 통신을 시도하지 말 것.
   d. 제국 함선이 "통신을 중지하라"는 신호를 보내면 송신 중에도 그를 중

지함.

    e. 군사상 필요하다고 인정될 때는 통신 시간을 매일 언제부터 언제까지로 지정할 것.

5. 위 조건을 위반한 때는 통신선의 사용을 금한다.

보조수졸대의 교육

4월 2일 교육총감은 다음의 요령에 따라 보조수졸의 교육을 시행하라는 내용을 각 사단장에게 훈시했다.

1. 보조수졸은 근무 종류에 따라 그 요령을 터득하게 하고 또한 군인 정신의 함양을 권장하여 열성으로 업무에 종사할 것을 도모한다.
2. 동원 완결 후 명령을 기다리는 사이의 시일을 이용하여 기회가 있을 때 별표에 준거하여 근무의 연습 성숙을 기한다.

- 학술 과목표

제1단계: 육상근무, 수상근무, 건축근무, 특종근무, 요새근무

제2단계: 칙어독법, 피복 장구(裝具)의 명칭, 장법(裝法) 및 수입법(手入法), 고유근무 업무의 대요, 예식 형법 징벌법의 대요, 하차의 사용 화물 적재법

제3단계: 고유 근무의 연습

〈주의〉 본 건은 3월 29일 참모총장이 육군대신과 협의하고, 대신이 교육총감과 협의한 결과이다.

4월 7일 다음의 훈시를 발했다.

전열(戰列) 보병대의 전시 정원을 항상 유지하기 위해 전시 보충령의 범위 내에서 민속(敏速)하게 보충을 실시해야 한다는 취지를 올해 3월 만밀발(滿密發) 제173호로써 영달했다. 그런데 대회전(大會戰) 혹은 유행병 등 인마 감소의 원인이 아님에도 불구하고 보충령 제27 및 제40의 정한(定限)을 무시하고 또한 전열 보병대 이외에서도 □□ 과대의 보충원을 청구하여 □□ 보충대의 기초를 파괴시키는 경향이 발생하여 앞으로의 보충에 실로 어려움이 많다. 전시 중 말의 보충은 어려운 일이므로 전 군 동원 후 지방의 잔류 마필 중 전투용으로 적당한 것이 극히 희소한 것은 말할 것도 없다. 가령 실사용에 적합하지 않은 □□의 마필을 징용하게 되면 징발 및 조련 등에 많은 시일이 걸리게 된다. 따라서 마필의 결손이 많은 때는 일시에 모두 보충을 할 수 없는 비경(悲境) 빠지게 되는데 보전이 어려우므로 건마(健馬)를 애호함은 물론 상병마(傷病馬)의 보호 및 치료에 관해서는 □□함께 전□(全□)의 주의를 함으로써 결손을 극소화하도록 힘써야 한다. 이와 함께 모든 인마(人馬)의 보충에 관해서는 보충령 규정 및 만밀(滿密) 제173호의 주지를 오해하지 않도록 특별히 주의해야 한다.

〈결과〉 본 훈시는 압록강전 이전에 발령했다. 고로 적당한 훈시였음에도 보충대의 정한(定限)은 종래의 손해가 적은 전쟁의 경험에 의해 설정된 것이었기 때문에 본 전역 중 모두 기초를 변경하지 않을 수 없었다.

기병 제1여단

4월 9일 기병 제1여단의 동원, 11일 근위사단과 제1기관포대의 편성을 전선했다.

장교 연성 및 보충

본 전역 간 장교의 감모가 많았음을 고려하여 다음의 각의 제출안을 참모총장 및 교육총감에게 협의했는데 이의가 없어 4월 13일 칙령으로 발포했다.

1. 전시 사변의 때 장교의 보충이 필요하다면 육군대신은 보충 조례 제10조 제2의 규정에 관계없이 사관후보생을 사관학교에 입교시키고 사관학교 생도의 수학기를 변경할 수 있다.
2. 전조에 의해 사관학교에 입교한 자는 입교 후 교장이 육군 보충 조례 제16조의 규정에 준하여 계급을 주고 또한 그를 진급시킬 수 있다.

또한 교육총감과 협의한 결과 같은 날 다음의 성령 2개조를 발포했다.

1. 1903년 소집한 사관후보생은 1904년 6월 1일 사관학교에 입교.
1904년 중앙유년학교를 졸업한 사관후보생은 1904년 6월 1일 사관학교에 입교.
2. 전조 사관후보생의 사관학교 재교는 1개년, 재교 중인 자의 수학 기일은 약 11개월

〈주의〉 본 건은 2월 28일 참모총장이 러시아 장교보충법과 비교한 결과 우리 장교 보충법은 속성교육을 할 수 있다는 의견을 육군대신에게 제출함에

따라 육군성에서 안을 작성한 것이었다.

중앙마창

4월 16일 임시중앙군창의 동원을 군무국장에게 전선했다.

제1사단의 동원

동일 제10사단 야전 및 유수부대, 해안감시초, 정차장사령부, 보조수졸대 및 보충마창의 동원을 전선했다.

〈결과〉 제10사단은 독립사단으로 대고산(大孤山)에 상륙하는 것으로 되었다.

제5·제11사단 동원

19일 제1사단 병참전신대 제5·제11사단의 야전부대 및 유수부대, 해안감시초, 제3·제5사단 보조수졸대, 공병 제5대대의 동원을 전선했다.

종군사진반

전지에서 촬영 현상 및 인화를 하기 위해 육지측량부에서 측량사 1명, 측량수 2명, 고원 인부 21명을 전지에 파견할 것을 대신에게 협의함에 따라 25일 이의가 없다는 것을 회답했다.

후비 제대하여 민가에 숙영하는 자는 병과 병종의 구별없이 가능하면 병영 내로 옮기는 것을 유수사단장에게 통첩했다(4월 23일).

맥콜 양

영국 황후 폐하의 내지(內旨)에 의해 전상자 간호법 등 시찰을 위해 맥콜 양이 건너 옴에 따라 5월 하순 우지나(宇品) 출범 군용선에 편승하여 제1군 소재지에 차견하여 그 병참 및 전지 정립병원 등을 순찰하고 6월 중순 다시 우지나로 귀항하는 것으로 조치했다.

〈결과〉 맥콜 양 일행은 모두 맥콜 양 외에 수행으로 동반한 오펜 양, 접대원 육군성 촉탁 구로다(黑田琴), 육군속 1명, 인(人) 2명으로 전지에서 맥콜 양 일행의 숙사 및 하물 운반 등은 병참사령부에서 조치했고 또한 시찰 기타 제 사항에 편의를 제공했다.

또한 전지에서 돌아와 사세보 해군병원을 시찰하고 그 외 교토 의과대학 부속 병실, 마쓰야마(松山) 포로수용소 및 제3·4·5사단 예비병원 시찰을 조처했다.

본 건은 5월 10일 육군성에서 취급하고 5월 13일 내지 18일에 참모차장 및 해군차관이 이의 없음을 회답했다.

동원 및 편성

5월 전선된 동원 및 편성은 다음과 같다.
2일 공성포병사령부

5일 근위사단 임시군악대, 제1사단 임시 축성단

9일 제9사단 야전부대 병참감부, 동사령부

11일 전지 육군건축부 및 임시측도부

14일 기병 제2여단, 야전포병 제2여단, 제3사단 제2임시축성단, 야전철도 제리부, 동 예속제반 및 재료창

19일 제6사단 야전대 병참감부, 동 사령부, 제5사단 야전 중포병연대 및 근위 후비보병 여단

28일 제2사단 후비대

휼병부

6월 1일 육군 휼병부 편성표를 정했다.

7일 참모총장이 제1군사령부에 품신에 따라 전리포(戰利砲) 중대를 편성하는 취지의 협의를 해 와서 9일 이의 없다는 뜻을 회답했다.

〈결과〉 전리포 중대는 제1군으로 인해 비롯되었다. 본 전역 간 전리포의 증가에 따라 각군에 전리포대를 편성하도록 한 이후 정식으로 편성되었다. 제1 내지 제4군에 각 1개 대대를 부속했다.

유골 송부

사망자의 유발(遺髮) 또는 유골(遺骨) 등을 그 유족에게 교부하기 위해 왕왕 소포우편 등으로 송부하는 경향이 있었는데, 이와 같이 사자에 대한 경의가 없고 또한 그 명예를 존중하지 않게 조치됨으로써 지금부터 각 사단 혹은

관계 관아에서 지방의 상황, 교통의 편부 등을 고려하고 시의에 따라서는 병원(兵員)으로 그를 호송하거나 또는 지방청 혹은 그 유족에 협의하여 수령자를 나오게 하는 등 상당의 방법을 강구해야 한다는 취지를 6월 11일 육군 일반에 통첩했다.

태마(駄馬) 차량 교환

6월 15일 참모총장은 마필의 경황을 고려하여 태마(駄馬) 편제로 된 대행리(大行李)를 차량 편제로 점차 교환하는 것을 협의하여 20일 그에 응할 것을 회답했다.

적십자사 구호원의 징벌

6월 21일 일본 적십자사 구호원으로 육군 통할하에 있어 선서 혹은 독법의 방식을 이행한 이상은 육군 관헌의 육군 형법 및 육군징벌령을 적용하는 것으로 했다.

동원 편성

6월 중 전선된 주요 동원 및 편성은 다음과 같다.
7일 제8사단 야전대 유수부대, 보병 제32연대 동 보충대대, 임시기구대(臨時氣球隊) 1개, 제4사단 후비보병 여단, 임시군악대
17일 전지 육군건축부 제2건축반, 제5사단 병참전신 치중
19일 제3사단 후비대

20일 만주군 총사령부

24일 제1사단에서 군사령부 1개

26일 제5사단 후비대, 제3사단 후비 보병 여단 1개

철도 경비

산요철도(山陽鐵道)에서는 □□ 철도선로에 돌을 놓는 등 수송을 방해하는 자가 있다. 이것이 일시의 나쁜 짓으로 나온 것인지 또는 군사상 방해하기 위한 목적인지 명확하지 않지만 수송을 안전하게 할 필요상 제5·제10사단장에게 6월 27일부터 7월 15일까지 병력으로 경비해야 한다는 뜻을 하달했다.

〈결과〉 경비대는 7월 16일 귀환을 명령했다.

마쓰기 여사

7월 7일 일본 적십자사 사장이 미국 독지 간호부 마쓰기 부인 일행의 전지 병원의 실황 참관 건을 신청함에 따라 용암포 환자 집합소, 안동현 및 의주 병참병원의 참관을 허가했다.

〈결과〉 본인은 7월 31일 병원선 하쿠아이호(博愛丸)로 적십자사 서기 1명, 통역인 간호부 1명과 함께 우지나(宇品)을 출발했다.

군인 이외의 자로 포로가 된 건

(생략)

동원 편성

7월 내 주요한 동원 및 편성을 전선한 것은 다음과 같다.
1일 임시전신부
5일 근위사단 후비대 임시위생대
10일 제9사단 후비대
31일 제4사단 임시군악대 1대 및 제9사단 후비보병 제9여단

한국 병영

8월 1일 참모총장의 조회에 의해 육군성에서 군사과장 오카 이치노스케(岡市之助), 1등군의 시모세 겐타로(下瀨謙太郎), 기사 미야자키(宮崎嘉績) 외 2명을 한국에 파견하고 다음의 훈령을 주었다.

훈령

한국주차군 병영의 건설은 다음의 방침에 기초하여 조사해야 한다.

1. 병영 건설지 및 각지의 병력은 별지에 표시한다. 단, 함경도 및 진해만 부근의 조사는 다른 날로 미뤄서는 안 된다.
2. 조사상 일반의 요령은 군비 확장 때의 방침 중 홋카이도의 병영 및 대만영구

병영 건축에 관한 방침을 참작해야 한다.

3. 병영 부지는 재래 시가지와 격리하고 또한 군대 생활에 필요한 일본 부락을 구성하기에 충분한 여지를 포함해야 한다. 아울러 철도 부설지가 있어야 하고 가능한 한 그 정차장에 접근해 있어야 한다.

4. 모든 부지 평수는 내지 표준에 의거하는데 연병장과 사격장 등을 모두 넉넉하게 수용해야 한다.

5. 병영 부지 및 연병장은 토공 작업을 감소하기 위해 가능하면 현지 지형을 이용하거나 또는 배수 및 후일 수도 부설의 편리 여부를 고려해야 한다.

6. 관아는 가능하면 동일 건물로하고, 화약고, 탄약고 및 예비의 성질을 가지는 제 재료의 창고는 동일 구내에 설치한다. 기타 각 부대에서 함께 사용할 수 있는 건조물은 굳이 각부대 각개로 건설하는 것을 피하고 같은 장소에 집단으로 축조하도록 설계해야 한다.

7. 토지의 수용상 묘지는 가능하면 피할 것을 요한다.

8. 수용해야 할 토지는 한국 정부에게 공급토록 한다. 따라서 가능하면 관유와 민유의 구별을 명료하게 해야 한다.

위를 훈시한다.
1904년 8월 1일 육군대신

별지

한국주차군 병영 건축지 및 병력
1. 경성 부근: 보병 1여단, 기병 야전포병 각 1연대, 공병 1대대
2. 평양 부근: 보병 1여단, 기병 야전포병 각 1연대

3. 의주 부근: 보병 1여단, 요새포병 1개 및 공병 1대대
단, 위 중 보병 1연대는 시의에 의해 안주 부근에
4. 함경도: 보병 1여단, 요새포병대 1개
5. 진해만 부근: 요새포병대 1개

동원 편성

8월의 주요한 동원 및 편성을 전선한 것은 다음과 같다.
8월 1일 만주군 창고
2일 제5사단 임시축성단
4일 제7사단 야전대, 후비대, 병참사령부 등
9일 제4사단 제4임시축성단

한국 병영

9월 10일 참모총장은 한국주차군용으로 다음의 이유에 의해 아래의 지점에 이후 2년을 기하여 영구적 병영을 건축하는 것을 육군대신과 협의했다. 육군대신은 9월 13일에 협의하여 주차군사령부 및 헌병대를 위해서는 지금의 것을 응용하고 진해만 및 함경도에서 요새포병대는 당분간 진해만 부근에만 1개 대를 두는 것으로 개정하며, 기타 1개 혹은 2개대 및 철도대에 관해서는 후일의 전의(詮議)하는 것으로 미루었다. 그 외에는 이의 없다는 취지를 회답했다.

〈위치〉

1. 경성 부근: 주차군사령부, 사단사령부, 보병 1여단, 기병·야전포병 각 1연대, 공병 1대대, 철도대 1대
2. 평양 부근: 사단사령부, 보병 1여단, 기병 야전포병 각 1연대
3. 의주 부근: 보병 1여단, 요새포병대 1대, 공병 1대대
4. 함경도: 보병 1여단
5. 진해만 부근: 요새포병대 2개 혹은 3대
6. 한국 각지: 소요의 헌병대

〈이유〉

올해 2월 한일의정서가 협정된 이래 제국 정부는 한국 영토의 보전을 보장해야 할 의무를 지고 이 중대한 책임을 다하기 위해서는 장래 한국 내 중요 지점에 지점에 제국 군대를 주차시키고, 병략상 주요 지점에 축성함으로써 제3국의 침해 및 내란에 대해 준비해야만 한다. 대개 한국 군대는 가까운 과거에 청국과 러시아의 침해 및 흥정(興靜) 등 비상(非常)한 내란을 방지하고 진압할 실력이 없음은 실제 사례로 증명된 바이다.

한국의 지형은 척추에 산맥이 종방향으로 휘어져 그 동북부는 대체로 산지인데, 서남부는 평지가 많아 토질이 풍요하고 주민이 군집하여 큰 시부(市府)를 형성하고 교통기관 또한 발달되어 있으므로 무력 배치도 서남부에 두텁게 하고 동북부에 엷게 할 필요가 있다. 이를 위해 경성·평양·의주·진해·원산 및 함흥 혹은 북청은 긴요한 점령지로 한다.

경성은 한국의 수도로서 제국 공사관 및 거주민 대부분이 있는 곳이다. 따라서 제국의 무력으로 확실하게 안녕을 보장해야만 한다.

의주는 한국 서북문(西北門)의 관문으로 이웃 국가와 교통이 빈번한 지점

이다. 따라서 제3국의 침해에 대해서는 가장 견고하게 수비할 필요가 있다. 이에 부근에 영구적 방어 공사를 시행하여 유력 군대를 주둔시킬 필요가 있다.

평양은 경성과 의주의 중간에 위치한 대시가(大市街)이다. 이 중간 지대 및 평안도 동북부의 안녕을 보장하고 또한 유사시 대동강 하류 진남포를 이용할 필요상 이 지역에 가능한 큰 부대를 주차시키고 제반 설비를 해야만 한다. 단, 안주(安州)는 평양 의주 사이의 대시가로 또한 한국 서북부와 함경도 방면과의 연락 유지를 위해 중요한 지점이므로 일부 부대를 분산 주둔할 필요가 있다.

한국 남부는 제국 본토에 가깝기 때문에 재정을 고려하여 평시에는 대규모 부대를 주차시키지 않는다. 다만 내륙의 정밀(靜謐)을 도모하는 정도로 하여 소부대를 분산 주둔하는 데 그치고 필요한 때는 본토에서 군대를 파견하도록 한다.

진해만은 한국 남해안의 좋은 항구로서 사세보(佐世保) 및 다카시키항(竹敷港)과 상호 대응하여 조선 해협의 영유를 확실히 해야 할 근거지이다. 따라서 이 목적을 달성하기 위해 진해 부근에 해안 방어를 시설하고 요새포병의 배치를 필요로 한다.

원산은 북한 내 개항지이자 또한 우리 거류민이 많은데, 제3국이 이 방면에 침습을 기도할 때는 첫번째 목표가 된다. 따라서 원산 이북에 병략상 요점인 함흥 혹은 북청에 유력한 부대를 주차시킬 필요가 있다.

두만강은 국경에 횡으로 있는 좋은 장애물로서 북한 방어의 주력을 이 부근에 두는 것이 지당한 것 같다. 그럼에도 이 지방과 원산 부근의 중간은 산지가 많아 활동에 적당하지 않다. 이에 바다 정면으로부터 쉽게 원산과의 교통을 차단시킬 수 있다. 따라서 병략상 주차부대를 함경도 남부에 두고 필요한 소부대를 북한 각지에 분산 주둔시킬 필요가 있다.

이상의 이유에 의거 병량상 및 경제상의 두 요소를 고려하여 한국에 주차해야 할 부대를 다음과 같이 결정하고자 한다.

(군대의 위치는 앞서 기술한 바와 같다.)

대용피복(代用被服)

(생략)

동원 편성

9월 주요한 동원 및 편성의 전선은 다음과 같다.
7일 요동수비군사령부 및 임시전신대
7일 한국주차군사령부 편성 개정
18일 제12사단 제5임시 축성단
30일 제7사단 승마보병대

사관학교 졸업기

10월 7일 육군사관학교 졸업기를 다음과 같이 변경한다.
1903년 12월 입교한 자는 1904년 10월 하순
1904년 6월 입교한 자는 1905년 3월 하순

다갈색(茶褐色) 하사졸의(下士卒衣)

(생략)

상하이의 러시아 병사 투항

(생략)

병비 급설안

9월 23일 참모총장이 별지의 병비 급설안을 협의해 왔는데 그에 대하여 10월 12일까지 임시증설 윤재 후 발포했고, 이 외에는 후일 전의로 미루도록 했다. 단, 후비역 연한을 5개년으로 연장하는 것은 별도로 실시하기로 했다.

군사기밀 제6호-4(30부 내) 육군병비 급설안

(생략)

관동총독부, 신궁 참배, 철도 보충, 각지 초혼제, 견장 제거

(생략)

동원 편성

10월 11월에 전선된 동원 및 편성은 다음과 같다.
10월 6일 제6사단 내 후비보병 제6여단
10월 12일 후비 제1사단
10월 20일 제8사단 내 후비보병 제8여단
10월 21일 임시전화대
10월 26일 임시기포병중대
10월 29일 도보포병 제1·제2·제3독립중대 및 한국주차군 야전병기창
11월 2일 근위 후비보병여단
11월 9일 제1내지 제6, 제8내지 제12사단 제2차 후비대
11월 22일 제12사단 임시요새포병대
11월 24일 기륭 요새 동원
11월 27일 진해만 요새포병대대

한국주차군에게 주는 훈령

11월 25일 참모총장은 다음의 훈시 재가가 있었다는 취지를 통보했다.

한국주차군사령관에게 주는 훈령

한국주차군사령관은 한국 영토 이외에서 그 관할에 속하는 지방을 방위하고 또한 그 안녕 질서를 유지하기 위해 필요한 각 방면의 시설을 해야 한다.
단, 민정은 군사상 방해가 없는 범위에서 한국 지방관리에게 그를 관장하도록 한다.

대만 병기제조소

(생략)

전시지휘관

12월 14일 해군대신이 진해만의 방어에 관해서는 방무조례를 준용하고 그 전시지휘관은 해당 지역에 있는 육해군 지휘관 중 고급 고참의 자가 겸하도록 하자는 취지를 협의해 옴에 의해 참모총장에게 협의 후 육군대신은 해군대신과 연서 윤재를 올렸다.

동원 편성

12월 동원 및 편성이 전선된 것은 다음과 같다.
5일 제1 내지 제6, 제8내지 제12사단 제2차 후비대
13일 대만수비보병 제9대대

뤼순 출입 선박

1905년 1월 5일 해군대신은 뤼순 함락과 관동반도의 봉쇄가 뚜렷이 제거된 후 뤼순구 및 다롄만에 관용 선박 및 특허를 얻은 것 외 일체 선박의 출입을 금지하는 해군성 고시 발령에 대한 협의가 있어 육군대신은 이의 없다는 취지를 회답했다. 그리고 육군성에서는 1월 4일 육군성 고시로 다롄만 출입 선박 및 도항 상인 규칙을 발포했다.

후비대의 검열

(생략)

뤼순·다롄의 지휘관

1월 25일 뤼순과 다롄의 방어에 관해서는 방무조례를 준용하고 그 전시 지휘관은 해당 지역에 있는 육해군 지휘관 중 고급 고참의 자가 겸하는 것으로 육해군대신 연서 윤재를 올려 재가를 거쳤다.

동원 편성

1월의 동원 및 편성이 전선된 것은 다음과 같다.
9일 뤼순 요새사령부
12일 제1·3·6사단 후비 독립야전포병대대
12일 압록강군사령부
13일 후비 제1사단의 군대 및 치중
14일 독립중포병 여단사령부
19일 뤼순 요새포병연대 및 다롄만 요새포병대대
19일 독립중포병여단포창
19일 각 사관구민병
27일 후비 제2사단

국민병 보충

(생략)

영흥만 전시지휘관

5월 13일 영흥만 전시지휘관은 해당 지역에 있는 육해군 지휘관 중 고급 고참자가 겸하는 것으로 정했다.

〈주의〉 본 건은 5월 10일 해군대신이 육군대신에게 이 의견을 조회하여 참모총장과 협의 후 5월 9일 해군대신과 연서 윤재를 올린 것이다.

경리 위생 감독

5월 28일 전지에서 육군성 및 대본영 직할부대에 관한 회계 경리 사무의 감독은 그 부대 소재지의 군 혹은 병참경리부장이 시행한다. 위생 사무 감독은 동 군의부장이 시행하는 것으로 정했다.

(중략)

동원 편성

5월에 전선된 동원 및 편성은 다음과 같다.
7일 영흥만요새사령부 동 포병대대 및 병원
9일 제1 내지 제4군 전리야포대대 야전중포병 제2연대 및 도보포병 제

3독립대대

13일 요동병참감부

강화에 관한 훈시

6월 14일 각 유수사단장, 대만총독, 성내 각 국장 및 대신 직할 관아, 학교장에게 다음의 내훈을 발했다.

우리 정부는 미국 대통령의 권고를 받아 러시아가 성실하게 화친할 뜻이 있다면 양국 간에 강화조건을 상의 결정하기 위해 제국 전권위원의 임명을 응낙했는데 비록 그 절충에는 이후 오히려 많은 시일이 필요할 뿐만 아니라 상의의 진척에 따라서도 아직 용이하게 예측할 수는 없다. 따라서 이번 화친의 소리가 추호도 군사상에 영향을 미치는 것은 없다. 전국(戰局)의 전도는 의연하게 오히려 요원하리라는 각오를 해야 한다. 그런데 혹 이때 귀를 화친에 기울여 완태(緩怠)의 생각을 품게 된다면 예측하지 못한 재해를 만들어 결국 천 길의 공을 일궤(一簣)로 깨뜨리는 천추 불멸의 근심을 남기게 된다. 생각이 여기에 이르면 신중한 경계심은 오히려 이후에 필요하다. 따라서 각 관은 특별히 시국에 비춰 위와 같은 취지를 부하에게 철저히 하고, 추호도 외부의 자극에 미혹되지 말아야 한다. 상하 일치하여 각기 본분을 다할 것을 기해야 한다.

인천 공동묘지

7월 1일 외무대신에게 한국 인천 탁계현(濁溪峴) 공동묘지 내에 있는 육군 군인의 분묘를 □신(□新) 공동묘지로 이전하는 데 문제가 없다는 취지를 답했다. 이에 대하여 5월 17일 외무대신은 인천 가토(加藤) 영사에게서 품신하여 다음의 요지를 육군대신에게 이첩했다.

인천 일본인 묘지의 구 해군 묘지 내에 있는 육군 군인의 분묘에 관해서는 1902년 중 귀성과 협의상 일본인 공동묘지 내로 이전했다. 그런데 지금 위 공동묘지 부근은 인가가 조밀한 구역으로 변했고 또한 일로개전 이래 동항 거류 호구가 급격하게 증가함에 의해 차지료(借地料) 및 차가료(借家料)가 비상하게 폭등하여 다액의 요금을 지불하는데 오히려 또한 거택을 꾸밀 땅을 구할 수 없는 상황으로 우리 상민(商民)의 불리가 실로 적지 않아 차제에 탁계현 공동묘지 내에 있는 가민(家民) 분묘를 밖의 □현(□峴) 신 공동묘지로 이전하고 그 유허를 개척하여 그것을 우리 거류민의 거택으로 충용하는 방안을 동항 거류민회의 결의를 거쳐 거류민장이 원출(願出)함으로써 위 공동묘지 내에 있는 육군 군인 묘지를 신 공동묘지로 이전하는 것을 인가하는 방안.

〈주의〉 본 건은 군무국장이 한국주차군에게 문의했는데 무방하다고 하여 외무대신에게 승인의 뜻을 회답했다.

쓰가루 해협 방어사령부

(생략)

포로 귀환자 취급

(생략)

팽호도(澎湖島) 계엄 해제

(생략)

동원 편성

7월의 동원 및 편성 전선은 다음과 같다.
8일 요동병참사령부
12일 후비 혼성여단 중 탄약대대, 양식종렬 및 병원
16일 야전 중포병 제3·제4연대
20일 한국주차군 예비마창 및 제3 수반식(手拌式) 경편철도반

한국 병영 문제

용산·평양·의주 각지의 군용지에 관하여 한국주차군사령관은 다음의 갑호 조항에 따라 토지 및 지상 물건 이전 배상비로 전 20만 엔을 한국 내부에 교부하고 이것을 인민에게 배당하는 한편, 이후 이 지역에 관해 관민 모두 일체 고정(苦情)이 없도록 내부대신이 보장의 책임을 진다는 취지 아래 을호 증명을 하는 동시에 병호 서면을 교부하여 이에 모든 토지 수용을 완결했음을 보고했다.

〈갑호〉
1905년 7월 26일
한국주차군사령관

대한국 내부

작년 7월 중 당 군용지로서 용산·평양·의주의 각지에 표원(標杭)을 건립하여 그 구획을 정해둔 토지 내 별지 도면의 부분을 이번 다음 조항에 근거하여 당 군 소할지로 수용합니다. 귀부에서 가능한 처리 방안을 추진하십시오.

더불어 다음의 제 항에 대해서는 8월 5일까지 회답 바랍니다. 그날까지 회답이 없을 때는 전부 승낙하는 것으로 결정하겠습니다.

1. 군용으로 수용해야 할 장소 및 구획은 별지 도면(생략)을 통한다.
2. 수용 지역 내에 있는 인민 소유의 지가, 기타 공축물의 제거 및 이전 비용은 그를 배상한다.
3. 전항 배상으로 용산·평양·의주의 3개소에 대하여 당 사령부로부터 금 20만 엔을 대한국 내부에 교부하고 내부는 이것을 적당히 인민에게 배당하는 것으로 한다.
4. 군은 배상비 20만 엔을 8월 10일까지 대한국 내부에 교부하고 그 수수를 종료하는 동시에 용산·평양·의주의 각 수용지역은 군 소유로 이전되는 것으로 한다. 그럼에도 군사상 즉시 필요하지 않은 장소는 그 필요가 생길 때까지 구 소유자가 경작해도 방해하지 않는다.
5. 대한국 내부는 전기 수용지를 모두 군의 소유에 속함에 따라 구 소유자 등으로부터 후일 하등의 문제가 제기되지 않을 것을 보증하는 서면을 당 사령부에 제출하도록 한다.

〈을호〉

지난 7월 26일 한주군(韓駐軍) 제502호로 청구된 용산·평양·의주 3개소의 토지를 귀 군 소용지로 하여 수용의 건 승낙에 대해서는 귀서 제3항에 의해 배상금 20만 엔 수령과 관련하여 그를 관계 인민에 배당하고 인민에게는 그 소유의 가옥·묘지·식물 등을 군의 필요에 따라 다른 곳에 이전하고 또한 이에 대해 동서 제5항에 따라 이후 구 소유주에게 하등의 문제가 없을 것을 확보한다.

1905년 8월 10일

대한국 내부대신

한국주차군사령관

〈병호〉

1905년 8월 10일

한국주차군사령부

대한국 내부

1905년 7월 26일 한주군 제502호에 따라 당군에서 수용한 토지는 후일 대일본제국에서 군사상 모두 그 필요가 없을 때는 협의상 대한국에 인도해야 한다. 전항의 경우에는 대일본제국이 배상비로 대한국에 교부한 금 20만 엔은 그를 대일본제국에 환부하고 대일본제국에서 건설한 건물 등은 상당의 대가로 대한국에 인도한다. 그 외 외국인의 토지 매수비 및 토공비 등은 그를 대일본제국에 배상해야 한다.

(중략)

한국 병영

9월 21일 참모총장은 평화 극복 후 한국에는 다음과 같은 주병(駐兵) 방도에 대하여 그 숙영을 위해 소재지 관아·민옥 등을 이용하는 것 외 다음의 병원을 수용하기에 족한 청사 및 그에 상응하는 마굿간·병원·창고 등을 건축하는 취지를 협의했다.

경성 부근: 보병여단사령부, 보병 1연대(1대대 결), 기병 1연대, 포병 1대대

평성 부근: 보병 1연대(1대대 결), 포병 1연대(1대대 결)

의주 부근: 보병여단사령부, 보병 1대대(2중대 결), 공병 1대대(2중대 결)

더불어 위 창사는 급조와 반영구의 중간으로 약 2개년을 □지(□持)할 수 있는 정도로 한다. 오히려 작년 9월 승인한 영구 병영은 이때 가능한 빨리 건설하는 방안을 계획한다.

이에 대하여 육군대신은 10월 3일 다음과 같이 회답 및 조회함에 같은 달 4일 참모총장은 이 조회에 대하여 이의 없다는 뜻을 회답했다.

한국 내 병영 건축에 관하여 협의한바 급조와 반영구 중간 정도의 건축은 올해 동기(冬期)에 쓸 수 있을 정도를 겸함으로써 당분간 군대의 숙영법은 전시 상황을 계속한다. 취사장·화장실·우물 등 부득이한 것들을 급조하고 그중 영구에 속하는 것은 점차 건축하는 것으로 한다.

(중략)

대본영 복원

11월 19일 해군대신이 대본영을 복원하고 복구에 관한 사무는 육해군대신이 처리하도록 하는 문제를 상의해 왔다. 11월 24일 육군대신은 참모총장과 협의하여 12월 20일을 복원의 날로 결정했다. 참모총장, 해군 군령부장이 연서로 윤재를 올렸다.

12월 19일 육군대신은 해군대신과 협의하여 20일 관보를 통해 대본영을 폐쇄한다는 취지를 고시했다.

12월 20일 대신이 참모총장과 연서 윤재를 올리고 다음의 건을 관계자에게 통보했다.

대본영의 복원 후에는 대본영 육군부의 업무는 당분간 다음의 요령에 따라 실시하는 것으로 정했다.

1. 대본영 육군부의 업무는 참모본부에서 관장한다.
2. 병참총감의 업무는 참모총장, 운수통신장관 및 그에 예속한 각 부 및 위원의 업무는 참모본부 제3부장, 야전 경리장관 업무는 육군성 경리국장, 야전 위생장관의 업무는 육군성 의무국장이 실시한다.

경리국장 및 의무국장은 전항의 업무에 관하여 참모총장의 지휘를 받는다.

1906년 요새의 보충

뤼순 다롄만, 진해만, 영흥만 요새 제부대의 결원은 정원의 약 4분의 1의 결함이 있기 전까지 보충하지 않는 것으로 한다. 결원수가 정원의 약 4분의 1 이상을 초과하면 내지에서 그 초과 수만큼 보충하고 장교 기타는 1인 1역을 하는 자에는 본문의 제한을 두지 않음을 달한다.

〈주의〉 본 건은 12월 25일 참모총장과 협의하여 같은 달 27일 일반에 달하는 것으로 한다.

(중략)

장교의 만한 여행

2월 22일 다음의 건을 발포한다.

휴가를 이용하여 학술 연구를 위해 만한 지방 여행을 신청한 장교 동상당관에 대해서는 사단장이 허가할 수 있다. 단, 다음의 사항을 지켜야 한다.
1. 여비는 스스로 지불한다.
2. 육군운송선에 편승을 허가한다(식료는 환불).
3. 야전철도에는 문제가 없는 한 편승을 허가한다.
4. 병참 설비가 있는 장소에서는 규정의 급양을 제공한다.
5. 병원의 경우에는 부근 병원에 입원을 허가한다.
6. 군사 우편을 허가한다.
7. 전 각호 외 특별히 전시 제 규정에 의한 급여는 없다.

한국 및 가라후토(樺太, 사할린)로부터 귀환해야 할 제 부대의 수송은 이미 종료했다. 현재 실시 중인 수송은 각 수비대 및 철도감부 등의 군수품인데, 이 수송은 이후에도 계속되어야 하므로, 다음의 각 정박장사령부 및 동 출장소는 이때 평시 수송 관아와 교대하는 것으로 한다. 1월 4일 참모총장이 대신과 협의함에 따라 2월 26일 올해 3월 15일부터 육군운수부 본부 출장소를 설치한다.
　인천, 진남포, 용암포, 부산, 원산, 서호진, 청진, 아오모리, 코르사코프
　(중략)

점령지 개방

7월 23일 참모총장이 점령지 경계 출입에 관하여 다음의 건을 협의해 옴에 따라 이의 없다는 회답을 발하는 동시에 외무대신에게 이첩했다.

제1 다음에 든 점령지역 내에는 내국인 및 내국 상선의 출입을 허가한다. 단, 군사 행동을 방해하거나 안녕 질서를 해하거나 또는 그러할 우려가 있다고 인식되는 자가 있을 때는 그 지역의 고급사령관이 그에게 퇴거를 명하고 혹은 그를 억류하거나 출입을 금지할 수 있다.
1. 대동강(강을 포함)에서부터 압록강(강을 포함)에 이르는 유역
2. 압록강 우안 경편철도의 기점(안동현)부터 이 철도의 연장에 따른 그 종점에 이르는 선로의 연도 시가 촌락
3. 영구 시가

제2 전항 지역 이외의 장소에 출입하려는 자는, 내지에서 도항하는 자는 육군대신의 허가를, 점령지에서는 그를 관할하는 군사령관의 허가를 받아야 한다.

제3 외국인은 영구 및 한국 내에 한하여 외국 상선은 영구, 진남포의 개항지에 한하여 출입을 허가한다. 단, 제1항의 단서를 적용한다.

〈부기〉 본 건은 전지 작전의 진척에 따라 도항을 희망하는 내지인이 많아서 설정한 것인데 후일에 이르러 동일한 권한을 부여받기 위한 외국 상인들과 외국인들의 청원이 속출하여 1906년 봄까지 낙착을 보게 되었다.

  (이하 생략)

사료 08

러일전쟁기 대한정책 실행의 경위와
북한군 전진난의 정황(1925)[1]

자료명	日露戰役間に於ける対韓政策実行の経緯と北韓軍前進難真情(1)
생산자	陸軍大學校 步兵 大佐 谷壽夫
생산시기	1925年
소장기관	日本 防衛省 防衛硏究所
문서정보	陸軍一般史料-戰役-日露戰役-343(C13110611700)

제1관 서언

개전 시 우리 제국 및 군부의 대한(對韓) 지도에 관해서는 이미 제2장에서 상술한 바,[2] 이후 본 전역 간 한편으로 우리 육군은 북한군을 파견하여 대러 작전의 실시에 임하는 동시에 대한정책에 관하여 노력하는 바가 있었다. 제

---

1 육군 보병 대좌 다니 도시오가 1925년 육군대학교 병학교관으로 근무하면서 작성한 강의록의 일부이다. 강의록의 원명은 『일로전사강의적요록』으로 총 12권 21개 장으로 구성되어 있다. 여기에는 『일로전사강의적요록』 제10권의 제17장을 번역해 수록했다. 제17장은 전시기 일본군의 조선 주둔과 한국 정부에 대한 방침이 서술되어 있어 주목을 요한다. 다니의 강의록은 훗날 『기밀일로전사』(原書房, 1966)라는 제목으로 발간되었다(조건, 「日本 防衛省 소장 陸軍 '日露戰役' 문서군의 한국사적 의의」, 『한국민족운동사연구』 96, 2018, 84~85쪽).

2 역자는 『日露戰史講義摘要錄』 제2장의 내용을 확인하지 못했다. 다만 『機密日露戰史』 제1장에 「대한정책실행 발단의 경위(對韓政策實行發端の經緯)」가 수록되어 있는데, 이를 가리키는 것으로 판단된다(谷壽夫, 『메이지백년사총서 機密日露戰史』, 69~73쪽).

국 정부는 착착 정략의 관철을 계획, 전후 마침내 우리 목적을 달성하기에 이르렀다. 그리고 위 정부와 군부와의 경위는 우리들이 크게 참고로 하는 바가 적지 않으므로 다음 차례 순으로 기술하고자 한다.

제2관 주차대의 개선에 따른 한국주차군 성립에 관한 동기

개전 전 제국은 한국주차대로서 보병 1개 대대를 파견했는데 그 병력이 부족함을 느껴 3월 3일 재가를 거쳐 보병 1개 대대 반으로 된 주력을 경성에 배치하기로 결정했다. 그럼에도 계속하여 대본영 육군부는 당시 우리 해군이 이미 해전에서 승리한 결과 제1군 주력의 진남포 상륙을 결행할 수 있는 정세가 됨에 비춰 불용하게 된 제12사단 병참부의 일부를 이용하고 여기에 후비대를 더하여 한국 남부병참감부를 편성했는데 육군성은 한국주차대의 예속 관계상 한국주차군의 편성이 필요했다. 이에 참모본부와 육군성의 의견이 충돌하여 수차 교섭을 거듭한 결과 같은 달 7일 주차군이 성립되기에 이르렀다. 같은 달 9일 주차군사령관 하라구치(原口) 소장이 받은 훈령은 별지와 같다.

한국주차군사령관에게 주는 훈령
1. 귀관은 대본영에 직예(直隷)한다.
2. 한국주차군을 한국에 주차시키는 목적은 제국공사관, 영사관 및 거류민을 보호하고, 또한 경성의 치안을 유지하여 우리 작전군의 배후에서 제 설비를 온전하게 하고 그 활동을 용이하게 함에 있다.
3. 한국주차군사령부는 경성에 위치해야 한다.
4. 귀관의 임무를 수행하기 위해 국교상에 관계가 있는 행동은 미리 경성에 있는 우리 전권공사와 협의하고 병참 및 전신 업무 및 군용철도의 부설에 관해서

는 병참총감의 구처(區處)를 받아야 한다.

5. 주차군대의 배치는 실제의 정황에 응하는 것으로 하고 가급적 경성에는 항상 2개 대대보다 적지 않은 군대를 주차시켜야만 한다.

6. 이러한 정황에 비추어 귀관의 관할구역과 작전군의 병참구역은 약도로써 시정(示定)한다(약도 생략).

〈부기〉 경성철도 부설에 관한 건은 3월 상순 우리 주한 하야시(林) 공사가 한국 외상에게 통첩하고 곧 한왕(韓王)에게 알현하여 낙부(諾否)를 구함에 주저하며 분명한 답을 주지 않았다. 실로 한국 각료는 이러한 것 때문에 그 지위를 잃는 것을 두려워한다는 것을 통찰한 하야시 공사는 본 건은 회답의 유무에 관계없이 즉시 착수하는 것이 가능하다고 하여 외교관으로서는 드물게 의견 구신 없이 다른 편 외상 심상훈(沈相薰)의 요구에 바탕하여 비밀협약을 결정했다(제1. 군사목적을 위한 철도 부설의 건, 제2 전후 보존할 것).

임시파견대가 경성에 진입한 후 기코시(木越) 사령관은 3월 7일 이 부대를 위해 다음의 작전 계획을 결정했다.

임시파견대 작전 계획 요령

(1) 의주 방향에서부터 전진하는 적병에 대해서는 임시대소 행리(行李)를 편성하여 임진진(臨津鎭)에 전진 임진 일대의 고지 및 동 신촌(新村)에 방어공사를 시행하고 예비대를 리동(梨洞)에 배치하여 공세 방어를 펼친다.

(2) 원산 방향에 대해서도 같은 방법에 의해 전산동(殿山洞, 경성에서 5리) 부근을 점령.

(3) 인천 방향에 대해서는 한강 일대의 위험으로 인해 교전하고자 함.

한일의정서

(생략)

제3관 제국 정부의 근본적 대한 방침의 결정

2월 23일 한·일이 조인한 의정서는 일·한의 관계를 개조하는데, 제1착안으로 즉시 한국은

(1) 시정의 개선에 관하여 일본 정부의 충고를 받아들일 것.

(2) 한국의 황실 안녕 혹은 영토 보전에 위험이 있는 경우에는 일본은 임기 필요한 조치를 집행하고 한국은 일본의 행동을 용이하게 하기 위해 충분한 편의를 제공할 것. 또한 일본은 이 목적을 달성하기 위해 군사상 필요한 지점을 임기 수용할 수 있음.

(3) 한·일 양국은 장래 본 의정서의 취지를 위반하려는 협약을 제3국과 체결할 수 없음.

등을 요하는데, 한국은 이 의정서에 의해 그 자주 주권의 일부를 포기하여 중요한 국무에 관한 간섭권을 일본에 승인한 것이다.

한국의 정세에 대해서 우리나라는 이미 언급한 한일의정서만으로는 오히려 안려(安慮)할 수 없는 부분이 있었다. 한국 정치는 폐해가 극에 달하여 특히 다년간 사대주의에 길들여져와서 조금 손을 놓으면 갑자기 지나쳐 우리를 배반하여 우리가 부액(扶掖)했던 노력이 수포로 돌아갈 우려가 있다. 원래 우리나라는 한국 문제를 연고로 하여 국운을 걸어서 강대한 이웃과 간과(干戈)를 주고받은 것이 이미 두 차례인데, 반도의 국정은 도저히 오랫동안 그 독립을 지지함을 허락하지 않기 때문에 한국 분규의 병근을 제거하여 우리 자위상 전연 우려가 없게 해야 한다는 바람은 특별히 한국에 대한 근본적 방침과

다르지 않다. 적당한 기회에 단연 한국을 우리의 권력 아래 두는 데 있다. 그리하여 가쓰라(桂) 수상은 고무라(小村) 후작과 상모하고, 일한의정서의 조인 후 지체없이 1904년 5월 31일 특별히 각의를 열어 이 근본적 대한 방침을 결정한 조처가 있었다. 이것을 약언(約言)함은 한국에 대한 우리의 보호권 확정을 목적으로 하여 동국 시정의 안목(眼目), 특히 정사상·외교상·군사상의 실권을 확고하게 파악하는 동시에 우리의 이권은 착착 확충하여 종국에는 한반도를 사실상 우리나라의 주권 범위에 포괄함을 기약하는 것 외에는 없다. 그리고 묘의(廟議)는 이 방침에 기초하여 반드시 시설해야 할 방비의 완전, 외교 및 재정의 감독, 교통 및 통신 기관의 장리, 척식의 경영 등 그 저수(著手)가 필요한 제반 사항에 관하여 동시에 결정했다. 그런데 여하한 좋은 방침이라도 착수하는 데 좋은 기회를 잡지 않으면 헛되이 외부에서는 열국의 감촉을 해하고 안으로는 민심의 이반을 가져와 쓸모없이 사단(事端)을 자만(滋蔓)시키는 것만으로 소기의 효과를 거두지 못하게 된다. 돌아보면, 외상 고무라는 한편으로 가쓰라 수상과 함께 적당한 기회의 도래를 기다리는 것 외에 다른 한편으로 관계 관청 및 주한 하야시 공사와 논의하여 이것의 실행 세목을 정하고, 하야시 공사에게 사태의 경중과 시기의 완급을 짐작하도록 하여 착착 계획 수행의 보부를 진전시켰다. 당시 한국의 시정 상태를 보면 그 행정에 개선이 필요하지 않은 곳이 하나도 없었는데, 특히 백반(百般) 행정의 기초인 재정은 극히 문란하여 내외 등이 그 폐에 힘들어 하기에 하루도 이를 등한시할 수 없는 상황이었다. 따라서 이것을 정리함으로써 행정 각부의 폐해를 근절함은 시정 개선의 실을 거둠에 대한 급부의 하나이다. 지나보면 가능한 빨리 적당한 재정 고문을 한정(韓廷)에 들여 국탕(國帑) 문란의 확대를 방지하고 나아가 징세법의 쇄신, 화폐제도의 개혁 등에 착수하여 시행하는 데 한국 재정의 실권을 우리가 손바닥 안에 둘 필요가 있음은 말할 것도 없다.

제4관 제국 공사, 동 공사관부 무관 및 주차군사령관의 삼각관계 진상

한국주차 하야시 공사의 아래 공사관부 무관 이지치(伊知地)[3] 소장은 개전 후 오타니(大谷) 소장과 교대하여 이후 제3군 참모장으로 영전했고, 별도로 주차군에는 하라구치 겐사이(原口兼濟) 주차군사령관 아래 참모 사이토 리키사부로(齋藤力三郎) 중좌가 있었다. 애초 평시에 공사와 공사관부 무관과의 관계는 하등 고려할 것이 없었는데 이제 개전이 되어 한국 궁정 및 각료의 조종은 도저히 언동으로써 정면으로부터 완만한 수단을 가지고 실행할 수 없는 데 이르렀다. 공사관부 무관은 때때로 공사를 초월하는 행동을 하고, 주차군사령관 및 한병(韓兵)을 조종하여 때에 따라 한국 정치에 간섭할 필요가 발생했다. 이에 주차군사령관 편성 후 얼마 지나지 않아 이미 경성에서는 우리 공사, 공사관부 무관 및 군사령관의 3개 분립 형태가 되어 그 통일이 어려운 사정이 생겼다.

이에 주차군 사이토 참모는 8월 11일부로 다음의 의견을 참모차장에게 제출했다.

1. 공사와 군사령관의 권능에 대하여

위압을 주로 하는 지금의 한국 조종에 대해서는 군사령관의 권능으로 공사의 위에 서지 않으면 우리 정책의 실행이 불가능하다. 따라서 현 제도에 반하여 공사는 군사령관과 협의하는 것처럼 함이 아니라면, (생략) 대장이라도 무능한 위치에 서서 실권없는 군사령관이 되는 것이 두렵다.

---

[3] 이지치 고스케(伊知地幸介)를 말한다. 이지치는 러일전쟁 직전 한반도에 침투하여 비밀리에 정보를 수집하고 이를 육군성에 보고했다. 그가 육군성에 보고한 공식 문건은 확인하지 못했다. 다만, 공식 보고서와 별도로 자료 6으로 수록된 『鷄林日誌』가 방위성에 보관되어 있다.

2. 공사관부 무관을 군사령관 막료 겸임으로 할 것

금일과 같이 군사령부 내에 장관 좌관이 많아서, 불유쾌한 공사관부 무관은 거의 필요없다. 따라서 이를 군사령부가 겸임하는 것은 한국 궁정 및 공사와 연결을 취하는 데 적당할 것이다.

여기에서 대본영은 한국주차군의 권한에 관하여 개정할 필요를 인식하고 그 임무의 범위를 직접 보호조약의 수행에 협력해야 할 것처럼 확장하는 각의 결정을 보기에 이르렀다. 동시에 공사관부 무관을 폐지하고 랴오양회전(遼陽會戰) 후 근위사단장 하세가와 요시미치(長谷川好道) 중장을 대장으로 진급시켜 주차군사령관에 영전시키고, 오타니 소장을 참모장으로 임명하여 사령부의 위용을 정비하기에 이르렀다.

이와 같이 큰 문제가 무관 측의 주장을 수용하여 용이하게 해결됨은 이토(伊藤) 공이 3월 중순 특파대사로서 도한(渡韓)하여 현상을 목격하면서 개혁의 걸음을 나아갔기 때문으로 이 사이 소식은 우리들이 크게 음미할 수 있었던 것이다.

제5관 한국 경영에 관한 무관 측의 의견과 통감설의 제기

이즈음 한국에 주재하는 고급무관 측의 대한 경영에 관한 의견은 빈번하게 참모차장에게 제출되었고, 또한 공사 측으로부터 본 외교관의 의견은 외무성에 도달하여 논란과 공격이 서로 양립하는 정황이었다. 여기에는 야마네 다케스케(山根武亮) 중좌의 참고할 만한 의견을 게시해본다.

나가오카(長岡) 참모차장 앞(1904년 8월)

한국 경영에 대하여 야마네 다케스케로부터

1. 1904~1905년 전역 후와 같은 경영은 불가

2. 급무는 한국 외교 합병 독립의 부식(扶植)

지금은 병탄이 어렵다면 첫째, 연방으로하여 한국의 외교 사무는 도쿄 외무성에서 실행, 한국에서 외국으로 파견된 공사는 무조건 일체 귀환시킬 것. 우리 재한 공사는 귀환시키고, 별도의 사무관을 둘 것. 한정(韓廷), 한정부(韓政府)에게는 직접 세계 각국과 교제하지 않는 것으로 하지 않으면 장래 분요(紛擾)가 끊이지 않을 것. 단, 이것 이상의 영단이 있다면 바라는 바이다.

3. 병제에 대해서. 근래 일설에서는 한국병을 감축함이 불가능하다는 것. 이것은 정비(政費)를 절약하기 위해서라는 설이 있음.

소관은 현존하는 총기만큼 병을 양성하고 그 총기의 산일(散逸)을 방지하여, 이 병에게는 우리 장교 하사를 부속하여 오로지 우리의 이용을 위한 것. 이 양병비(養兵費)는 물론 한정이 지출할 뿐 아니라, 장래 우리나라에서 파견하는 병비도 한 정부의 지출을 요하는 것으로 해야 함.

(중략)

한국주차군 확장안

8월 21일 가쓰라(桂) 총리, 외상, 육상 회의(대본영)

한국주차군을

(1) 한일의정서 제3조에 의해 한국의 독립 및 영토 보전을 확보함.

(2) 대륙 방면으로부터 오는 적습에 대하여 제국 국방의 추축으로 함.

의 두 가지를 요지로 하여 2개 사단 및 약간의 특종병으로 이뤄진 일군(一軍)으로 확장함.

(사단의 병력은 대략 내지의 것과 동일)

(이 당시부터 이미 한국에 2개 사단 주병의 의견이 있음은 주목해두어야 함)

배병(配兵)

이웃 국가의 형세와 한국 진압을 고려하여 1개 사단을 평안도에, 다른 1개 사단을 각 도에 배치하고 군사령부를 경성에, 각 사단사령부를 경성 및 평양에 설치하여 제 병력 대부분을 주둔시킴. 기병은 유사시 이용을 고려하여 대부분을 의주에 둠.

의주·진남포·진해만 및 마산포 그리고 시의에 의해 송전만(松田灣)에 요새를 두고 요새 포병대를 배치함.

그리고 주차군사령관은 군사상 한국 최고 고문을 겸하고 병영은 만 2년으로 낙성함. 연병장·사격장은 군용철도용 부지 수용의 예에 따라 수용함.

대본영 회의(총리와 외상과 육상): 육군 측 제출 의견

1. 한국 울릉도, 두만강, 압록강 수역의 삼림 벌채권 및 앞의 두 강 수력 이용권을 획득하여 제국 정부가 경영할 것. 군사상 필요로 함(육군대신 조회).

2. 한국주차군 확장안(2개 사단과 산포 약간) 이를 위해 속히 2년 계획으로 영구병영 건축에 착수할 것(토지 수용 기타는 본 강의안 제7권에 기술함).

3. 경상도·마산포를 기점으로 하여 삼랑진 부근에서 경부철도에 접속하는 철도를 정부에서 기공 올해 안에 낙성.

4. 경부철도는 연내에 완성. 정부 감독할 것.

5. 경원철도는 주차군 정찰 중임. 군사철도 부설의 건을 한국 정부에 통고하여둘 것.

6. 경의철도도 연내에 어느 정도까지 달성시킬 것.

7. 의주·구령성 일대의 축성공사 중 임시 포대를 마산포·대동강구·압록강구·다롄만·잉커우 등에 축설.

8. 군수 제품은 9월 중에 만주로 수송해야 함을 기함.

제3장

한국주차군의 편성과 활동

사료 09
한국에 주차대를 배치하는 건(1904)

자료명	韓國ニ駐箚隊を配置スルノ件
생산자	陸軍省
생산시기	1904年
소장기관	日本 防衛省 防衛研究所
문서정보	陸軍省-陸滿密大日記-M37-3-17(C06040469800)

한국에 주차대를 배치해야 할 필요

올해[1] 2월 한일의정서가 협정(協定)된 이래 제국 정부는 한국 영토의 보전을 보장해야 할 의무를 지게 되었다. 이 중대한 책임을 다하기 위해서는 장래 한국 내 주요한 지점에 제국 군대를 주차시키고, 병략상 중요 지점에 축성(築城)함으로써 제3국의 침해 및 내란에 대해 준비해야만 한다. 대개 한국 군대는 가까운 과거에 청국 및 러시아의 침해 및 흥정에 변화하기 쉽고, 내란에 대하여 방지 진압의 실력이 없다는 것은 실제 사례로 증명된 바이다.

한국의 지형은 배량산맥(背梁山脈)이 종방향으로 구불구불 꿈틀거리고 그 동북부는 대체로 산지인데, 서남부는 평지가 많고 지미(地味)가 풍요하여 주민이 군집해 있고 큰 시부(市府)를 형성하여 교통기관(철도·전신·도로) 또한 발달해 있다. 따라서 무력의 배치도 서남부에는 두텁게 하고 동북부는 엷게

---

[1] 1904년을 말한다.

할 필요가 있다. 이를 위해 경성·평양·의주·진해·원산 및 함흥 혹은 북청은 긴요한 지점이 된다.

경성은 한국의 수도로서 제국 공사관 및 거류민 대부분이 있는 곳이다. 따라서 제국의 무력으로 확실히 안녕을 보장해야만 한다.

의주는 한국 서북문(西北門)의 관문으로 인접 국가와의 교통이 빈번한 지점이다. 따라서 제3국의 침해에 대해서는 가장 견고히 수비할 필요가 있다. 이에 부근에 영구적 방어공사를 시행하고 유력한 군대를 주둔시킬 필요가 있다.

평양은 경성과 의주의 중간에 위치한 대시가(大市街)이다. 이 중간 지대 및 평안도 동북부의 안녕을 보장하고 또한 유사시 대동강 하류 진남포를 이용할 필요가 있어 이 지역에 가급적 큰 규모의 부대를 주차시켜 제반의 설비를 해야만 한다. 단 안주(安州)는 평양과 의주 사이의 대시가이고 또한 한국 북부와 함경도 방면과의 연락 유지를 위해 필요한 지점이기 때문에 일부 부대를 분산 주둔할 필요가 있다.

한국 남부는 제국 본토와 가깝기 때문에 재정을 고려하여 평시에는 대규모 부대를 주차시키지 않는다. 다만 내륙의 정밀(靜謐)을 도모하는 정도로 하여 소부대를 분산 주둔하는데 그치고, 필요한 때는 본토에서 군대를 파견하도록 한다.

진해만은 한국 남해안의 좋은 항구로서 사세보(佐世保) 및 다카시키항(竹敷港)과 상호 대응하여 조선 해협의 영유를 확실히 해야 할 근거지이다. 따라서 이 목적을 달성하기 위해 진해 부근에 해안 방어를 시설하고 요새포병(要塞砲兵)의 배치를 필요로 한다.

원산은 북한 내 개항지이자 또한 우리 거류민이 많은데, 제3국이 이 방면에 침습을 기도할 때는 첫 번째 목표가 된다. 따라서 원산 이북에 병략상의 요점인 함흥 혹은 북청에 유력한 부대를 주차시킬 필요가 있다.

두만강은 국경을 가로지르는 좋은 장애물로서 북한 방어의 주력을 이 부근에 두는 것이 지당한 것 같다. 그럼에도 이 지방과 원산 부근의 중간은 산지가 많아 군대의 활동에 적당하지 않다. 이에 바다 정면으로부터 쉽게 원산과의 교통을 차단시킬 수 있다. 따라서 병략상 주차부대를 함경도 남부에 두고 필요한 소부대를 북한 각지에 분산 주둔시킬 필요가 있다.

이상의 이유에 따라 병략상 및 경제상의 두 요소를 고려하여 한국에 주차해야 할 군대를 다음과 같이 결정하고자 한다.

1. 경성 부근: 주차군사령부, 사단사령부, 보병 1여단, 기병·야전포병 각 1연대, 공병 1대대, 철도대

2. 평양 부근: 사단사령부, 보병 1여단, 기병·야전포병 각 1연대

3. 의주 부근: 보병 1여단, 요새포병대 1개, 공병 1대대. 단, 위의 부대 중 보병 1연대를 시의에 따라 안주로

4. 함경도: 보병 1여단

5. 진해만 부근: 요새포병대 2개 혹은 3대

6. 한국 각지: 소요의 헌병대

사료 10
한국주차군사령관에 대한 훈령(1904. 3)

자료명	韓國駐箚軍司令官ヘ訓令ノ件
생산자	大本營
생산시기	1904年 3月
소장기관	日本 防衛省 防衛研究所
문서정보	陸軍省 - 陸滿密大日記 - M37 - 3 - 17(C03020072200)

1904년 3월 9일

참모총장 후작 오야마 이와오(大山巖)

육군대신 데라우치 마사타케(寺內正毅) 귀하

한국주차군사령관에게 주는 훈령

1. 귀관은 대본영에 직예(直隸)한다.
2. 한국주차군을 한국에 주차시키는 목적은 제국공사관, 영사관 및 거류민을 보호하고, 또한 경성의 치안을 유지하며 우리 작전군의 배후에서 제 설비를 온전하게 하고 그 활동을 용이하게 함에 있다.
3. 한국주차군사령부는 경성에 위치해야 한다.
4. 귀관의 임무를 수행하기 위해 국교상에 관계가 있는 행동은 미리 경성에 있는 우리 전권공사와 협의하고 병참 및 전신 업무 및 군용철도의 부설에 관해서는 병참총감의 구처(區處)를 받아야 한다.

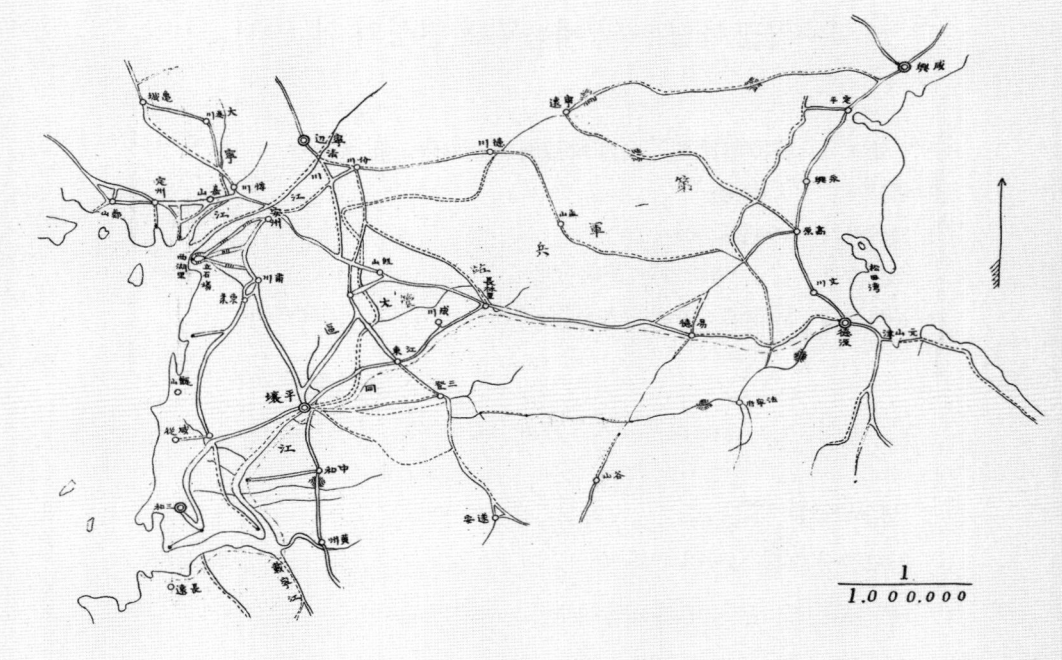

병참관구의 경계 약도

5. 주차군대의 배치는 실제의 정황에 응하는 것으로 하고 가급적 경성에는 항상 2개 대대보다 적지 않은 군대를 주차시켜야만 한다.

6. 이러한 정황에 비추어 귀관의 관할구역과 작전군의 병참구역은 약도로써 시정(示定)한다.

사료 11
한국주차군사령부 및 예속부대 편성의 건(1904. 3)

자료명	韓國駐箚軍司令部及隸屬部隊編成ノ件
생산자	大本營
생산시기	1904年 3月
소장기관	日本 防衛省 防衛研究所
문서정보	陸軍省-陸滿密大日記-M37-3-17(C03020058500)

1904년 3월 4일
참모총장 후작 오야마 이와오
육군대신 데라우치 마사타케 귀하

한국주차군사령부 및 예속부대 편성 요령

제1. 작전군의 배후에서 한국 내 우리 육군 군무를 통리하는 동시에 우리 공사관, 영사관 및 거류민을 보호하기 위해 한국주차군사령부를 설치한다.

제2. 군사령관의 지휘에 속하는 부대는 대략 다음과 같다.

한국주차병참감부 및 그 소할 병참사령부 동 보조수졸대(補助輸卒隊), 임시군용철도감부, 한국주차군대, 한국주차전신대, 한국주차헌병대, 한국주차병원

제3. 제2에 열거한 한국주차군대는 한국에 주차하며 대본영 또는 다른 군사령관 혹은 독립사단장에 예속하지 않는 제 부대로서, 한국주차전신대는 현

재 편제된 한국주차전신대, 병참부속 전신과 통신요원 및 제12사단병참감부 중 전신부를 포함하여 편성하며, 한국주차헌병대는 현재 편제된 한국주차헌병대 및 제12사단 병참감부 중 헌병으로서 편성하는 것으로 한다.

제4. 군사령부의 편제는 부표 제1과 같고, 그 편성지는 도쿄(東京)이며, 편성담임관은 참모창장으로 한다.

제5. 한국주차병참감부의 편제는 부표 제2와 같고, 그 편성지는 한국 경성이며, 편성담임관은 육군소장 오타니 기쿠조(大谷喜久藏)로 한다.

제6. 한국주차전신대의 편제는 부표 제3과 같고, 그 편성지는 한국 경성이며, 편성담임관은 현재 편제된 한국주차전신대장으로 한다.

제7. 한국주차헌병대의 편제는 부표 제4와 같고, 그 편성지는 한국 경성이며, 편성담임관은 현재 편제된 한국주차헌병대장으로 한다.

제8. 한국주차병원의 편제는 부표 제5와 같고, 그 요원은 현재 편제된 한국주차대 병원의 인원으로서 충당한다.

제9. 앞에 열거한 제 부대의 편성에 따라 각지에서 이미 편성 부대 임무를 위해 복무하는 자는 편성지로 부를 필요가 없다.

제10. 군사령부의 요원 및 한국주차전신대, 헌병대의 요원 중 부족한 인원은 육군대신이 배속한다.

제11. 병기·피복·기구·재료의 지급 및 전용법, 그리고 마필의 충용법은 육군대신이 정한다.

제12. 편성담임관은 편성 명령 발령의 일로부터 군사령부는 10일 이내에 그 외는 30일 이내에 편성을 완결하고 직원표 및 인마 일람표를 육군대신 및 참모총장에게 제출해야 한다.

[부표 1] 한국주차군사령부 편제표

계급		군사령관	막료		경리부	군의부	계	
			참모부	부관부				
중장		1					8	
소장								
대좌			참모장 1					
중좌	상당관				부장(1)	부장(1)		
소좌			1	1				
대위			1	1	부원 1	부원 1		
중위								
소위								
하사 판임문관			2	3 계수1	계수1	1	8	
종졸		1	1	1	1	1	5	19
마졸		3	6	3	1	1	14	
인원계		5	12	10	4	4	35	
승마		3	6	3	1	1	14	

* 본 표 정원 외 소요에 응하여 고등문관과 통역관을 두고, 또한 하사 혹은 판임문관을 증가할 수 있다.
* (1)은 겸무로 한국주차병참감부의 해당 부장으로 충당한다.
* 겸직은 합계에 산입하지 않는다.

[부표 2] 한국주차병참감부 편제표

구분 \ 계급	소장	대좌	중좌	소좌	대위	중위	소위
		상당관					
병참감본부	병참감 1		참모장 1		참모 1		
					부관 2		
					주계 1		
					이사 1		
병참경리부			부장 1		부원 5		
				부원 1			
경리부 예속	병참금궤부				부장 1	부원 1	
	병참양향부				부장 1	부원 3	
병참군의부			부장 1		부원 2		
				부원 1			
병참수의부				부장 1	부원 2		
병참우편부					고등문관		
					부장 1	감사 고등문관 1 우편부 고등관 9등까지 1	
계	29						

구분	하사 판임문관	병졸	치중수졸	종졸	마졸	인원계	승마	만마(輓馬)
병참감본부	서기 4 치중병 1 계수 1 녹사(錄事) 1	치중병 2	26	5	13	60	16	20
병참경리부	계수2			4	2	29	2	
경리부 예속	계수2							
	계수3				3		3	
병참군의부	2			2	4	12	4	
병참수의부	서기 1 제철(蹄鐵) 공장 1			1	2	7	2	
병참우편부	우편리 (郵便吏) 8			1	3	15	3	
계	26	2	26	13	27	123	30	20
		68					50	

* 본부 서기 중 1명은 취사괘(炊事掛)를 겸한다.
* 치중병졸 중 제철공졸(蹄鐵工卒)은 최소 1명, 치중수졸 중 안공(鞍工)·봉공(縫工)·화공(靴工)도 최소 각 1명을 포함한다.
* 병참감본부 승마 중 2명은 치중병 하사졸의 승용, 5명은 예비 승마로 한다.
* 본 표 정원 외 소요에 응하여 통역관, 건축기(사)수 약간 명을 부속하거나 또는 우편부에 우편현업 용인 약간 명을 속하고 그 외 야전우편국 배치 상황에 따라 감사 1명, 우편리 약간명을 증가할 수 있다.

[부표 3] 한국주차전신대 편제표

계급			인원	승마
중좌			대장 1	1
소좌				
대위			1	1
중(소)위			부관 1	3
			2	
하사			서기 3	
통신원	군조(오장)		6	
	병졸		7	
	기사		2	
	기수		81	
건축원	군조(오장)		2	
	병졸		32	
	기사		1	
	기수		7	
주계			1	
계수			1	
종졸			1	
마졸			5	
직공			2	
공부			60	
배달부			54	
계			270	5

* 본 표 정원 외 공병 상등공장 1명을 둘 수 있다.
* 하사 통신원 중 약간 명은 상등병으로 충원할 수 있다.
* 기수 중 약간 명은 고등관으로 충원할 수 있다.
* 통신원, 건축원, 공부 및 배달부는 필요에 따라 증감할 수 있다.
* 대장이 중좌급이면 승마 1, 마졸 1을 증가한다.
* 통신원은 기수 혹은 고원으로 충당할 수 있다.

[부표 4] 한국주차헌병대 편성표

계급	인원	승마
좌관	대장 1	2
대위	2	2
중(소)위	6	4
하사	46	69
상등병	256	
군의	3	
간호장	3	
주계	1	
계수	1	
제철공장	2	
마졸	8	
계	329	77

* 본 표 정원 외 간병인 6명, 군역부 37명을 둘 수 있다.
* 제철공장은 고원으로 마졸은 용인으로 충원할 수 있다.

[부표 5] 한국주차병원 편제표

계급 \ 구분	인원
3등군의정(1등군의)	병원장 1
간호장	2
계수	1
종졸	1
계	5

* 간호장 중 1명은 조제(調劑) 조수로 한다.
* 본 표 외 필요에 따라 인원을 증가하고 또한 간병인 6명, 마공(磨工)·소사(小使)·취부(炊夫) 각 1명을 둔다.
* 소재지 위생부원은 병원 근무에 겸무시킨다.
* 병원장이 3등 군의정일 때는 승마 1두, 마졸 1명을 추가한다.

사료 12
한국주차군 병영, 관아 등 건축의 건(1906. 3)

자료명	韓国駐剳軍兵営官衙等建築の件
생산자	陸軍省 經理局
생산시기	1906年 3月
소장기관	日本 防衛省 防衛研究所
문서정보	陸軍省-陸満普大日記-M39-6-18(C03027039200)

만이건(滿貳乾) 제367호

청명: 경리국

제출: 1906년 3월 30일

한국주차군사령관 달안(達按)

한국주차군 병영 관아 등 건축의 뜻을 다음과 같이 조처할 것.

1. 한국에서 다음의 순서에 따라 먼저 1개 사단에 대한 영구 건축을 시행하고 그 위치는 참모총장의 통첩에 의함.

제1. 병영[보병은 전시 침상을 제외하고 1,000명(대대)이 들어가기 충분한 것]

단, 우선 경성 및 평양에 보병 각 1개 연대의 병영 건축에 착수하고 그 외에는 별도 명령에 의거해 착수하는 것으로 함.

제2. 사령부 및 관아

제1, 제2 중 경성 및 원산에 있는 원래의 건축물을 응용하고, 또한 병영의 위치를 선정할 때에는 장교 이하 관사의 건축 장소를 고려하여 설치해야 함.

2. 영구 병영의 각 본부, 병사, 포주(庖廚), 욕실, 화약고, 탄약고, 건조실, 장교집회소 등은 연와조(煉瓦造)로 하고 그 외는 목조로 함.

3. 영구 병영의 구조 및 배치는 별지 도면에 기초하여 설계하는 것으로 함.
단, 지형 관계상 배치를 변경할 수 있음.

4. 모든 건물은 위생과 방어에 적절한 방침에 의해 건축해야 함.

5. 위 건축 공사는 그 부 경리부장이 집행하도록 해야 함.
단, 영선 사무 규정 제8조의 수속을 거쳐야 함.

한국주차군 병영 기타 건축 방침의 건

한국주차군 병영 및 관아 건축에 따라 우선 육군성의 방침을 결정하고 그 후 동 군사령관에 이첩할 필요가 있어 다음의 사항을 결정함.

한국에서 병영 건축의 방침

1. 한국에서 다음의 순서에 의해 우선 1개 사단에 대한 영구 건축을 시행함. 그 위치는 참모총장의 이첩에 의함.

제1. 병영(보병은 전시 침상을 제외한 1,000명 대대가 들어가기 충분한 것)
단, 우선 경성과 평양에 보병 각 1개 연대의 병영 건축에 착수하고 그 외는 별도의 명령에 의해 착수하는 것으로 함.

제2. 사령부 및 관아

제1과 제2 중 경성 및 원산은 원래의 건축물을 응용하고, 또한 병영의 위치를 선정할 때는 장교 이하 관사의 건축 장소를 고려하여 설치해야 함.

2. 영구 병영의 각 본부·병사·포주·욕실·화약고·탄약고·건조실·장교

집회소 등은 연와조로 하고 그 외는 목조로 함.

 3. 영구 병영의 구조 및 배치는 별지의 도면에 기초하여 설계하는 것으로 함.

 단, 지형 관계상 배치를 변경할 수 있음.

 4. 모든 건물은 위생과 방어에 적절한 방침에 따라 건축해야 함.

 5. 본 공사는 일반 경쟁법에 의거하지 않고, 건축 공사에 경험이 있고 또한 신원이 확실하며 자산이 있는 자를 선정하여 지명(指名) 입찰시키는 것으로 함.

 6. 본 공사에 필요한 기수 및 고원의 인원은 건축지를 3개소로 가정(假定)하여 25명으로 함. 단, 한국주차군 경리부장은 사업의 완급에 따라 적시에 공장 감시를 고용할 수 있음.

 7. 본 공사에 필요한 인건 및 물건비(건축비 제외)는 임시군사비 일반예산에 의해 지변하는 것으로 함.

사료 13
한국주차군사령부 조례(1906.7)

자료명	韓国駐箚軍司令部条例
생산자	
생산시기	1906年 7月
소장기관	日本 防衛省 防衛研究所
문서정보	國立公文書館 內閣官房文書(アジア歷史資料センタ-A03020680700)

한국주차군사령부 조례를 재가하여 이에 그를 공포함.

무쓰히토(睦仁)

1906년 7월 31일

육군대신 데라우치 마사타케

칙령 제205호

한국주차군사령부 조례

제1조 한국주차군사령관은 육군대장 또는 육군중장으로 친보(親補)한다.
　천황에 직예(直隸)하고 한국 주차육군 제 부대를 통솔하여 한국의 방위에 임한다.

　제2조 군사령관은 군정 및 인사에 관하여는 육군대신, 작전 및 동원 계획에 관하여는 참모총장, 교육에 관하여는 교육총감의 구처(區處)를 받는다.

　제3조 군사령관은 한국의 안녕 질서를 유지하기 위하여 통감의 명령이 있

을 때는 병력을 사용할 수 있다. 단, 사급의 경우에는 편의상 그를 조처한 후 통감에게 보고해야 한다.

전항의 경우에는 즉시 육군대신 및 참모총장에게 보고해야 한다.

제4조 군사령관은 수시로 부하 군대 및 관아를 검열하고 매년 대개 군대교육기의 종기에 군사 일반의 경황 및 의견을 상주하고 또한 육군대신, 참모총장 및 교육총감에게 보고 해야 한다.

제5조 한국주차군사령부는 다음의 각부로 조직한다.

1. 군참모부
2. 군부관부

　군참모부 및 군부관부를 합하여 막료로 함.

3. 군법관부
4. 군경리부
5. 군군의부
6. 군수의부

제6조 군참모장은 군사령관을 보좌하여 기무에 참획하고 명령의 보급 및 실시를 감독한다.

제7조 군참모장은 막료의 사무를 감독하여 사무 정리의 책임에 임한다.

제8조 막료의 각 장교 및 동상당관은 군참모장의 지휘를 받아 각자 분담한 사무를 관장한다.

제9조 군법관부장은 군사령관에 예속하여 군사사법에 관한 업무를 관장한다.

제10조 군경리부장은 군사령관에 직예하여 주차 제 부대의 회계 경리를 감독하고 육군 토지 건조물(국방에 관한 것은 제외)에 관한 사항 및 경리부 사관 이하의 인사와 교육을 통할한다. 특히, 병영 기타 신설의 임시공사를 관장

한다. 다만 회계 사무의 감독 및 토지 건조물의 경영 사무에 관해서는 육군대신에 직예하고, 경리부 사관 이하의 인사 및 교육에 관해서는 육군성 경리국장의 구처를 받는다.

군경리부장은 사단 경리부 관할 외의 부대에 관한 회계 경리를 총괄한다. 단, 주차부대의 위치에 따라 사단 경리부가 그를 관장하도록 할 수 있다.

제11조 군군의부장은 군사령관에 직예하여 주차 제 부대의 위생 업무를 감독하고 위생부 사관 이하의 인사, 교육 및 위생 재료에 관한 사항을 통할한다. 단, 육군성 의무국장의 구처를 받는다.

제12조 군수의부장은 군사령관에 직예하여 주차 제 부대의 군마 위생 업무를 감독하고 군의부 사관 이하의 인사, 교육 및 수의 재료 제철(蹄鐵)에 관한 사항을 통할한다. 단, 육군성 군무국장의 구처를 받는다.

제13조 각 부장이 군사령관에게 구신해야 할 사항은 미리 군참모장에게 개진하여 승인을 받는 것으로 한다.

제14조 군법관부, 군경리부, 군군의부, 군수의부 부원은 해당 부장의 명령을 받아 각자 담임한 부무에 복무한다.

제15조 하사 판임문관은 상관의 명령을 받아 사무에 복무한다.

부칙

본령은 1906년 8월 15일부터 시행한다.

사료 14

한국주차헌병대 인마배치표(1909. 1)

자료명	韓国駐箚憲兵隊人馬配置表
생산자	韓國駐箚軍參謀長·韓國駐箚憲兵隊長 明石元二郎
생산시기	1909年 1月
소장기관	日本 防衛省 防衛研究所
문서정보	陸軍省-朝鮮事件-M42-1-80(アジア歴史資料センター C06031077600·C06031077700)

회령 (제1) 관구배치표

분견소 \ 구분	사관	준사관	하사	상등병	보조원	계	마필	적요
회령(會寧)	2		1	7	12	22	4	상기 인원 외 보조원 4명 별도 배속.
종성(鍾城)			1	5	8	14		상기 인원 외 보조원 2명 별도로 배속.
북창평(北倉坪)			1	3	8	12		
온성(穩城)			1	5	8	14	2	상기 인원 외 보조원 별도로 배속.
훈융진(訓戎鎭)			1	3	8	12		
경원(慶源)			1	3	8	12		
신건원(新乾源)			1	3	8	12		
경흥(慶興)			1	3	8	12	2	
웅기(雄氣)			1	4	8	13		
덕명역(德明驛)			1	3	8	12		

구분 분견소	사관	준사관	하사	상등병	보조원	계	마필	적요
행영(行營)			1	3	8	12		
고풍산(古豐山)			1	3	8	12		
무산(茂山)			1	5	8	14		
응동(鷹洞)			1	3	8	12		
충창평(中倉坪)			1	3	8	12		
연암(延岩)			1	4	10	15		
계	2	0	16	60	134	212	8	

청진(淸津) (제2) 관구배치표

구분 분견소	사관	준사관	하사	상등병	보조원	계	마필	적요
청진(淸津)		1	1	3	8	13	1	
부령(富寧)			1	3	8	12		
소교동(小橋洞)			1	3	8	12		
부거(富居)			1	3	8	12		
수성(輸城)			1	3	8	12		
계	0	1	5	15	40	61	1	

경성(鏡城) (제3) 관구배치표

구분 분견소	사관	준사관	하사	상등병	보조원	계	마필	적요
경성(鏡城)	1		1	5	13	20	3	
나남(羅南)			1	4	7	12		
수남(水南)			1	3	8	12		
명천(明川)			1	3	8	12		
오촌보(吾村堡)			1	3	8	12		
계	1	0	5	18	44	68	3	

성진(城津) (제4) 관구배치표

분견소 \ 구분	사관	준사관	하사	상등병	보조원	계	마필	적요
성진(城津)	1		1	4	8	14	1	
길주(吉州)			1	4	10	15		
임명(臨溟)			1	3	8	12		
고보(古堡)			1	3	8	12		
신복성(新福成)			1	3	8	12		
이동보(梨洞堡)			1	3	8	12		
관남리(舘南里)			1	3	8	12		
단천(端川)			1	6	16	23	4	
계	1	0	8	29	74	112	5	

갑산(甲山) (제5) 관구배치표

분견소 \ 구분	사관	준사관	하사	상등병	보조원	계	마필	적요
갑산(甲山)	1		1	7	16	25	4	
동점(銅店)			1	3	8	12		
석포(石浦)			1	3	8	12		
함정(含井)			1	4	10	15		
장경리(樟項里)			1	3	8	12		
혜산진(惠山鎭)			1	4	10	15	3	
보천보(普天堡)			1	3	8	12		
신갈파진(新乫坡鎭)			1	4	10	15		
차천리(遮川里)			1	3	8	12		
삼수(三水)			1	4	10	15	3	
중평장(仲坪場)			1	4	10	15	2	
원덕장(院德場)			1	3	8	12		
신풍리(新豊里)			1	3	10	14		
계	1	0	13	48	124	186	12	

* 본 관구에 정원 외로 당분간 상등병 3명, 보조원 8명을 두는 것이 가능함.

북청(北靑) (제6) 관구배치표

분견소 \ 구분	사관	준사관	하사	상등병	보조원	계	마필	적요
북청(北靑)	1		1	6	16	24	5	
이원(利原)			1	3	10	14		
신창(新昌)			1	3	10	14		
고성리(古城里)			1	4	10	15	2	
황수원(黃水院)			1	3	8	12		
후치령(厚峙岺)			1	3	8	12		
장흥리(獐興里)			1	3	8	12		
거산(居山)			1	3	8	12		
곡구령(谷口嶺)			1	3	8	12		
방촌(方村)			1	3	8	12		
신동령(新洞岺)			1	3	8	12		
평포(平浦)			1	3	8	12		
신포(新浦)			1	3	8	12		
계	1	0	13	43	118	175	7	

장진(長津) (제7) 관구배치표

분견소 \ 구분	사관	준사관	하사	상등병	보조원	계	마필	적요
장진(長津)	1		1	7	16	25	3	
몌물리(袂物里)			1	4	10	15	2	
강구(江口)			1	3	8	12		
산양(山羊)			1	3	8	12		
중강(仲江)			1	3	8	12		
하신원(下新院)			1	3	8	12		
덕실동(德實洞)			1	3	8	12		
삼포(三浦)			1	3	8	12		
계	1	0	8	29	74	112	5	

함흥(咸興) (제8) 관구배치표

구분 분견소	상장관	사관	준사관	하사	상등병	보조원	계	마필	적요
함흥(咸興) 분대	1	1	1	5	15	30	53	11	
하통리(下通里)				1	3	8	12		
홍원(洪原)				1	4	10	15		
임도원(林道元)				1	4	10	15		
서호진(西湖津)				1	4	8	13		
중령진(中嶺鎭)				1	3	8	12		
하갈우(下碣隅)				1	3	8	12		
정평(定平)				1	3	8	12		
초원(草原)				1	3	8	12		
계	1	1	1	13	42	98	156	11	

* 분대에 당분 정원 외로 하사 2명을 둠.
* 본 표 외의 분대에 주계(主計) 1명, 계수(計手) 2명을 둠.

원산(元山) (제9) 관구배치표

구분 분견소	사관	준사관	하사	상등병	보조원	계	마필	적요
원산(元山)	1		1	6	12	20	3	
안변(安邊)			1	3	10	14	3	
영흥(永興)			1	3	12	16	3	
수산동(秀山洞)			1	3	8	12		
고원(高原)			1	3	8	12		
문천(文川)			1	3	8	12		
신계점(新溪店)			1	3	8	12		
남산역(南山驛)			1	3	8	12		
고산역(高山驛)			1	3	8	12		
흡곡(歙谷)			1	3	8	12	3	
창평(倉坪)			1	6	14	21		
계	1	0	11	39	104	155	12	

후창(厚昌) (제10) 관구배치표

구분 분견소	사관	준사관	하사	상등병	보조원	계	마필	적요
후창(厚昌)	1		1	6	12	20		
후주고읍(厚州古邑)			1	4	10	15		
복흥리(富興里)			1	4	10	15		
화평리(和坪里)			1	3	8	12		
자성(慈城)			1	3	8	12		
중강진(中江鎭)			1	3	8	12		
복산동(富山洞)			1	3	8	12		
소회동(小會洞)			1	3	8	12		
구성동(旧城洞)			1	3	8	12		
토성리(土城里)				°3		3		상기 인원 외 보조원 6명 별도로 배속함.
계	1	0	9	32 °3	80	125		

* 본 관구에 정원 외로 당분간 상등병 5명(본표 °표시 3명 포함) 보조원 15명을 두는 것이 가능함.

강계(江界) (제11) 관구배치표

구분 분견소	사관	준사관	하사	상등병	보조원	계	마필	적요
강계(江界)	1		1	7	16	25	5	
초산(楚山)			1	4	10	15		
위원(渭原)			1	4	10	15		
어뢰방(漁雷坊)			1	4	10	15		
입석참(立石站)			1	4	10	15	2	
만포진(滿浦鎭)			1	4	10	15		
아득포(牙得浦)			1	4	10	15		
원평리(院坪里)			1	4	10	15		
계	1	0	8	35	86	130	7	

* 본 관구에 정원 외로 당분간 상등병 5명, 보조원 15명을 두는 것이 가능함(상등병은 당분간 배속하지 않음).

희천(熙川) (제12) 관구배치표

구분 분견소	사관	준사관	하사	상등병	보조원	계	마필	적요
희천(熙川)		1	1	4	10	16	3	
유원진(柔院鎭)			1	4	10	15		
백산참(白山站)			1	4	10	15		
상동(上洞)			1	3	8	12		
명문창(明文倉)			1	3	8	12		
행천리(杏川里)			1	3	8	12		
계	0	1	6	21	54	82	3	

영변(寧辺) (제13) 관구배치표

구분 분견소	사관	준사관	하사	상등병	보조원	계	마필	적요
영변(寧辺)	1		1	7	16	25	4	
신흥리(新興里)			1	4	10	15	2	
월림(月林)			1	3	8	12		
회목동(檜木洞)			1	3	8	12		
북진(北鎭)			1	3	8	12	2	
온정(溫井)			1	3	8	12	2	
계	1	0	6	23	58	88	10	

신의주(新義州) (제14) 관구배치표

구분 분견소	사관	준사관	하사	상등병	보조원	계	마필	적요
신의주(新義州)	1		1	3	8	13	2	
용암포(龍岩浦)			1	3	8	12		
정주(定州)			1	3	8	12		
선천(宣川)			1	3	8	12	2	
의주(義州)		1		4	10	15		
구성(龜城)			1	3	8	12		
곽산(郭山)			1	3	8	12	1	
청성진(淸城鎭)			1	3	8	12		
창성(昌城)			1	3	8	12		
신창(新倉)			1	3	8	12		
벽동(碧潼)			1	3	8	12		
계	1	1	10	34	90	136	5	

안주(安州) (제15) 관구배치표

구분 분견소	사관	준사관	하사	상등병	보조원	계	마필	적요
안주(安州)	1		1	6	12	20	3	
덕천(德川)			1	3	8	12		
개천(价川)			1	3	8	12		
은산(殷山)			1	3	8	12		
약수동(藥水洞)			1	3	8	12		
영원(寧遠)			1	3	8	12		
맹산(孟山)			1	3	8	12		
사둔(沙屯)			1	3	8	12		
북창(北倉)			1	3	8	12		
구창(舊倉)			1	3	8	12		
사창(社倉)			1	3	8	12		
계	1	0	11	36	92	140	3	

평양(平壤) (제16) 관구배치표

분견소 \ 구분	상장관	사관	준사관	하사	상등병	보조원	계	마필	적요
평양(平壤) 분대	1	1	1	4	12	24	43	8	
강동(江東)				1	3	8	12		
성천(成川)				1	3	8	12		
장림리(長林里)				1	3	8	12		
화창(化倉)				1	3	8	12		
오류동(五柳洞)				1	3	8	12		
양덕(陽德)				1	3	8	12		
삼등(三登)				1	3	8	12		
상원(祥原)				1	3	8	12		
중화(中和)				1	3	8	12		
강서(江西)				1	3	8	12		
계	1	1	1	14	42	104	163		

* 분대는 당분간 정원 외로 하사 2명을 둠.
* 본 표 외 분대에 군의 1명, 주계 1명, 계수 2명, 제철공장(蹄鐵工長) 1명.

수안(遂安) (제17) 관구배치표

분견소 \ 구분	사관	준사관	하사	상등병	보조원	계	마필	적요
수안(遂安)	1	1	6	12	20		3	
서흥(瑞興)			1	3	8	12		
신계(新溪)			1	5	10	16		
곡산(谷山)			1	3	8	12		
대수구(大水口)			1	3	8	12		
신□원(新□院)			1	3	8	12	2	
□암리(□岩里)			1	3	8	12		
신막(新幕)			1	3	8	12	2	
신당장(新塘場)			1	3	8	12		
능리(陵里)			1	4	10	15		
계	0	1	10	36	88	135	7	

재령(載寧) (제18) 관구배치표

구분 분견소	사관	준사관	하사	상등병	보조원	계	마필	적요
재령(載寧)	1		1	7	16	25	5	
사리원(沙里院)			1	4	10	15	2	
봉산(鳳山)			1	3	8	12		
황주(黃州)			1	4	10	15	2	
안악(安岳)			1	3	8	12		
문화(文化)			1	3	8	12		
신천(信川)			1	3	8	12		
학령(鶴嶺)			1	3	8	12		
신원(新院)			1	4	10	15	2	
계	1	0	9	34	86	130	11	

진남포(鎭南浦) (제19) 관구배치표

구분 분견소	사관	준사관	하사	상등병	보조원	계	마필	적요
진남포(鎭南浦)	1		1	3	8	13	1	
장연(長連)			1	3	8	12		
은율(殷栗)			1	3	8	12	2	
풍천(豊川)			1	4	10	15	2	
계	1	0	4	13	34	52	5	

고성(高城) (제20) 관구배치표

구분 분견소	사관	준사관	하사	상등병	보조원	계	마필	적요
통천(通川)	1		1	4	10	16		
고성(高城)			1	6	12	19	5	
인제(隣提)			1	4	10	15		
양양(襄陽)			1	4	10	15		
장전점(長箭店)			1	3	8	12		
북창(北倉)			1	4	8	13		
간성(杆城)			1	3	8	12		
마차진(麻次津)			1	3	8	12		
창암점(窓岩店)			1	3	8	12		
진동리(진동里)			1	3	8	12		
청량리(淸凉里)			1	3	8	12		
계	1	0	11	40	98	150	5	

철원(鉄原) (제21) 관구배치표

구분 분견소	사관	준사관	하사	상등병	보조원	계	마필	적요
금성(金城)			1	3	8	12	2	
평강(平康)			1	3	8	12	2	
철원(鉄原)	1		1	7	16	25	5	
금화(金化)			1	3	8	12	2	
회양(淮陽)			1	3	8	12	2	
회현(灰峴)			1	3	8	12	2	
통구현리(通口縣里)			1	3	8	12		
옥동(玉洞)			1	3	8	12		
지포(芝浦)			1	3	8	12	2	
이천(伊川)			1	3	8	12		
가려주(佳麗州)			1	3	8	12		
연천(漣川)			1	3	8	12		
영평(永平)			1	3	8	12		
계	1	0	13	43	112	169	17	

개성(開城) (제22) 관구배치표

구분 분견소	사관	준사관	하사	상등병	보조원	계	마필	적요
적성(積城)			1	3	8	12		
마전(麻田)			1	4	10	15	2	
개성(開城)	1		1	7	16	25	3	
구화장(九化場)			1	3	8	12	2	
풍덕(豐德)			1	3	8	12		
삭령(朔寧)			1	3	8	12		
장단(長湍)			1	3	8	12		
고랑진(高浪津)			1	3	8	12		
벽란도(碧瀾渡)			1	3	8	12		
문산포(汶山浦)			1	3	8	12	2	
교하(交河)			1	3	8	12		
계	1	0	11	38	98	148	9	

개성(開城) (제23) 관구배치표

구분 분견소	사관	준사관	하사	상등병	보조원	계	마필	적요
연안(延安)			1	3	8	12		
온정원(溫井院)			1	3	8	12	2	
백천동(白川洞)			1	3	8	12		
백천(白川)			1	3	8	12	2	
누천(漏川)			1	3	8	12		
금천(金川)			1	3	8	12	2	
평산(平山)		1	1	7	16	25	4	
양합리(兩合里)			1	3	8	12		
토산(兔山)			1	3	8	12		
시변리(市邊里)			1	3	8	12	2	
계	0	1	10	34	88	133	12	

해주(海州) (제24) 관구배치표

구분 분견소	사관	준사관	하사	상등병	보조원	계	마필	적요
해주(海州)	1		1	7	16	25	5	
대탄(大灘)			1	3	8	12		
옹진(甕津)			1	3	8	12		
마산(馬山)			1	3	8	12	2	
강령(康翎)			1	3	8	12	2	
용호도(龍湖島)			1	3	8	12		
장연(長淵)			1	3	8	12		
청단(靑丹)			1	3	8	12		
송화(松禾)			1	3	8	12		
탁영태(濯纓台)			1	4	10	15		
청석두(靑石頭)			1	3	8	12		
계	1	0	11	38	98	148	9	

* 본 관구에 정원 외로 당분간 보조원 10명을 두는 것이 가능함.

춘천(春川) (제25) 관구배치표

구분 분견소	사관	준사관	하사	상등병	보조원	계	마필	적요
춘천(春川)	1		1	7	16	25	5	
낭천(狼川)			1	3	8	12		
양구(楊口)			1	3	8	12		
추곡(崔谷)			1	3	8	12		
사방우(四方隅)			1	3	8	12		
홍천(洪川)			1	4	10	15		
양덕원(楊德院)			1	3	8	12		
계	1	0	7	26	66	100	5	

양주(楊州) (제26) 관구배치표

•은 파견소

분견소 \ 구분	사관	준사관	하사	상등병	보조원	계	마필	적요
양주(楊州)	1	1	7	16		25	4	
의정부(議政府)			1	3	8	12	3	
유산리(杻山里)			1	3	8	12	2	
포천(抱川)			1	3	8	12	2	
가평(加平)•			1	3	8	12	2	
주포(周浦)•				3	6	9		
마석우리(磨石隅里)•				3	6	9	2	
후평리(後坪里)			1	3	8	12		
퇴계원(退溪院)•		1		3	6	10		
계	0	2	6	31	74	113	15	

경성(京城) (제27) 관구배치표

•은 파견소

분대, 파견소 \ 구분	상장관	사관	준사관	하사	상등병	보조원	계	마필	적요
경성(京城) 분대	1	3	1	8	42	10	65	33	
필동(筆洞)				1	11	4	16	12	
미동(美洞)				1	6	3	10		
용산		1		1	6	3	11	3	
고안(高安)				1	3	8	12	2	
양근(楊根)				1	3	8	12	2	
독도(纛島)				1	3	8	12		
지평(砥平)				1	3	8	12		
고양(高揚)•				1	3	8	12	2	
구파발리(旧把撥里)•					3	6	9		
북한산(北漢山)•					3	6	9		
계	1	4	1	16	86	72	180	54	

* 정원 외로 분대에 하사 6명, 용산 분견소 상등병 2명을 배치함.
* 본 표의 외 분대에 주계 1명, 계수 3명을 배치함.

인천(仁川) (제28) 관구배치표

• 은 파견소

분대, 파견소 \ 구분	사관	준사관	하사	상등병	보조원	계	마필	적요
인천(仁川)	1		1	4	2	8	3	
김포(金浦)			1	3	8	12		
통진(通津)•				3	6	9		
강화도(江華島)			1	3	8	12	3	
교동(喬桐)•				2	5	7		
건평(乾坪)•				2	4	6		
계	1	0	3	17	33	54	6	

* 본 표 외 임시 정원 외로 보조원 강화도 분견소 5명, 교동 파견소 3명, 건평 파견소 2명을 배치함 [1908년 11월 한헌상갑(韓憲上甲) 제159호 명령분].

강릉(江陵) (제29) 관구배치표

분견소 \ 구분	사관	준사관	하사	상등병	보조원	계	마필	적요
강릉(江陵)	1		1	7	16	25	1	
진부(珍富)			1	3	8	12		
주문진(注文津)			1	3	8	12		
산성우(山城隅)			1	3	8	12		
임계(臨溪)			1	3	8	12		
정선(旌善)			1	3	8	12		
대화(大和)			1	3	8	12		
묵호(墨湖)			1	3	8	12		
평창(平昌)			1	3	8	12		
주천(酒泉)			1	3	8	12		
연평리(延平里)			1	3	8	12		
영월(寧越)			1	3	8	12		
계	1	0	12	40	104	157	1	

원주(原州) (제30) 관구배치표

구분 분견소	사관	준사관	하사	상등병	보조원	계	마필	적요
원주(原州)	1		1	4	10	16	1	
율실리(栗實里)			1	3	8	12		
안흥(安興)			1	3	8	12		
신림(神林)			1	3	8	12		
문막(文幕)			1	3	8	12		
횡성(橫城)			1	4	10	15		
계	1		6	20	52	79	1	

수원(水原) (제31) 관구배치표

구분 분견소	사관	준사관	하사	상등병	보조원	계	마필	적요
죽산(竹山)			1	3	8	12		상기 인원 외 보조원 3명 별도로 배속.
발안장(發安場)			1	3	8	12		
양성(陽城)			1	3	8	12		
장호원(長湖院)			1	3	8	12		
용인(龍仁)			1	3	8	12		
수원(水原)	1		1	7	16	25	3	상기 인원 외 보조원 3명 별도로 배속.
과천(果川)			1	3	8	12		
양지(陽智)			1	3	8	12		
여주(驪州)			1	3	8	12		
이천(利川)			1	3	8	12		
진위(振威)			1	3	8	12		
광주(廣州)			1	3	8	12		
음죽(陰竹)			1	3	8	12		
계	1		13	43	112	169	3	

* 본 관구 수원 분견소에 정원 외 상등병 2명을 배치함.

삼척(三陟) (제32) 관구배치표

구분 분견소	사관	준사관	하사	상등병	보조원	계	마필	적요
삼척(三陟)	1		1	4	10	16	1	
평해(平海)			1	3	8	12		
탕곡(湯谷)			1	5	12	18		
울진(蔚珍)			1	3	8	12		
임원진(臨院津)			1	3	8	12		
황지리(黃地里)			1	3	8	12		
신기(新基)			1	3	8	12		
서남리(西藍里)			1	3	8	12		
죽변동(竹邉洞)			1	3	8	12		
계	1		9	30	78	118	1	

충주(忠州) (제32) 관구배치표

구분 분견소	사관	준사관	하사	상등병	보조원	계	마필	적요
충주(忠州)		1	1	7	23	32		
제천(堤川)			1	4	10	15	3	
연풍(延豐)			1	3	8	12		
괴산(槐山)			1	3	8	12		
평동(平洞)			1	3	8	12		
영춘(永春)			1	3	8	12		
수안보(水安堡)			1	3	8	12		
음성(陰城)			1	3	8	12	2	
목계(牧溪)			1	2	8	11		
청풍(淸風)			1	3	8	12		
단양(丹陽)			1	3	8	12		
계		1	11	37	105	154	5	

청주(淸州) (제34) 관구배치표

구분 분견소	사관	준사관	하사	상등병	보조원	계	마필	적요
청주(淸州)	1		1	4	8	14	3	상기 인원 외 보조원 4명 별도 배속.
청안(淸安)			1	4	10	15	2	
영원(永院)			1	2	8	11		
보은(報恩)			1	3	8	12		
회인(懷仁)			1	3	8	12		
계	1		5	16	42	64	5	

천안(天安) (제35) 관구배치표 •은 파견소

구분 분대, 분·파견소	사관	준사관	하사	상등병	보조원	계	마필	적요
천안(天安) 분대	2	1	4	12	22	41	9	
성환(成歡)			1	2	6	9	2	
둔포(屯浦)			1	3	8	12	2	
아산(牙山)			1	3	8	12		
온천리(溫泉里)			1	2	8	11	2	
광혜원(廣惠院)			1	3	8	12	2	
진천(鎭川)			1	4	10	15	2	
병천(並川)			1	3	8	12	2	
전의(全義)			1	2	6	9	2	
소정리역(小井里駅)				1	4	5		
계	2	1	12	35	88	138	23	

* 본 표 외 분대에 주계 1명, 군의 1명, 수의 1명, 계수 2명, 간호장 1명, 제철공장(蹄鐵工長) 1명을 둠.

홍주(洪州) (제36) 관구배치표

•은 파견소

구분 분·파견소	사관	준사관	하사	상등병	보조원	계	마필	적요
남포(藍浦)			1	4	10	15		
보령(保寧)•				2	8	10		
태안(泰安)			1	3	8	12		
청양(靑陽)			1	3	8	12	2	
홍주(洪州)	1		1	7	16	25	4	
예산(礼山)			1	3	10	14	2	
면천(沔川)			1	3	8	12		
당진(唐津)			1	3	8	12		
서산(瑞山)			1	3	8	12		
계	1		8	31	84	124	8	

공주(公州) (제37) 관구배치표

구분 분견소	사관	준사관	하사	상등병	보조원	계	마필	적요
공주(公州)	1		1	7	16	25	4	
조치원(鳥致院)			1	3	8	12	2	
노성(魯城)			1	3	8	12	2	
은진(恩津)			1	7	16	24		
논산(論山)			1	3	10	14		
부여(扶餘)			1	3	8	12	2	
정산(定山)			1	3	8	12	2	
유구(維鳩)			1	3	8	12		
계	1		8	32	82	123	12	

대전(大田) (제38) 관구배치표

구분 분견소	사관	준사관	하사	상등병	보조원	계	마필	적요
대전(大田)	1		1	4	11	17	3	
무풍장(茂豊場)			1	3	8	12		
무주(茂朱)			1	3	8	12		
용담(龍潭)			1	3	8	12		
금산(錦山)			1	3	8	12		
진산(珍山)			1	3	8	12		
인천(仁川)			1	3	8	12		
연산(連山)			1	6	13	20	3	
진잠(鎭岑)			1	3	8	12	2	
계	1		9	31	80	121	8	

군산(群山) (제39) 관구배치표

구분 분견소	사관	준사관	하사	상등병	보조원	계	마필	적요
군산(群山)	1		1	3	8	13	1	
서천(舒川)			1	3	8	12		
홍산(鴻山)			1	3	8	12		
임천(林川)			1	3	8	12		
강경(江景)		1		3	8	12	2	
함열(咸悅)			1	3	8	12		
익산(益山)			1	3	8	12	2	
계	1	1	6	21	56	85	5	

전주(全州) (제40) 관구배치표

구분 분견소	사관	준사관	하사	상등병	보조원	계	마필	적요
전주(全州)	1		1	7	16	25	4	
남원(南原)			1	4	10	15		
태인(泰仁)			1	3	8	12	2	
김제(金堤)			1	3	8	12	2	
진안(鎭安)			1	4	10	15		
고산(高山)			1	3	8	12	2	
운봉(雲峰)			1	3	8	12		
순창(淳昌)			1	3	8	12		
임실(任實)			1	3	8	12		
장수(長水)			1	3	8	12		
고부(古阜)			1	3	8	12		
계	1		11	39	100	151	10	

청하(淸河) (제41) 관구배치표

구분 분견소	사관	준사관	하사	상등병	보조원	계	마필	적요
청하(淸河)		1	1	7	16	25	2	
흥해(興海)			1	4	10	15		
영덕(盈德)			1	3	8	12	2	
영해(寧海)			1	3	8	12	2	
영양(英陽)			1	4	8	13		
진보(眞寶)			1	3	8	12		
청송(靑松)			1	3	8	12		
계		1	7	27	66	101	6	

* 본 관구 정원 외로 당분간 상등병 4명, 보조원 15명을 배치할 수 있음(상등병은 당분간 배속하지 않음).

안동(安東) (제42) 관구배치표

구분 분견소	사관	준사관	하사	상등병	보조원	계	마필	적요
안동(安東)	1		1	4	10	16	3	
예안(礼安)			1	4	10	15		
봉화(奉化)			1	3	8	12		
내성(乃城)			1	3	8	12		
순흥(順興)			1	3	8	12		
영천(栄川)			1	4	10	15		
풍기(豊基)			1	3	8	12		
예천(醴泉)			1	3	8	12		
계	1		8	27	70	106	3	

상주(尙州) (제43) 관구배치표

구분 분견소	사관	준사관	하사	상등병	보조원	계	마필	적요
상주(尙州)	1		1	7	16	25	3	
문경(聞慶)			1	4	10	15		
함창(咸昌)			1	3	8	12		
화령장(化寧場)			1	3	8	12		
낙동(洛東)			1	3	8	12		
선산(善山)			1	3	8	12		
옥산(玉山)			1	3	8	12		
계	1		7	26	66	100	3	

경주(慶州) (제44) 관구배치표

구분 분견소	사관	준사관	하사	상등병	보조원	계	마필	적요
경주(慶州)	1		1	4	10	16	1	
영천(永川)			1	3	8	12		
자천(慈川)			1	3	8	12		
포항(浦項)			1	3	8	12		
영일(迎日)			1	3	8	12		
계	1		5	16	42	64	1	

대구(大邱) (제45) 관구배치표

구분 분대, 파견소	사관	준사관	하사	상등병	보조원	계	마필	적요
대구(大邱) 분대	2	1	3	7	16	29	5	
의성(義城)			1	4	10	15	2	
신녕(新寧)			1	4	10	15	2	
군위(軍威)			1	3	8	12		
자인(慈仁)			1	3	8	12		
김천(金泉)			1	3	8	12	2	
성주(星州)			1	3	8	12		
왜관(倭舘)			1	3	8	12		
지례(知禮)			1	3	8	12		
의흥(義興)			1	3	8	12		
계	2	1	12	36	92	143	11	

* 본 표 외의 분대에 주계 1명, 계수 2명을 배치함.

부산(釜山) (제46) 관구배치표

분견소 \ 구분	사관	준사관	하사	상등병	보조원	계	마필	적요
부산(釜山)	1		1	6	16	24	4	
울산(蔚山)			1	3	8	12	2	
동래(東萊)			1	4	10	15	2	
김해(金海)			1	3	8	12	2	
통영(統營)			1	3	8	12		
언양(彦陽)			1	3	8	12		
삼랑진(三浪津)			1	3	8	12		
밀양(密陽)			1	3	8	12		
고성(固城)			1	3	2	6		상기 인원 외 보조원 6명을 별도로 배속함.
계	1		9	31	76	117 123	10	

진주(晋州) (제47) 관구배치표

분견소 \ 구분	사관	준사관	하사	상등병	보조원	계	마필	적요
거창(居昌)			1	4	10	15		
합천(陜川)			1	4	10	15		
곤양(昆陽)			1	4	10	15		
진주(晋州)	1		1	7	16	25	4	
치호(治櫨)			1	3	8	12		
안의(安義)			1	3	8	12		
산청(山淸)			1	3	8	12		
삼가(三嘉)			1	3	8	12		
단성(丹城)			1	3	8	12		
하동(河東)			1	3	8	12		
사천(泗川)			1	3	8	12		
계	1		11	40	102	154	4	

광주(光州) (제48) 관구배치표

구분 분견소	사관	준사관	하사	상등병	보조원	계	마필	적요
광주(光州)	1		1	7	16	25	3	
동복(同福)			1	3	8	12	2	
장성(長城)			1	4	10	12	2	
천원역(川原驛)			1	4	10	15	2	
곡성(谷城)			1	3	8	12		
옥과(玉果)			1	3	8	12		
담양(潭陽)			1	3	8	12		
창평(昌平)			1	3	8	12		
계	1		8	30	76	112	9	

* 본 관구에 정원 외로 당분간 상등병 10명, 보조원 7명을 배치할 수 있음. 단 이 정원 외 상등병은 필요에 따라 다른 곳으로 전근될 수 있음.

영산포(榮山浦) (제49) 관구배치표

구분 분대, 분견소	사관	준사관	하사	상등병	보조원	계	마필	적요
영산포(榮山浦) 분대	2		3	7	24	36	7	
남평(南平)			1	3	8	12	2	
나주(羅州)			1	3	8	12	2	
능주(綾州)			1	3	8	12	2	
광천점(廣川店)			1	3	8	12		
고막원(古幕院)			1	3	8	12		
계	2		8	22	64	96	13	

* 본 관구에 정원 외로서 당분간 상등병 12명, 보조원 2명을 배치할 수 있음. 단, 이 정원 외 상등병은 필요에 따라 다른 곳으로 전근될 수 있음.
* 본 표 외 영산포 분대에 주계 1명, 계수 2명을 배치함.

목포(木浦) (제50) 관구배치표

• 은 파견소

구분 분견소	사관	준사관	하사	상등병	보조원	계	마필	적요
목포(木浦)	1		1	4	10	16	3	
영광(靈光)			1	4	10	15	2	
법성포(法聖浦)•				3	8	11		
고창(高敞)			1	3	8	12		
무장(茂長)			1	3	8	12		
함평(咸平)			1	4	10	15	2	
계	1		5	21	54	81	7	

강진(康津) (제51) 관구배치표

구분 분견소	사관	준사관	하사	상등병	보조원	계	마필	적요
강진(康津)	1		1	7	16	25	3	
순천(順天)			1	4	10	15		
낙안(樂安)			1	4	8	13	2	
보성(寶城)			1	4	8	13	2	
영암(靈巖)			1	4	8	13		
장흥(長興)			1	3	8	12		
광양(光陽)			1	3	8	12		
조성원(鳥城院)			1	3	8	12		
무교포(茂橋浦)				3	8	11		
해남(海南)			1	3	8	12		
구례(求禮)			1	3	8	12		
계	1		10	41	98	150	7	

* 본 관구에 정원 외로 당분간 상등병 1명을 배치할 수 있음. 단, 상등병은 필요에 따라 다른 곳으로 전근될 수 있음.

제4장

한국주차군의 군사 활동 보고

사료 15

제13사단 1907년 8월
한국주차군대 보고의 건(1907. 9)

자료명	第13師団 40年 8月韓国駐箚軍隊報告の件
생산자	
생산시기	1907年 9月
소장기관	日本 防衛省 防衛研究所
문서정보	陸軍省 - 密大日記 - M40 - 5 - 12(C03022888000)

1907년 9월 20일

제13사단사령부

육군성

별책 8월분 한국주차군대 보고 및 진달(進達)함.

1907년 8월분

한국주차군대 보고

제13사단 사령부

보병 제49연대[경성(鏡城), 회령 주둔] 8월 군대 보고

1. 군대 근무

1) 수비대의 특이 동향: 특이 동향 없음.

2) 부대의 특별한 목적을 가진 행동: 특기할 만한 건 없음.

3) 경비상 취해야 할 조치: 한국 황제 양위 사변에 관해 각 수비대 모두 위병(衛兵)을 배가하고 순찰을 빈번히 하며 화물 호위병 등에게 실제 총포를 휴대하고 다니게 할 것.

2. 위생

이번 달 새 환자 총 숫자(제2대대 제외) 49명이며, 평균 1일 현재 환자 36.39명, 그 총 인원에 대한 천분 비례는 43.90이다. 이를 지난달과 비교하면 현저한 증가를 보이며, 5월 이래 최다치로 올라간 것이며, 또한 제2대대는 이번 달 새 환자 총 숫자 37명으로서 지난달에 비해 현저히 증가했다.

질병의 주된 종류는 급성 위장 카타르(catarre), 말라리아 급성 기관지 카타르이다. 경성(鏡城), 회령에서 먼저 발생했고, 장티푸스는 이후 새롭게 발생한 것은 보이지 않는다. 천진에서는 해당 환자가 발생했지만 경과가 양호하여 만연될 우려는 없다.

위장병 및 호흡기 질환의 원인은 야간 기온이 갑자기 떨어지거나 근무 노동이 혹독한 데서 기인할 것이다.

말라리아에 관해서는 아직 그 매개자인 아노펠레스(Anopheles)를 보지 못했다.

각 수비지 모두 청결법을 열심히 시행한 결과 크게 성과를 보았으며, 민중들에게도 역시 열심히 청결법을 실시하고 있다. 청진 민중들 사이에 말라리아 환자 1~2명이 발생했으므로 산책 구역을 한정했다.

모지(門司)에서 콜레라의 침입을 방지하기 위하여 주차군 군의부장의 명(命)에 의해 경성 주차 위수병원, 경성 분원에서 군용선이 입항할 때마다 군의를 파견하여 군인 및 군속의 건강진단을 시행하고 있다. 지방관에게도 역시 편의상 군의에게 촉탁하여 지방인의 건강진단을 시행하게 했다.

하사 이하에 대해서는 식기의 청결, 뒷간의 청소를 격려하여 여름철에 위생 및 콜레라 예방법 등의 강연을 계속 실시하고 있다. 또한 위생위원은 종종 숙영지를 순시하여 나쁜 병이 발생하지 않도록 예의 주시하며 계속 예방하고 있다.

3. 경리

1) 양식과 말먹이 사항: 특기할 만한 건 없음.

2) 피복 사항: 특기할 만한 건 없음.

3) 금전 사항: 동(銅)의 가격이 매우 하락하는데도 엽전의 비율은 여전히 200%를 지속하고 있어 민중들의 물자 구매에 대해서는 지난달 보고와 마찬가지로 불리한 상황이다.

4) 영선(營繕) 사항: 지난달 보고 외에 특기할 만한 건 없음.

4. 주차 지방의 현황

1) 기후 및 교통로: 기후는 이번 달에 이르러 기온이 상승하여 경성(鏡城) 부근에서는 최고 섭씨 37.0, 최저 20.0, 평균 25.06을 나타내었으며, 무산(茂山) 부근에서는 최고 35.0, 최저 16.0을 나타내었다. 맑은 날은 약 보름가량에 달했지만 하순에는 비가 자주 내려서 아침저녁 기온이 매우 내려갔다.

교통로는 8월 하순에 비가 자주 내렸기 때문에 곳곳에 자잘한 파손이 있었지만 현재 수리를 마쳐 양호한 상태로 복구되었다.

2) 지방의 정황: 한국의 시국에 대한 한국 관민의 태도는 각지 모두 평온하다.

① 경성 부근

황제의 양위, 시위대(侍衛隊)의 폭동 등의 사건은 처음에는 관헌 등만이 겨우 그 대요를 알고 다만 기이한 느낌으로 그것을 받아들였던 듯하지만 그 후 신협약의 대요 및 남부의 이동(異動)은 중류 이상의 한국민이 대체로 이를 들어 알게 되었다. 때때로 비밀모임 등으로 국사를 논한다고 하는 풍설도 있지만 지금까지는 사실을 확인하지 못했다.

지난 8월 27일 관찰사는 새로운 황제 즉위식 축하회를 개최하여 학교 생도 또한 군가를 연주하여 만세를 삼창했으나 인민은 조용히 국기를 집 꼭대기에 게양했을 뿐이다.

일반적으로 관민 모두 그 업무에 복무하기를 평상시와 같이 하고 칠반동(七班洞), 수남(水南) 부근에서는 농민들이 아무것도 듣지 못한 듯 그 상태가 평소와 다르지 않았다.

② 청진 부근

현재 민가를 철거하기 위하여 다른 것을 돌아볼 여유도 없이 조용히 주의해야 할 상황이다[관용으로 매수한 토지의 민호(民號)를 말한다].

③ 부거(富居) 부근

수비대가 없기 때문에 상세한 정황을 알 수가 없으나 여행자 및 정찰자의 말에 따르면, 생업에 종사하여 평소와 변함 없다고 한다.

④ 수성(輸城) 부근

처음에 사변을 아는 자는 적었고 현재는 일반 인민이 이를 알게 되었지만 비분강개하는 기색은 보이지 않는다.

⑤ 부령(富寧) 부근

수성 부근과 마찬가지로 인민을 사역시킬 때도 그 반응이 평소와 같아 아무런 이상을 발견하지 못함.

이곳 군수는 종래 약간 일본 배척 사상을 품고 있는 느낌이 있었으나 이번에 사표를 제출하고 경성을 향하여 떠났다. 그러나 이번 사변에 관여했는지

여부는 불명확하다. 그가 밝힌 바로는 가정 정리와 요양 때문이라고 한다.

⑥ 무산(茂山) 부근

일반적인 상태는 각 수비지와 마찬가지.

8월 상순 일진회원 3명이 무산에서 수구적 상태를 씻어내고 속히 문명 진화를 촉진하자는 연설을 했으나, 관리의 비행을 적발했기 때문에 오히려 자신의 비행을 면책당하여 즉시 무산을 떠났다.

신협약에 관한 인민의 의향은 일본인의 진입을 우려하거나 모든 것을 공평히 할 것이 예기되는 등 일정하지 않음.

⑦ 회령 부근

현재 일반적으로 사변과 협약은 상세히 알려졌다. 그렇지만 이 때문에 비분강개하여 어떤 일을 꾀할 지사나 유생은 보이지 않는다. 8월 27일 경성과 마찬가지로 즉위식 축하회를 개최하여 부민(府民)은 국기를 집에 게양하고 환호했으며, 학교 생도는 대를 만들어 국가를 연주하며 부중을 돌았다.

북청 진위대대에서 분견되어야 할 행영(行營) 진위대(鎭衛隊)의 설치는 드디어 편성되려 했는데 해산되는 상황을 맞이해 9월 1일로 하사 이하 전부가 해산을 완료했다. 이에 관해서도 역시 평온하며, 장래에도 일을 일으킬 듯한 형세를 발견하기 어렵다. 일진회원도 역시 특별한 행동을 기도하지는 않는다. 요컨대 보통 상식의 판단을 가진 식자는 내심 어느 정도의 불만이 있는 것이 사실이다. 그러나 수비대의 위엄을 두려워하여 사실을 말하지 못하는 듯 기력이 없다. 그래서 일반 인민은 개인주의의 결과 단지 생업에 충실하여 국가는 어떻게 되든지 상관없는 듯하다.

⑧ 소요 이변

이상과 같이 이후 두어 차례의 선동이 있었지만 그것에 부응하는 일을 꺼려하는 듯 이상은 없다.

위와 같이 보고합니다.

1907년 8월 31일

보병 제49연대장 오타 아키라(太田朗)

1907년 8월 군대 보고 보병 제50연대(북청 주둔)

1. 군대 근무

8월 1일 후지이 중위 이하 15명을 영흥으로 증파함.

8월 6일 제4중대를 광자동(光自洞) 동막동(東幕洞) 부근(원산 서남쪽 약 3리)로 행군시켰으며 그 부근 일대는 평온하다.

같은 날 제9중대를 문평리(文坪里) 및 영등(永登) 부근(원산 북쪽 약 3리)로 행군시켰다. 전 항과 마찬가지로 평온하다.

8월 7일 제1중대를 홍원군(洪原郡) 홍원으로 행군시켰다. 10일 해당 중대는 북청으로 귀대했다. 홍원 지방은 일반적으로 평온했다.

8월 8일 제5중대를 이원군(利原郡) 이원(利原)으로 행군시켰다. 11일 해당 중대는 북청으로 귀대했다. 이원 지방은 일반적으로 평온하다.

8월 11일 군사령관에게서 다음 요지의 전보 명령이 있었다.

1. 강릉(강원도 동해안) 부근 폭도가 일어나 우편 체송인(遞送人)을 살해하여 형세가 불온하다.
2. 귀관은 원산 수비대에서 급히 1중대를 파견하여 강릉 부근의 폭도를 진압하도록 한다.
3. 해당 중대는 원산에서 선박 수송으로 강릉 부근 적당한 지역에 상륙하도록 한다. 그 수송에 관해서는 원산 운수부와 교섭하거나 다카노(高野) 소좌에게

가쓰라기(葛城) 함장과 협의하도록 한다. 가능하면 그 함대에 태우도록 한다. (중략) 상륙 후의 여러 보고는 직접 제출하도록 한다.

5. 다카노 소좌에게는 각종 준비를 하도록 통보하여 둔다.

위와 같은 명령에 바탕을 두고 전보로 원산에 주재하는 다카노 소좌에게 명령을 내렸다. 이보다 앞서 다카노 소좌는 사단 명령을 수령하여 제11중대를 가쓰라기로 편승시켜 12일 강릉을 향하여 출발시킨다. 해당 중대는 13일 오전 9시 해군 육전대와 더불어 남대천 하구에 상륙하여 강릉을 점령한다.

19일 원산에 주재하는 다카노 소좌에게서 다음 전보 보고를 수령함.

19일 군 사령관 명령의 요지. 적은 15일경부터 점차 남쪽으로 이동하여 영월, 제천 방면에 현재 있는 듯함. 시모바야시(下林) 대대는 16일 평창 도착 다나카(田中) 중대와 연락했다. 아다치(安達) 지대는 20일 충주로 도착할 터이다. 안동에 있는 보병 제14연대의 니시오카(西岡) 중대는 주력은 영주로, 일부는 봉화에서 삼척으로 통하는 도로상의 고직령(古直嶺) 부근으로 파견할 터이다. 원산 수비대에서 1중대를 삼척 부근으로 상륙시켜 정선 부근으로 파견하라는 위 명령에 따라 20일 우쓰에(宇津江) 중대에 기관총 2대를 붙여 파견할 터이다.

20일 제4중대인 우쓰에 중대는 센카이호(扇海丸)로 출범하여 21일 오후 5시에 상륙하고 6시 30분 삼척을 점령했다.

8월 31일 원산 수비대에서 와키타(脇田) 소위 이하 32명, 오자와(小澤) 군의를 붙여 장전(長箭)을 향해 출범하도록 전보 보고를 받았다.

2. 위생

이번 달 사이 총 환자수는 48명. 그중 기존 환자 6명, 새 환자 42명이며 그

중에서 치유가 된 자는 38명, 사망 1명, 나머지는 후유증으로 처리한다.

새 환자 중에서 약간 다수를 점하는 것은 위장병 및 말라리아 환자로서 전자는 18명, 후자는 7명이다. 위장병은 주로 보충원으로서 많다고는 해도 점차 기후 풍토에 익숙해지면 개인 위생심의 발달에 전력을 기울인 결과 지난달에 비해 우수하여 반으로 경감되기에 이르렀다. 말라리아 환자의 발생에 관해서는 속히 격리법을 시행하고, 모기장을 이용하여 모기를 피하고 이는 박멸하여 새로운 병균이 퍼지는 것을 방지한다. 사망 1명은 제5중대 군조 나가타 신이치로(永田晋一郎). 거산(居山) 방면 파견 보초장으로서 출장 중인 이번 달 6일에 병증이 위독하다는 급보를 접하고 즉시 군의를 급히 보냈다. 병증은 급성 뇌출혈로서 군의가 그 초소에 도착하자 즉시 응급처치를 시행했지만 이미 중태에 빠져 여러 치료가 효과를 거두지 못하고 불행한 결과가 되었다.

이번 달 사이에 전염병 및 유행병은 없다.

3. 경리

현지 조달품의 상황. 양식·격납 보관 상황은 취찬(炊爨) 및 영선(營繕) 사항 모두 지난달 보고와 같다.

4. 주차 지방의 현황

8월 1일 북청 진위대에 있는 탄약을 모두 거둬들여 북청 연대 본부 외곽 내 창고에 격납한 탄약 숫자는 다음과 같다.

1) 글라 총탄: 15,150발

2) 반 모젤 총탄: 15,373발

3) 완 모젤 총탄: 20,180발

4) 헤론 총탄: 7,432발

합계: 62,135발

8월 26일 함흥 주재 진위대(鎭衛隊)는 무사히 해산을 마쳤다.

지난달 군대 보고로 보고한 것처럼, 이원군이 군수는 정무를 보지 않고 인민은 문을 닫고 업무를 중지했다는 보고를 받았으므로, 군수를 북청으로 초치하여 훈유(訓諭)를 주어 해당 군수를 군으로 돌려보낸 후 일반에게 유고(諭告)하여 그 후 평상대로 생업에 종사하게 되었다.

홍원 군수는 8월 11일자로 북청으로 초치하여 시국에 관한 방침을 유시(諭示)하고 군민 일반을 안심시켜 직업에 종사하도록 훈시했다.

위와 같이 보고합니다.
1907년 9월 5일
보병 제50연대장 야마모토 노부미(山本延身)

보병 제51연대(경성 주둔) 8월 군대 보고

1. 군대 근무
1) 각지 파견 수비대
지난달 보고와 같으나 단지 춘천, 충주는 5)항에 기재한 바와 같이 증가했음.
2) 경성사변과 관련하여 특별히 설치한 수비대 및 위수위병
① 포덕문(布德門) 수비대는 8월 16일부터 1중대로 복무함.
② 소광교(小廣橋) 위병은 8월 7일부터 철거함.
③ 서대문 위병 하사 이하 10명.
④ 조의문(照義門) 위병 하사 이하 10명.

⑤ 남대문 위병 하사 이하 6명.

⑥ 남대문 정거장 위병 하사 이하 6명.

⑦ 공병(控兵. 군 사령부 안에 남겨야 함)은 8월 15일부터 철거함.

3) 상설 위수 위병

지난달 보고대로. 단, 총영관 위병은 8월 11일부터 일시 철거한다.

4) 우편 호위병

지난달 보고와 같음.

5) 부하 군대의 이동 및 배치

① 8월 16일 아시자와(蘆澤) 대위가 이끄는 2개 소대(제9중대 예하)는 시모바야시 대대에 수송해야 할 양식 호위를 맡아 경성을 출발하여 이천을 거쳐 19일 충주에 도착하여 그 목적을 달성했다. 이후 충주 부근의 수비를 맡았다.

② 8월 18일 제천 방면 폭도 토벌을 위하여 제2대대[본부와 제5중대(1소대 결), 제7중대의 1소대 및 제8중대] 기관총 4문은 아다치 지대에 편입되어 경성을 출발하여 조치원, 청주를 거쳐 21일 충주에 도착했다. 이후 해당 방면 토벌에 종사함.

③ 8월 18일 하카자와(墳澤) 대위가 이끄는 1소대(제2중대 안)는 춘천 수비대를 증가시켜 홍천 부근에 진출할 목적으로 경성을 출발하여 청평천(淸平川)을 거쳐 20일 춘천에 도착. 이후 해당 지역 부근의 수비를 담당.

④ 8월 23일 충주를 출발하여 경성으로 귀환해야 할 하사 이하 8명은 이포 부근에서 폭도의 습격을 받아 1명이 전사했지만, 나머지는 결국 위험을 모면하고 27일 경성으로 귀환했다.

⑤ 8월 28일 나카무라 소위가 이끄는 1소대(제11중대)는 경성과 충주 사이의 전선 수리 호위 겸 지방 폭도 토벌을 위하여 경성을 출발하여 30일 이천에 도착하여 이후 임무를 수행 중.

⑥ 경성과 춘천 사이의 전신선 수리의 호위로서 이와모토(岩本) 소위가 이끄는 반 소대(하사 이하 20명)는 8월 30일 경성을 출발했다.

2. **위생**

1) 대대 병사의 건강도는 이번 달 중 각지에서 분견 증가 및 토벌대를 파견하여 그 후 어떠한 통보도 없기에 자세하지 않으므로 여기에 경성에서(제3대대 제외) 발생한 신구(新舊) 환자에 관해 말하자면, 그 총 숫자는 140명. 그중 구 환자 42명, 신 환자 98명. 총 치료일 수 1,018일. 1일 평균 현재 환자 38.84명. 매 1,000명마다 평균 1일 현재 환자 39.98명의 비율이다.

이번 달 발생한 새로운 환자를 병 종류로 구별하자면, 전신병 65명, 호흡기병 5명, 영양기병 13명, 화류병 4명, 외피병 3명, 외상 6명, 눈병 1명, 신경계통병 1명. 합계 98명이며 지난달과 비교하면 약간 감소했지만 전신병 65명 가운데 말라리아 58명으로 많은 것을 계산하면 이번 폭도사건에 관하여 곳곳에서 위병 및 경계를 맡기고 방역이 뜻대로 되지 못한 것에 의함.

2) 지방 전염병의 경황

지역민 및 일본 거류민 사이에서는 이미 보도된 바와 같이 설사, 장티푸스, 천연두 등 여러 병은 산재성으로 유행하여 4시에 거의 그 흔적을 없앴으나 특히 현재 많이 발생하고 있는 것을 조사하고 있다.

지역민 및 일본인 사이에서는 현재 말라리아, 장티푸스, 설사, 감위 위장병 등.

3) 방역은 이미 보고된 바와 같이 확실히 시행하고 있다.

4) 날씨가 맑은 날 22일, 흐린 날 4일, 비온 날 5일이고, 기온은 최고 섭씨 34도, 최저 18도이며, 풍향은 주로 서풍이다. 풍력은 미풍이 가장 많으며 연풍이 그다음이다.

3. 경리

1) 폭도 소요 이래 경비 또는 행동 때문에 출발, 혹은 화물의 수송, 전선 수리 등을 위하여 파견된 부대가 빈번하여 경리 사무는 가장 복잡하다. 즉, 양식 경리에 관해서 말하자면, 위임 경리에 속하는 것이 있고, 전시급여에 속하는 것이 있다. 여비를 지급하는 것도 있고, 야식을 지급하는 것과 아닌 것이 있다. 또한 금전 경리에 관해 말하자면, 부대가 출발할 때마다 도중에 필요한 것을 제공하기 때문에 분임관을 설치하여 현금을 교부함과 동시에 급여 방법과 각종 증명서 작성법을 자세히 지도하지 않으면 안 된다.

2) 피복 경리는 그 정도 및 정리 모두 점차 양호하게 되어가므로 토벌부대에 속하는 자는 근무의 번잡스러움과 보수 재료 등의 추송 곤란에 따라 파탄 손폐가 발생하는 보고를 접한다.

3) 군 매점에 대한 공급은 분견대가 필요로 하는 분량은 사무 이래 교통의 곤란과 운반의 결여로 적당한 시기에 보급하지 못한다.

4. 주차 지방의 현황

1) 7월 31일 밤 빈발하는 병사 해산의 조칙(詔勅)은 8월 1일 오전 8시경 각 한국 군대(재 경성)에 전달되어 9시부터 훈련원 연병장에서 해대식(解隊式)은 점차적으로 행했으나 오로지 시위(侍衛) 보병 제1·2연대의 각 제1대대는 칙을 받들지 않고 불온한 상황을 만들었다. 마침내 무기를 들고 폭동을 감행하여 우리 군대 관민을 사격하여 폭거에 나섰다. 여기서 우리 제3대대는 진압의 명을 받들어 즉시 오전 9시 30분에 공격을 개시하여 11시 40분에 확실하게 점령하고 계속하여 대 수색대를 파견하여 잔병 추격을 맡아 완전히 진압의 목적을 달성했다.

이 전투에서 우리 전사 장교 1명, 이하 2명, 부상 후 사망 1명, 부상 장교 이하 19명. 이후 경성은 시간이 지나면서 평온해졌다. 현재는 특히 기록할 만한 것이 없지만 지방에서는 날마다 불온한 상황이 일어났다. 충청 수비대장 니노미야(二宮) 소위는 8월 5일 정찰을 목적으로 부하 30명을 이끌고 원주 방면에 도착했는데, 원주 진위대의 한국 병사 약 250명이 폭도와 합쳐 우리 관민을 습격했다. 이에 정찰대는 약 2시간 교전한 후 관민을 수용하고 이튿날인 6일 충주로 돌아갔다. 이래로 폭도는 곳곳에서 봉기하여 폭거가 끊이지 않았는데 원주·제천·청풍 방면의 토벌대를 파견했다. 8월 23일 폭도 약 200명은 청풍 및 제천 방면에서 충주로 습격해와서 그곳 수비대는 교전 6시간 후 그들을 격퇴했다. 이 전투에서 경상자 졸 1명을 냈다.

위와 같이 보고함
1907년 9월 5일 보병 제51연대 요코야마(橫山)

1907년 8월 말일 조 군대 보고 보병 제52연대(평양 주둔)

1. 군대 근무

1) 부하 군대 배치의 이동

① 8월 18일: 제2중대 경성을 출발하여 21일 충주에 진출. 제천 부근에서 폭도 진압에 종사하고 23일 1명의 경상자를 냄.

② 8월 19일: 제6중대의 1소대 초산(楚山) 분견대 교대를 위해 의주를 출발하여 26일 초산에 도착했다. 27일 교대 종료 전 분견대는 27일 초산을 출발하여 30일 의주로 귀환했다.

③ 8월 22일: 제9중대 폭도 진압을 위하여 경성을 출발하여 23일 양근(楊根)에 도착했다. 24일 양근과 광탄(廣灘) 사이에서 폭도를 공격하여 그중 50명

을 사상시켰다. 27일 산지동(山地洞) 부근에서 폭도 약 400명을 포위 공격하여 그들을 격퇴하여 흩어지게 하고 그중 100명을 죽이거나 부상 입혔다.

④ 8월 28일: 제1중대는 제9중대로 연락하기 위하여 경성을 출발하여 고안(高安) 부근에 이르러 그 목적을 달성하고 양식을 제9중대에 송부하고 그 1소대를 고안에 남기고 나머지는 30일 귀대했다(1소대의 고안 수비는 1주간의 예정).

⑤ 8월 29일: 제5중대(1소대 제외)는 황주(黃州)에 분견하고 보병 제47연대에서 파견한 해당 지역 수비대와 교대했다.

⑥ 8월 29일: 제3중대의 1소대는 정주(定州)로 분견하여 보병 제47연대에서 그곳으로 분견한 수비대와 교대했다.

⑦ 8월 30일: 제5중대의 1소대는 진남포로 분견하고 보병 제47연대에서 파견된 그곳 수비대와 교대했다.

⑧ 8월 중에 군대의 이동은 이상과 같은 상태이므로 평시 교육 대부분을 실시하기 어렵다.

2. 위생

1) 병사 건강 상태

이번 달 총 환자 수는 81명이며, 지난달에 비하여 증가한 것은 지방 소요 때문에 전염병이 산발하여 각지에서 경계 근무 및 혹독한 근무에 종사한 결과일 것이다.

특기할 만한 환자는 다음과 같다.

경성 파견 대대에서는 장티푸스 환자 1명, 말라리아 4명

평양 주둔대 말라리아 14명

신의주 주군대 각기병 6명

의주 주둔대 이질 2명

2) 병영과 병사(兵舍)의 상황

경성 파견 대대는 제13사단 사령부 구내를 응용(應用)하여 숙영한다. 숙사 안팎 모두 청결하게 하고 비교적 넓게 사용하여 1인이 약 다다미 한 장 면적을 차지하며, 환기와 채광은 약간 불량한 느낌이다.

정주·광주는 제15사단 귀환과 더불어 수비대를 철거한 결과, 병사를 응용한 여러 건축물이 황폐하므로 현재 상태로서는 겨울을 지내기에 적당하지 않다. 따라서 조사 종료를 기다려 보고하고자 한다.

3. 경리

특별히 기록할 만한 일 없음.

위와 같이 보고합니다.
1907년 9월 4일
보병 제52연대장 가토(加藤)
제4항 추가 보고가 되어야 한다.

8월 군대 보고 기병 제17연대(함흥 주둔, 제3중대 제외)

1. 군대 근무

당 연대 근무의 상황은 전 보고와 마찬가지로 지금은 초년병 제2기 교육을 마치고 일반 근무에 복무하고 있으므로 번간(繁簡)에 의한다.

이번 달 12일부터 23일까지 서호진(西湖津) 동남쪽 약 1,500m 작도(作島)

에 출장하여 수마(水馬) 연습[1] 및 야외 연습을 시행했으므로 군대 근무 교육 등의 실시에서 응용적 동작을 실습할 수 있었다.

2. 위생

1) 병사 건강 상태

이번 달 새 환자는 총계 15명으로서 지난달과 비교하면 4명이 증가했다. 그러나 전염병은 1명도 없고 각기병도 완전히 그 흔적이 없어졌다. 말라리아는 5명 발생했지만 다수는 구 환자가 재발한 것이므로 점차 소멸하는 경향이다. 위장병 또한 매우 적다. 다만, 좌골 신경통, 늑골 골양(骨瘍) 의심 등과 같은 복잡한 환자가 산발적으로 나타난다. 더욱이 근시 때문에 내지로 후송된 사람도 1명 있다. 또한 이번 달 병사 체중은 지난달에 비해 평균 132돈(匁) 감량되었다. 이상의 사실을 종합해보면, 이번 달 병사들의 건강 상태는 대체로 지난달과 비슷하지만 그 이유 중 하나는 기후의 영향이며, 작년 같은 달과 비교해보면 매우 양호하다고 인정된다.

2) 일반 위생 상태

이번 달(12일부터 23일) 시행된 작도 출장 제 연습에서는 위생상 성적이 매우 좋다. 단지 환자 발생을 현격하게 줄였을 뿐만 아니라 병사들의 정신상에도 다대한 위안을 주고 사기를 고무시키는 듯했다. 더욱이 이 기회를 이용하여 남아 있는 사람들에게 숙영지 및 숙사의 대청결 소독을 시행하게 했으며, 작도 출장자에게는 야영 중의 위생 요령 실시에 관해 교육했다.

그 밖에 병사들의 옷·음식·급수·배수 등 모두 좋으며, 청소·목욕·이발, 군 매점 청소 또한 어떤 우려할 만한 점도 없고, 숙영지 한국인의 위생 상태

---

[1] 말을 타고 물을 건너는 훈련을 일컫는다.

도 양호하다.

요컨대 일반 위생상태는 매우 좋으며 고려할 만한 문제는 없다.

3. 경리

1) 정미 정제 보리쌀을 혼용하는 것은 전의 보고와 같다.

2) 부식물 가운데 육군 창고의 현품을 급여하는 것은 전 보고와 같다.

3) 생야채는 새 야채를 키워서 오는 것으로 지장 없이 조달할 수 있다. 일본인의 조직에 관계된 농업조합에서 생야채를 공급하는 것에 관해 청원서를 냈다. 따라서 우리 부대의 수요를 충족시킬 수 있는가 없는가를 현지 조사하는 중이다. 이 조합이 납품한 것의 품질과 분량 및 그 납기에 관해서는 문제가 없으며, 우리 부대의 수요에 부응할 수 있다면 신선하고 어느 정도 저렴한 것을 구매할 수 있으므로 구매하게 될 것이다.

4) 어류의 획득량은 다소 많고, 각 부대 모두 작도, 서호진의 내호(內湖) 부근에서 수마 연습을 시행하기 위하여 잡았던 어류는 모두 그곳에서 사서 함흥으로 가져온 것으로서 매우 드문 경우이므로 함흥에 남아 있는 부대로서는 급여상 일정 부분 어렵지만 출발지에서는 저렴한 가격으로 신선한 것을 충분히 구매할 수 있어서 우리 부대로서는 매일 점심·저녁 두 번은 공급되어 영양상 상당한 편의를 얻고 있다. 단, 야채는 연습지[작도(作島)]에서 조달할 수 없어서 함흥에서 수송하고 있다.

5) 조수육류(鳥獸肉類)는 전 보고와 같다.

6) 조미품은 전 보고와 같다.

7) 말먹이 중 대맥(大麥), 천장(千章)은 서호진에서 육군 창고 및 사단 경리부 파출소에서 수령한다. 볏짚 415관돈(貫匁, 하나에 4전) 볏짚 대용으로 밀짚 2,274관돈(하나에 1전 5리)으로서 급양상 차질이 없도록 했다.

4. 주차 지방 현황

현재 이 지방은 지난달 대비 강우량이 많기 때문에 숙영지가 매우 진흙탕이 되어 불량한 곳이 있지만 오로지 배수 방법을 강구한 결과 양호하게 되어 여러 곳으로 유출시키고 탁한 물은 영구히 한곳에 고이는 일이 없다.

포병대 숙영지에 있는 한국 진위대는 이번 달 26일 무사히 해산하여 별도로 특기할 만한 사항은 없다. 그 후 모두 평온하다.

위와 같이 보고합니다.
1907년 8월 1일
기병 제17연대장 안도 나오야스(安東直康)

기병 제17연대 제3중대[두모표(斗毛浦) 주둔] 8월 군대 보고

1. 군대 근무

1) 7월 21일부터 군대 해산 때문에 중대 전원이 군사령부 구내에 집합하여 경계 전달 등의 근무에 복무했다. 8월 3일 이후 약간 평온을 찾으면서 장교에게 반 소대를 붙이고 남은 중대는 주둔지로 귀환했다. 7일 이후는 10명의 전기(傳騎)만을 남겼다.

2) 8월 8일부터 18일까지 매일 하사 혹은 상등병이 이끄는 5~7기의 척후를 평양·원산·금산 등의 가도상으로 파견하여 경성에서 5~10리 구역을 수색하게 한다. 이들 원거리 척후는 모두 1~2박 하면서 모두 야영하며 민가를 피하도록 한다.

3) 18일부터 장교가 이끄는 12기는 아다치(足達) 토벌 지대에 속하여 현재 계속 파견 중이다.

4) 22일 장교가 이끄는 30기는 광주 성내의 화약고·무기고를 파괴하고 전선 가설 공병의 행위 불명자 수색을 목적으로 이천에서 장호원·성환 방향으로 출장하여 29일 귀환한다.

5) 22일 장교가 이끄는 15기는 양근 토벌대와 연락하기 위하여 고안(高安)에 파견되었다. 9월 5일 귀환.

6) 23일 특무조장 이하 6기는 이천 방향으로 파견된 야마다(山田) 소대와 연락하기 위하여 이천 방향으로 파견되어 그날 밤 11시에 귀환했다.

이상 설명한 바와 같이 전월과 비교하면 매우 바빴으므로 상등병 후보자 제 공병 교육을 개시할 수 없어서 할 수 없이 9월 중순에 약간 개시 예정이다. 또한 마필(馬匹)을 손에 넣는 것은 사람이 부족하여 임시 5명의 인부를 잡부로서 말을 사용하는 상황에 이르게 되었다.

2. 위생

1) 병사 건강 상태

이번 달 총 환자 수는 8명이며, 그중 새 환자는 5명, 나머지는 구 환자로서 지난달에 비해 4명이 줄었다. 따라서 천분비(千分比)로 1일 현재 환자는 지난달에 비해 0.79명이 감소했다. 이번 달에 천분(千分) 평균 1일 현재 환자는 21.29명으로서 건강 상태를 유지하고 있다.

2) 사변에 즈음하여 취해야 할 위생

사변에 대해 특히 이번 달은 중대 인마의 출입이 매우 빈번하여 한때는 중대 전원의 약 3분의 2가 출장가기도 했다. 따라서 각종 근무가 현저하게 바빠졌다 해도 아직 1명의 부상자도 발생하지 않았다. 그래서 병원(兵員)의 출입에 대해서는 항상 충분히 위생에 유의하고 출장자는 그때마다 강건한 사람으로 선발한다. 귀대하는 경우에는 일반적으로 비위생적인 지방을 통과했으므로 매번 건강진단을 실시하며, 피복류는 모두 갈아입히고 전신에 이상을 호소하는 자는 격리하는 등 가급적 여름철 방역에 신경을 쓴다. 더욱이 지난달 말에 내지 모지(門司) 지방에 콜레라가 창궐했다는 통보를 받았으므로 병사 일반에는 위생 강연을 시행하여 각자 자신을 지키려는 마음을 환기시키도록 한다.

3) 숙영지 및 병사(兵舍)의 위생 상황

숙영지 안은 일반적으로 청결을 유지하는 것은 지난달과 큰 차이는 없으나 단지 이번 달은 비교적 비가 내리거나 흐린 날이 많아서 병사 안 실내 바닥의 습기를 고려하여 각 방의 화로를 태우도록 하여 건조를 꾀한다. 지난 번 비가 많이 내렸을 때 도로, 도랑, 기타 흙다리 등이 붕괴된 곳이 적지 않아서 복구하는 데 많은 노력이 필요하다.

4) 기상

이번 달 사이의 기상은 지난달에 비해 조금 변동이 많고 비 내리고 흐린 날씨 또한 많아서 평균기온은 아침 24.4도, 낮에는 30.2도, 저녁에는 27.3도로, 점차 낮아지는 경향을 보인다.

3. 경리

1) 양식과 말먹이 사항

각지에 파견되는 토벌대는 모두 전시 급여에 따르기 때문에 독립 군무에 복무하는 부대에게는 분임관(分任官)을 두어 직접 매수하게 한다. 소수의 전기(傳騎) 및 감시병 또는 1박을 하고 귀대하는 척후 등에게는 가능한 한 현품을 휴대하게 하여 위임 경리로 한다. 군사령부 및 사단 사령부 전기는 모두 영외식으로 대금을 교부하며 중대에 있을 때는 일반 위임 경리로 한다.

2) 피복 사항

피복은 모두 정돈 구역이 있지만 토벌부대에 배속되는 자는 근무가 격심하고 곳곳으로 이동하게 되므로 수리를 실행할 방법이 없고 다 낡아서 버려야 되는 것이 많다는 보고가 있었다. 특히 장화가 그러하다. 며칠 전 아다치(足達) 지대에 속했던 노무라(野村) 소대에 피복 교대를 행했다.

4. 주둔 지방 현황

1) 당 주둔지는 경성 밖에 고립되어 있으며, 특히 경성 부근에서 인심이 평온하지 않다. 헌병경찰 등이 주목하는 왕십리(往十里)와 겨우 2,000m밖에 떨어져 있지 않으므로 매우 경계하고 있다. 예수교도의 노상연설은 이웃마을 수철리(水鐵里)에는 시행했으나 이곳에는 아직 하지 않았다. 마을 사람들은 비교적 평온하여 군대에 의뢰하고 업무에 안도한다.

1907년 9월 11일
기병 제17연대 제 3중대장 아베 요시스케(阿部好輔)

야전포병 제19연대(함흥 주둔, 제2중대) 8월 군대 보고

1. 군대 근무

8월 8일부터 27일까지 내호(內湖, 함흥 동남쪽 3리)에서 중대 인원 약 반수를 교대하여 수영 및 수마 연습을 시행했다. 그 밖에 경계근무에 관해서는 지난달 보고의 상태를 그대로 유지하여 오늘날에 이르렀다.

2. 위생

이번 달 사이에 전염병으로 장티푸스 환자 1명이 발생했으며, 기타 말라리아 43명, 위장병 29명, 외상 14명 등 주요 환자가 적지 않지만 현재 치료해야 할 전염병 침투는 미미하다. 군마 위생도 양호하여 13일 편입된 보충마의 상태도 양호하다.

3. 경리

지난번 보고 외에 기록할 만한 내용 없음.

4. 주차 지방 현황

각지에 불온한 상황이 속속 발생했지만 이 지역은 평온하여 주의할 만한 어떠한 상황도 일어나지 않았다.

위와 같이 보고합니다.
1907년 9월 3일
야전포병 제19연대장 도비마쓰 간고(飛松寬吾)

야전포병 제19연대 제2중대(경성 주둔) 1907년 8월 군대 보고

1. 군대 근무

호포수(號砲手) 하사 1명, 병졸 3명(28일 이후는 2명)

풍기위병(風紀衛兵) 상등병 1명, 1·2등졸 7명.

7월 31일 오후 7시 30분 왜성대(倭城臺) 방열지(放列地)로 증원을 나가 전원 86명이 밤을 새우고 8월 1일이 되자 정황이 점차 불온하다는 정보를 접하고 동이 트기 전부터 사격 준비를 갖추었다. 그날 오전 8시경에 이르러 대한문(大漢門) 방향에서 때때로 총성이 들렸다. 따라서 다카노(高野) 소위를 사단 사령부로 파견하여 명령을 수령하는 임무를 맡기고 전화로 계속 방열선(放列線)과의 연락을 유지하며 사격 개시 명령을 기다렸다.

또한 잔류대(屯營)에는 장교 1명과 기타 젊은 각종 근무자 및 포병 호위 보병 하사 이하를 남기고 한층 더 경계를 엄격히 했다. 8월 1일 오전 7시 30분경 둔영(屯營)에서 서소문(西小門) 안의 한국보병대 안에 불온한 정황이 있음을 탐지하고 포병 호위의 보병 및 포병이 협력하여 서소문을 수비하는 보병 소대와 연락을 유지하며 몇 차례나 척후를 보내 한국 이(李) 총리대신 저택 방향으로 달아난 한국 병사를 수색시켰다.

이번 달 2일에 들어서 시내에 약간 평온이 깃들자 방열지에 장교 이하 17명을 남겨서 경계를 맡게 하고 나머지는 둔영으로 복귀했다. 4일 오후 3시 왜성대 방열지에 있는 장교 이하 17명 및 포차는 전부 철거하여 둔영으로 돌아왔다. 이번 달 7일에 이르러 시내가 조용해지자 종래 포병대 호위를 위해 와 있던 보병은 전부 철수시켰다. 그날 이후는 모두 평시 상태로 돌아갔다.

이번 달 28일 산포(山砲) 4문 중대를 편성하라는 명령을 수령하고 그날부터 한국 궁내부 창고에서 포차 및 부속품을 수령하여 31일까지 편성하는 데 종사했다.

이번 달 5일부터 27일까지는 마구간, 취사, 기타 잡역 근무에 복무하는 자는 47명으로서 교련에 종사하는 장교 이하 매일 약 52명이다.

2. 위생

위생 사항에 관해서는 지난달과 다른 점 없다.

이번 달 중환자는 입원 환자 4, 영내 환자 5~6명이 있으나 점차 쾌차하여 월말에 이르자 입원 환자 2명 외에 모두 치유되었다.

3. 경리

경리 사항에 관하여 지난달과 다른 점 없음.

4. 주둔 지방 현황

해당 주둔 지방은 7월 31일 저녁부터 점차 불온한 정황이 되었다. 특히 이번 달 1일 오전 8시경 서소문 안 한국 병영에서 소요사건이 있었지만 그날 저녁 이후는 모두 진정되어 소요 때문에 한때 상점을 닫았던 자도 본래대로 돌아갔다. 또한 야간에 이르자 왕래하는 자가 매우 적었던 경의(京義) 가도도 점차 왕래하는 사람이 증가하여 당 주둔지 부근은 일반적으로 모두 평온했다.

위와 같이 보고합니다.
1907년 9월
야전포병 제19연대 제2중대장 미야무라 구사부로(宮村九三郎)

1907년 8월 군대 보고 공병 제13대대(제1중대 제외, 회령 주둔)

1. 군대 근무

1) 대대(제1중대 제외)는 수성(輸城), 경성 사이 경편철도(輕便鐵道) 공사를 속행 중이므로 제2중대는 강덕장점(康德場店)부터 경성 사이의 노선공사 및 교량 작업 완성을 지난 7일 회령으로 반환하고 현재 도문강(圖們江)에서 가교 연습 중이다.

2) 제3중대는 수성, 강덕장점 간의 노선공사 및 전부 궤조(軌條)의 부설을 완료하여 지난 25일 회령으로 귀환했다.

3) 청진-회령 간 경철 보선(保線)을 위하여 분견 장교 이하 인원 전 보고와 마찬가지로 지난 20일부터 허산동(許山洞)에 상등병 1명, 졸 5명을 파견하여 보선대장의 지휘 아래 증가하여 새 부설 선로의 보선을 맡는다.

4) 이번 달부터 대대 탄약고 위병을 복초(複哨)로 하여 야간 순시를 엄중하게 시행하여 비상경계에 대처한다.

2. 위생

1) 당 대대 이번 달 사이의 위생 성적은 대체로 양호하여 새 환자 18명. 지난달 대비 5명 많지만 다발성 질병이라고 할 만한 것은 없다. 주요 질병으로 외상에 버금가는 것은 위장병이다. 그 일반적 병증은 경증이며 입원을 요하는 사람이 1명 있었지만 열흘 사이에 치유되어 퇴원했다.

2) 경철 작업으로 출장 중인 2개 중대는 업무를 완료한 결과 이번 달에 귀대하여 한인들이 살던 가옥에 나누어 묵었다. 숙사는 일반적으로 청결하게 유지되어 급양(給養), 옷 등에도 유감은 없다. 그 밖에 배수, 청소가 시행되어 숙영지 안 위생 상황도 좋다.

3. 경리

1) 지방 경제 일반의 상황

해당 지방 영업의 상황은 지난달과 거의 같으며 금융도 점차 완만한 상태에 있는 듯하다.

당 지방 유통의 1원(圓) 이하 소액 화폐(小札. 50, 20, 10 지폐)는 보조 화폐와 교환하기 위하여 올해 4월 이래 회수한 결과 한때는 금융 부족을 초래했으나 지난달 이래 어느 정도 보조화폐가 회송되어 임시 측량반으로 수만 원의 보조화폐를 휴대해 와서 각지로 유통되었다. 때문에 현재 이곳에 모여 온

보조화폐는 금융에 넘치는 상황이지만 작은 경화(硬貨. 5원 백동 이하의 동전)는 거의 거의 없어서 전 금융상 어려움을 느끼므로 그 뜻을 경성지금고(鏡城支金庫)에 통고하여 금융의 구제를 추구했다.

2) 급양(給養)

지난달 보고와 거의 같음.

4. 주차 지방 현황

1) 마을 사람은 일반적으로 안도하고 그 업무에 종사하여 조금도 불온한 정황을 보이지 않는다.

2) 근래 군수를 독려하여 대청결법을 시행하여 점차 양호한 결과를 보기에 이르렀다.

3) 현재 역병이 유행한다는 징조가 있다는 소문이 있어 마을 사람은 구매를 요청하는 일이 점차 많아지고 있다.

위와 같이 보고합니다.
1907년 9월 2일
공병 제13대대 대장 이시오카 이시로(石岡猪四郞)

공병 제13대대 제1중대(경성 주둔) 8월 군대 보고

1. 군대 근무

1) 중대는 계속하여 경비의 임무를 띠지만 지방의 폭도 진압을 위해 각지에 다음 토벌대를 보낸다.

① 8월 7일 장교 이하 14명 시모바야시(下林) 지대에 속하게 하여 원주 방

면에서 지금 폭도 진정에 종사 중이다.

② 8월 11일 장교 이하 14명 보병 제14연대에 속하여 강화도 폭도 진압에 종사하여 13일 귀대했다.

③ 8월 17일 하사 이하 11명은 전선 수리 호위를 겸하여 지방 정황 시찰을 위해 이천 방향으로 파견되어 19일 밤 이천에서 남쪽 약 2리 지점에서 우세한 폭도에게 급습을 당했지만 우리 쪽 손해는 없었다. 그중 8명은 21일, 3명은 23일 모두 무사히 귀대했다.

④ 8월 18일 장교 이하 41명은 충청 방면 토벌대에 속하여 현재 그 지방 부근에서 해당 근무에 종사하고 있다.

⑤ 8월 22일 상등병 이하 5명은 보병 제52연대 아카시(明石) 중대에 배속되어 양근(楊根) 부근에서 토벌에 종사하는 중이다.

2) 영내에 남은 자들은 날마다 둔영 부근에서 각종 연습을 실시하고 있다.

2. 위생

1) 영내의 청결법에 관하여는 지난달 보고와 같다.

2) 중대 부속 군의는 토벌대에 종군하고 환자의 진단은 병원 부속 군의에게 촉탁한다.

3) 현재 1일 평균 환자는 4명 있지만 환자의 다수는 말라리아로서 지난달에 비하면 그 숫자가 줄었다.

3. 경리

1) 양식, 어류와 채소 조달에 관해서는 경성에 도착한 후, 나머지는 조달하는 데 다소의 불편을 느끼지만 착착 좋은 방법을 강구하는 중이다.

2) 피복은 전 보고와 마찬가지로 현재 여름옷뿐이라서 점차 겨울이 다가

오므로 겨울철용 피복의 필요를 느껴 현재 교체를 계획 중이다.

4. 지방 현황

8월 1일 남대문 부근에 있는 한국 병사가 폭동을 일으켰으므로 우리 보병 제51연대 제3대대는 진압을 위해 오전 9시 30분부터 행동을 일으켜 우리 공병 일부(장교 이하 10명)가 이에 속하여 약 2시간 격렬한 시가전을 벌여 11시 40분에 아군이 점령했다.

이 전투에서 우리 공병의 부상자 및 소모 탄약은 다음과 같다.

1) 부상자 졸 2명(그중 약간 중상 1명, 경상 1명)

2) 소모 탄약: 350발

3) 소모 황색탄: 1kg 600g

그 후 평온해짐.

위와 같이 보고합니다.
1907년 9월 5일
공병 제13대대 제1중대장 이마무라 가이지로(今村外次郎)

치중병 제13대대(함흥 주둔) 군대 보고(8월분)

1. 군대 근무

이번 달은 강우량이 많아서 교육이 예정대로 진척되지 않음. 특히 현재 부대 교련 시기이지만 성천강 하원 만수이기 때문에 유일한 연병장을 잃고 교육상 불편이 적지 않다.

11일부터 24일까지 서호진(西湖津)에서 수마 및 수영 연습을 시행했다.

날마다 오전은 교련, 오후는 수마 및 수영 연습을 행하고 도중에 잔류원을 교대하게 하여도 17일 이후는 연일 내리는 비 때문에 할 수 없는 날이 많았다.

3일 군 경리부장이 우리 부대를 시찰했다.

27일 공병 제13대대에서 마필(馬匹) 취급 근무 습득을 위하여 병졸 7명을 파견하여 교관을 붙여 즉시 교육을 개시했다.

2. 위생

이번 달 사이의 총 환자 수는 33명으로서 1일 평균 현재 환자는 9.68명이며 지난달에 비하면 증가했다. 이렇게 성적이 나쁜 이유 중 하나는 말라리아 환자가 계속 발생했기 때문이며, 예방법에 관해서는 한층 더 주의를 기울였으나 아직 감소하지 않았다.

수마 연습 출장 중에는 숙사로 한국인 가옥을 사용하여 청결법을 시행하므로 위생 성적이 매우 좋다. 말라리아 환자 3명이 발생했을 뿐이다. 이후 인마 모두 건강해지고 있다.

3. 경리

말먹이 중 볏짚이 현재 이 지방에서 부족하며 특히 수마 연습 출장에는 부근의 촌락에서 징집한다고 해도 더욱 부족하여 밀짚을 대용으로 사용한다.

4. 주차 지방 현황

응급 준비를 완성하여 숙영지 안팎에는 순찰 장교 및 잠행 척후를 보내 경계시켜도 어떠한 불온한 징후를 발견하지 못했다. 함흥 진위대의 해산 후에도 평온한 것은 이전과 같다.

위와 같이 보고합니다.

1907년 9월 3일

치중병 제13대대장 구메 이노카즈(久米猪一)

사료 16
1909년 2월 한국주차군대 보고(1909. 4)[1]

자료명	明治 42年 2月 韓国駐箚軍隊報告
생산자	韓國駐箚軍司令官 男爵 大久保春野
생산시기	1909年 4月
소장기관	日本 防衛省 防衛研究所
문서정보	陸軍省-朝鮮事件-M42-1-80(C06031078000)

1909년 4월 6일

한국주차군사령관 남작 오쿠보 하루노(大久保春野)

육군대신 자작 데라우치 마사타케

1. 지방의 현황

1) 폭도의 상황

함경 양도, 평안 양도는 일반적으로 평온하며, 2월 상순 평안남도 맹산(孟山) 부근의 수비대가 서로 연합하여 며칠에 걸쳐서 그곳 부근을 소탕했으나, 겨우 21회 폭도와 마주쳤을 뿐이었다. 또한 평안북도 영변군(寧辺郡)에는

---

[1] 1909년 한국주차군이 육군성에 보고한 문건을 묶은 『메이지42년 한국주차군보고』(육군성-조선사건-M42-1-80) 문서철 중 한국주차군사령관이 육군대신에게 종합 보고한 것이다. 『메이지42년 한국주차군보고』에는 표지를 제외하고 총 29건의 문건이 편철되어 있는데 이 중 주차군사령관 보고는 모두 아홉 차례에 걸쳐 확인된다. 이 문건은 1909년 4월에 생산된 것으로 같은 해 2월 한국주차군사령관이 한반도 내 군사 활동 상황을 보고한 것이다.

5~6명의 초적(草賊)이 출몰하여 주민의 피해가 적지 않다고 한다.

황해도, 경기도, 황해도 동반부 및 경기도 북반부는 지난달과 마찬가지로 불온한 지역을 벗어나지 못했다. 2월 1일 이래 수비대·헌병과 폭도의 충돌 횟수가 이미 10여 회에 달하여 적의 숫자는 200명에 이른다. 특히 포천군(抱川郡) 안의 상황이 가장 불온하다.

전라북도 서남부는 여전히 불온하여 수십 명의 적도가 수시로 배회한다. 그러나 중앙부 및 서부는 일반적으로 평온하다.

전라남도 토벌에 전력을 다해야 한다. 전 지역 여전히 불온하여 2월 1일 이래 충돌 횟수가 이미 20여 회이다.

2) 지방 관민의 의향

원산 수비구 중 고원(高原) 및 양덕(陽德) 부근 수비대의 진의를 해석하여 점차 후의(厚意)를 나타내고 있으나 그 밖의 것에서는 구관(舊觀)을 벗어나지 못한다.

해주(海州) 부근의 관민은 1월 19일 해주 안의 대연평도(大延坪島)에서 적의 수괴 이근수(李根守) 이하를 전멸시킨 결과 우리 군대를 신뢰하기에 이르렀다.

충주 관내에서는 군수부터 내심 우리 군대를 적대시한다. 특히 안산(安山) 군수 같은 자는 열렬한 일본배척주의자여서 결국 면직당하기에 이르렀다.

광주 부근에서는 종래는 수비대에 대해서 신뢰도가 옅었으나 지난달에 점차 수비대가 한국 황제를 수행한 후 태도가 일변하여 점차 수비대를 신뢰하는 경향이 나타났다.

전북 임실 부근에 적의 수괴 이학사(李學士)의 근거지로서 일본배척사상을 가진 무리에게 오히려 적에게 편의를 제공하는 흔적이 있다.

전남 영광 부근은 일본배척심이 매우 강하여 적에게 편의를 제공한 흔적이 있지만 수비대의 훈유(訓諭)에 의해 면목을 일신하게 되었다.

전남 우수영(右水營) 및 해남 부근은 대부분이 예수교도로서 일본배척심이 매우 강하고 일본인에 대한 태도 또한 불온한 상태이다.

3) 지방관과 인민의 관계

원산 수비대 안은 지방관과 인민의 관계가 원만하지만 지방기구의 단대 및 사립학교 같은 것은 때때로 일본배척사상을 고취하여 관헌도 이를 불문에 부친다.

평안남도 덕천(德川) 군수는 친일파이기 때문에 인민에게 인덕이 없는 듯하다.

전남 해남 군수는 집중하여 정치에 종사하고 있지만 우수영(右水營) 부근은 예수교도가 많고 더욱이 선교사의 말이 아니면 복종하지 않기 때문에 다스리기 어렵다.

전남 완도(莞島) 군수는 매우 나이가 들었을 뿐 아니라 사리(私利)를 채우고 있다. 완도군은 수십 개의 도서로 이루어져 통할하기 매우 어려우며 관아는 유명무실한 상태다.

4) 정사(政社) 집회의 경황

함흥 수비구 안에서는 일진회가 기세가 꺾여서 해산하지 않을 수 없는 상태이다. 이에 반해 예수교는 점점 왕성해져간다. 더욱이 선교사 중에는 종교의 범위를 넘어서 일본배척사상을 피력하는 경향이 있다.

의주 부근의 예수교도의 학교 및 생도 수는 점차 증가하여 번창하고 있는

데 1월 상순부터 여자 예수학교 설립을 보기에 이르렀다.

5) 재류 일본인 경황

원산은 상업이 점점 부진하기 때문에 폐점하고 내지로 돌아가는 사람이 적지 않다. 그래서 이곳의 상업회의소는 타개책으로서 쓰루가항(敦賀港)과의 직항노선 개시 문제에 관하여 검토하고 있는 중이지만 실행은 불가능하다.

충청도 강릉에는 일본인이 매우 증가하여 주로 상업에 종사한다.

6) 지리 및 지형, 운수, 교통

경성(鏡城) 수비구에는 여러 번 눈이 내렸지만 교통은 두절되지 않았다.

북청 수비구에는 눈이 쌓였기 때문에 운수와 교통은 물론 토벌대의 활동이 매우 어렵다.

원산 수비구는 1월 상순 이래 운수와 교통에 지대한 영향을 미쳤으며, 특히 고성(高城)과 북창(北倉) 사이 같은 곳은 금강산의 높은 봉우리에 있어서 한때 교통이 두절되었으나 2월 상순에 날마다 날씨가 쾌청하여 교통이 점차 회복되었다.

강원도 인제(麟蹄)와 양양(襄陽) 사이는 쌓인 눈이 80~90cm에 달하여 짐말의 교통은 물론 2월 중순 같은 경우는 단독자의 교통도 역시 두절되기에 이르렀다. 2월 하순에 이르러 단독자의 교통은 간신히 가능해졌지만 짐말의 통과는 당분간 어렵다.

강원도 울진군(蔚珍郡)은 겨울철에 종종 눈이 쌓이기 때문에 죽변동(竹邊洞)에 기항할 수 없는 일도 종종 있다.

요컨대 강원도의 산지 및 동해안은 겨울철에는 눈이 많이 내리고 지형도 험준한 산지이기 때문에 교통이 두절되는 일이 종종 있다. 더욱이 해상은 바람과 물결이 사나워서 배의 운항이 매우 어렵다.

7) 도로의 수축(修築)

수원에서 석현(石峴)·갈곡(葛谷)·금양장(金良場)·양지(陽智)·오천(午川), 상평(上坪)을 거쳐 이천(利川)에 이르는 도로는 1908년도부터 한국 내부에서 개수에 종사하고 1910년 안에 완성될 것으로 전망한다.

현재 개수를 마친 곳은 수원에서 석현에 이르는 5,400m로서 폭은 5간이다(단, 3개의 교량은 미완성이다).

진주에서 삼천포 사이의 도로는 진주와 삼천포의 일본인이 개수에 착수하여 그 일부는 이미 수축을 마쳤지만 이번 내부에서 진주에서 마산 사이의 도로와 더불어 개수에 종사할 터이다.

경상북도 군아(郡衙) 소재지를 연결하는 도로는 2간 폭, 각 동과 읍을 연결하는 도로는 1간 폭으로 개수하기로 결정하고 작년 9월 이래 공사에 착수하여 올해 2월 하순까지 군아 소재지를 연결하는 도로의 대부분은 이미 일단 공사를 마쳤으나 아직 충분한 정도에는 달하지 못했다.

대구에서 경주에 이르는 도로 가운데 대구의 동쪽 아화동(阿化洞) 부근까지는 야포(野砲)가 통과할 수 있는 도로로 낙성(洛城)한다.

2. 경리 사항

회계 경리 전반 상황은 여전히 전반적으로 양호하게 진척되고 있다.

경비 예산은 경상(經常), 임시 모두 연도 말까지의 기정액에 대하여 부족하지는 않을 전망이다.

기후는 봄날이 따뜻해지는 중이지만 교통이 불편한 곳에 주둔하는 부대는 바다에서 나는 생선 공급이 점차 어려워진다. 하지만 이들 지방에는 약간 민물고기를 잡을 길이 없지는 않다. 그러므로 이들과 새와 짐승 고기류와 함께 공급하면 오히려 생물 공급의 길은 끊이지 않을 것이다.

제6사단 여러 부대가 필요로 하는 정제 보리쌀은 1909년도에도 종래와 같이 이 사단 유수대가 만들어서 보급했으며, 그 외 군 직속 및 파견 부대에 관여된 자는 여전히 양말창(糧秣廠)에서 보내주는 추송품(追送品)에 의존한다. 그래도 현재 군 창고에 저장하는 양말창 추송품은 이월품이 다량 있으므로 해당년도에는 추송 보급을 요하지 않을 전망이다.

1909년도 주차사단 직속(헌병은 1부)에 관계되는 말먹이 대맥(大麥)의 반정량은 귀리로 보급할 전망이다.

1월 말에 수비대 일부의 배치가 변경되었으므로 급히 설비를 요하게 되어 기수(技手)를 현지에 파견하거나 각 부대 위탁하여 시공 중인 곳이 현재 거의 완료 단계에 달했다. 그 밖에는 특히 기록할 사항이 없다.

미리 개축, 증축 및 일부 수리하는 재 경성 헌병대 숙사 중에서 준공되는 분은 다음과 같이 각각 해당 직원에 지급을 마쳤다.

장관(將官) 숙사 1동, 상장관(上長官) 숙사 2동, 사관(士官) 숙사 5동, 하사 이하 숙사 6동

영구 병영 관아 신축 공사 준공된 것은 다음과 같다.

함흥 헌병 분견소 청사 숙사 내부 수리 증축 공사

북청

북한 나남 병영 건축 재료 정진 나남 사이의 수송은 이미 설립된 경편철도(輕便鐵道)만 있으면 운반이 미약하여 청진 부두에 재료가 퇴적되고 또한 공사에도 지장이 있어서 1908년 9월 이래 육군 군수부에서 소열기(小熱汽) 1척, 위평선(圍平船) 10척을 차용하여 청진과 수남 사이의 수송을 개시하여

수륙 양면에서 밤낮으로 수송에 힘쓴 결과 성적이 양호하여 청진 소재의 재료는 2월 중순에 전부 나남으로 수송을 마쳤다. 또한 앞으로의 운반상 이미 설립된 경편철도에 한 선이 증가할 필요를 인정하여 용산에서 고궤조(古軌條) 5리 반분을 구매하여 나남으로 수송했다.

3. 위생사항

1) 부대병 건강 상태

건병(健兵) 매 1,000명당 평균 1일 현재 환자 12.25명으로 지난달에 비하여 4.04명 줄었다.

환자를 자세히 구분하면 제6사단 11.26명, 파견 보병대 12.42명, 파견 기병대 27.24명, 기타 군 직속부대 20.53명이다.

이번 달 사이에 전쟁터에서 부상당한 자는 신 환자 4명(그중 1명은 전사), 구 환자 3명. 합계 7명.

이번 달 사이의 전염병 신 환자는 장티푸스 3명(그중 1명은 군속)으로 발생지를 나타내면 고부(古阜) 1명, 김화(金化) 2명.

이번 달 사이의 병력 감소는 전사 1명, 병사 4명(그중 2명은 지난달 사실에 속하는 보고 미제 사항), 질병에 의한 내지 송환 5명이며 총계 10명.

앞의 사망자 중 전사 1명은 제6사단에서, 전사 2명은 파견보병대에서, 1명은 파견기병대에서, 마지막 1명은 경성 위수병원 소속이다. 내지 송환은 보병대 1명, 기타 군직속부대 3명(그중 1은 군의, 1은 계수 1은 군속), 제6사단 1명임.

기타 제13사단소속 환자는 2명으로 장티푸스 보균자로 인정되었다. 이번 달 내지로 귀환한 자는 12명.

2) 전사, 전상(戰傷)

이번 달 사이의 전사, 전상자는 다음과 같다.

부상 이름	부상 지명	사상	부상 월일	부대 번호	계급
두부맹관총창 (頭部盲管銃創)	전남 양목장	중상	2월 8일	제14 제4중대	1등병
흉부관통총창	강원, 김화군, □□	전사	2월 15일	재13 제4중대	2등병
우대퇴연부 관통총창 겸 우□맹관총창	전남 불갑산	중상	2월 24일	파견기병대 제1중대	오장
좌배부 및 흉부 맹관총창 관통총창	동	동	동	동	상등병

3) 전지요양소 폐쇄

동래(東萊) 전지요양소는 예상 이상의 좋은 성적을 올렸지만 연도 경비를 다 썼으므로 이번 달 21일자로 폐쇄한다.

4) 군대 방역

작년 12월 말 각지 민간에 천연두가 산발적으로 발생하여 이번 달에 들어서 점차 유행하는 상황이므로 각 부대에 일반 종두를 시행함과 동시에 일반 예방법을 시행하게 하고 있는 중이다.

5) 지방 전염병

천연두는 지난달 말에 이어서 발생하여 점차 유행이 만연하다. 장티푸스가 특별히 발생하는 것을 보게 되었다. 다음 공보에서 언급하는 전염병을 열거한다.

지명	천연두	장티푸스	발진티푸스	성홍열
용산	14			
인천	9			1
부산		2		
대구		1		
홍천	5			
김화		4		
이천	4			
충주		1		
양구		2		
남원	18			
거창	9			
운봉	13			
경성(鏡城)			1	
합계	72	10	1	1

6) 기상

기온은 일반적으로 매우 낮으며, 한기가 강하다.

최저기온은 제1순(旬) 강계 -35도 5분, 무산 -26도 2분, 간도 -22도

제2순 강계 -35도, 간도 -20도 3분, 경성(鏡城) -16도 5분, 북청 -15도 5분 등이며,

제3순에는 평양 -15도 4분, 원산 -12도 9분, 경성 -12도 8분을 나타냈다.

7) 군마 위생 사항

군마의 이동이 증가 또는 감소 및 그 사유.

군 사령부 소관 장교의 전출입으로 차출되는 승마 1마리 감소.

주차헌병대에 말 1마리 폐역(廢役), 2마리 폐사(斃死), 장교 승마 1마리

전출.

파견기병대 증감 없음.

제6사단 소관 보병 제45연대에 장교 전입에 의해 2마리 증가. 보병 제64연대에 장교 전입에 의해 1마리 증가. 야포병 제 6연대에 2마리 폐사.

8) 편역(便役) 활동의 개황

본 기간 파견기병대는 그 수비지구의 폭도 토벌에 종사할 것. 제1중대는 3면 □□의 중대는 각 1호로 5기 내지 11기로 3박 내지 6박 동안 활동한다. 그 밖에 수색·전기(傳騎)·교통·호위 등의 근무는 전례와 같다.

9) 병든 말의 숫자

신환(新患) 58마리. 그중 중병은 16마리이며 폐사시킨 것이 5마리.

10) 지방 동물 방역 상황

함경북도의 각지에서 현재 역병이 유행하여 매우 창궐하기 때문에 화물 수송에 적지 않은 장애를 가져올 것이다.

11) 근무

폭도 토벌을 위하여 병력을 분산 배치하고 있으나 밤낮 구별이 없고 토벌, 정찰, 시위 척동, 혹은 검거에 나서는 등도 빈번하여 근소한 응원병도 끊이지 않는다. 우편물, 군수물, 기타 호위 및 연락 혹은 전령 등이 있어 근무가 번거롭고 힘들다.

사료 17
1909년 3월 한국주차군대 보고(1909. 4)[1]

자료명	明治42年 3月 韓国駐箚軍隊報告
생산자	韓國駐箚軍司令官 男爵 大久保春野
생산시기	1909年 4月
소장기관	日本 防衛省 防衛研究所
문서정보	陸軍省 - 朝鮮事件 - M42 - 1 - 80 (アジア歷史資料センター C06031078300)

1909년 4월 14일

한국주차군사령관 남작 오쿠보 하루노

육군대신 자작 데라우치 마사타케

1. 지방의 상황

1) 폭도 상황

경기도 북반부, 전라북도 남부 및 전라남도는 현재 불온한 지역으로서 경기도 북반부에서 날뛰는 수괴 이은찬(李殷瓚)을 우리 경찰관이 체포하고 윤인순(尹仁淳)을 우리 수비대가 죽였다고는 하지만 그 밖에 적의 수괴 2~3명

---

[1] 1909년 한국주차군이 육군성에 보고한 문건을 묶은 『메이지42년 한국주차군보고』(육군성 - 조선사건 - M42 - 1 - 80) 문서철 중 한국주차군사령관이 육군대신에게 종합 보고한 것이다. 『메이지42년 한국주차군보고』에는 표지를 제외하고 총 29건의 문서가 편철되어 있는데 이 중 주차군사령관 보고는 모두 아홉 차례에 걸쳐 확인된다. 이 문건은 1909년 4월에 생산된 것으로 같은 해 3월 한국주차군사령관이 한반도 내 군사 활동 상황을 보고한 것이다.

이 여전히 교묘하게 횡행하고 폭도가 끊이지 않고 나온다. 그래서 경상북도 순흥(順興. 안동 북쪽) 부근에서는 일찍이 경상북도에서 이름을 떨쳐서 죽음을 당한 수괴 신돌석(申乭石)의 아우 신돌문(申乭文)이라는 자가 발흥하여 형의 원수를 갚겠다고 큰소리치며 지난달 하순부터 조금 횡행하고 있으며 아직은 진정되지 못하고 있다. 그 밖의 지방에서는 단순히 근소한 초적들이 출몰할 뿐이다.

3월 중에 수비대, 헌병, 경찰의 각 토벌대가 폭도와 충돌하여 횟수를 계산해보니 지난달에 비하여 그 숫자가 급증했지만 각 충돌 때마다 적의 숫자를 더해보면 지난달과 큰 차이가 없는 것으로 보아 3월에 이르러 종래의 적은 소수의 각 단으로 분산된 것으로 추측된다.

2) **지방 관민의 의향**

황해도 해주, 연안, 백천 부근 및 전라남도 해남, 우수영 부근은 예수교도가 다수여서 일본배척사상을 가지고 있는 사람이 많으며, 그래서 우리를 신뢰하는 사람이 적다. 그 밖의 지방에 비해 폭도의 출몰이 많은 지방은 우리 군대에 대한 신뢰도가 높고 적도의 출몰이 적으면 불손하게 나오는 경우가 많다. 그렇지만 전반적으로 관찰해보면 한국 관민 모두 우리에 대한 신뢰도가 날마다 늘어나는 경향이라는 것은 의심할 바가 없다.

3) **지방관과 인민의 관계**

한국 내 2~3군수 혹은 동장과 이장으로서 관하 인민과의 관계는 원활하지 않거나 혹은 서로 질시하는 등의 경우가 있다 해도 일반적으로 보면 점차 양호한 경지로 나아가고 있는 상황이다.

4) 정사(政社) 집회 상황

충청남도 공주 부근의 일진회원은 그 세력이 점차 확장되어 현재 회원 250여 명으로서 보통학교 일어학교 등을 세우고 도제 교육을 보조해가고 있다. 황해도 해주에 대구 한협회(韓協會)라는 것이 있어서 한국인 부호 이양해[李兼該, 농공은행 두취(頭取)]라는 자가 주관하여 뒤에서 일본배척사상을 고취하고 회원은 상인으로서 60여 명 있다고 하지만 기타는 별로 기록할 만한 것이 없다.

5) 재류 일본인의 상황

폭도의 횡행이 적은 지방에는 점차 일본인이 증가하는 듯하며, 특히 고기를 잡는 기간이 가까워 오므로 일본인 출어자의 숫자가 증가하는 경향이 있다.

남부 수비관구 안 인구조사표는 별도의 표와 같다.

2. 지형, 지리 및 운수 교통

충청남도 금강은 3월 하순에 얼음이 녹아 선박 왕래가 자유롭게 된다.

경상남도 진주 남쪽 삼천포는 남한의 양항(良港)이라고 평가받는데, 항구 안이 넓지는 않지만 1,000톤 안팎의 기선이 해안 가까이 정박할 수 있으므로 화물을 올리고 내리며 탑재하기가 매우 쉽다. 현재 한국 정부의 보조를 받고 있는 한남기선회사(韓南汽船會社)의 삼오호(三伍丸)는 3일마다, 기타 개인이 소유한 기선 4척은 끊임없이 부산·마산·통영 및 삼천포 사이를 항행하고 있다.

진주·삼천포 사이는 새로이 3m 도로를 개축하여 경편철도를 부설할 계획이다.

장생포(長生浦, 울산 동남 2리 반)는 항구 안이 넓지 않지만 부산·원산 사이의 양항으로서 1,000톤 안팎의 배를 정박하고 풍랑을 막기에 가장 편리하다고 한다.

평안도 덕천, 영원, 맹산, 약수동, 희천, 강계 부근의 산지는 눈이 내려서 일시적으로 교통이 모두 두절되어 3월 상순부터 점차 교통이 가능해진다.

황해도 해주에서 그 남쪽으로 1리 반 거리인 용두포(龍頭浦)에 이르는 사이의 차량 통행이 용이하여 용두포에서 인천 사이는 70톤의 소증기선이 격일마다 항해하고 있다.

평양, 진남포(鎭南浦) 사이는 3월 하순부터 소열기선의 교통을 허가하기에 이르렀다.

압록강은 신의주 남쪽 1리의 섬에서, 하류는 3월 하순부터 소열기선을 허가하기에 이른다.

신의주와 안동현(安東縣) 사이의 교통은 중국 소관이므로 4월 1일부터 개시하지만 유빙(流氷) 때문에 일정하게 왕복할 수 없다. 정기적인 왕복은 1주간을 요한다.

남부 수비관구 안 교통로 경황은 약도를 별지에 실었다.

3. 잡건

두만강은 2월 25일 결빙(結氷)하여 차마(車馬)의 통행이 쉬워진다.

두만강 맞은편 기슭의 폭도는 현재 위축되어 약하다.

3월 13일 한국근위보병대대 장교의 일어시험을 시행하여 간단한 사문(私文) 한역(韓譯) 및 한문을 일본어로 번역하는 문제를 내었는데 대체로 답변을

했다. 이후 오로지 일본어 회화를 교육하는 중이다.

4. 경리 사항

1) 회계 경리 전반의 상태는 대체로 양호하게 진척되고 있다.

2) 목재창 잔무정리소는 3월 24일로 정리를 종결한다.

그곳에서 잔무 정리 기간 안에 수입을 마치지 못한 목재 기타의 매각대금 가운데 그 미수를 당 군 경리부의 소관으로 옮길 금액은 96만 4,917엔 26전 3리이다.

3) 폭도 진압을 위해 군 및 사단을 통하여 1908년도에 지출 인가를 얻은 한국파견부대비는 208만 8,702엔 27전으로서, 평균 1개월에 약 17만 4,000엔에 해당한다. 또한 현금 지출을 요하는 금액은 평균 1개월 약 16만 엔 안팎으로 한다.

4) 급양, 피복 및 숙영 상황은 여전히 대체로 양호하며 특별히 보고할 만한 사항 없음.

5) 영구 병영 청사 건축 공사 중 평양 건축은 대체로 완성되어, 용산은 군사령관 숙사, 기병과 포병 중대영 및 위수감옥을 제외하고 준공되었으며, 진해만 나남 및 회령의 건축은 착착 진척되고 있음.

5. 위생 사항

1) 대대 병사 건강 상태

① 평균 1일 현재 환자(전사상을 제외하고)는 13.07명으로 지난달에 비하여 0.82명 증가했다. 전항 환자의 세부 구별은 제6사단 14.16명, 파견보병대

11.12명, 파견기병대 10.56명, 기타 군 직속 17.56명이다.

② 이번 달의 전상은 신 환자 1명, 구 환자 5명, 합계 6명이다.

③ 이번 달 전염병 새 환자 없음.

④ 이번 달 사이의 병력 감소는 병사 1명, 질병 2명에 의한 것이며 내지 송환은 3명이다.

전항 사망 71명, 내지 송환된 1명은 제6사단에 속하며, 그 밖에는 파견보병이다.

기타 군 직속 환자는 중포병대대와 위수감옥의 환자로 1일 평균 환자는 4인 이상이며, 특히 다발하는 것이라 아니할 수 없다.

다른 부대에 비하여 환자 수가 많은 것을 나타내면 평균 1일의 현재 인원 270명에 지나지 않으며, 소수라는 결과이다. 요컨대 군 직속 부대는 다른 부대에 비해 특히 위생상 불량 상태가 아니다.

2) 전사상자

이번 달의 전상자(전사자 없음)는 다음과 같다.

부상명	고항부(顧項部) 도창(刀創)
부상 장소	경기도 풍덕군 덕물산(德物山)
사상(死傷)	경상
부상 월일	3월 15일
부대 명칭	보병 제13연대 제8중대
계급	보병 1등졸

3) 군대 방역

① 금한(金韓), 민중들 사이에 천연두가 유행하고 있으므로 각 부대에서 지난달 말 계속 종두를 실시하여 지금은 대부분 시행을 마쳤다.

② 양덕(陽德)과 적성(積城) 부근의 민중들 사이에서 일종의 특발병이 발생하여 그 사망률이 적지 않은 듯하다. 따라서 특히 군의를 파견하여 그 병종을 조사하고 있는데, 아마도 유행성 뇌척수막염일 것이라고 한다. 또한 인천 지방에서 성홍열이 산발적으로 일어나므로 군대에서는 이 전염병들에 대해 엄격한 경계를 하도록 한다.

4) 해빙기 청결법 실시

기온이 점차 올라가 겨울철 동결 중에 뒷면에 쌓여 있던 오염물이 점차 녹아 노출되어 토지수 등을 오염시키고 위생상 한심하기 그지없으며 각 부대에게 숙영지 및 숙사 소독의 청결법, 우물 및 하수의 준설, 개선 등 지방관헌과 협동하여 엄밀하게 실시하도록 한다.

5) 한국으로 건너오는 병사와 귀환하는 병사의 위생상 주의

이번 달 하순에 한국으로 건너오는 초년병은 부대 도착 후 즉시 정밀한 신체검사를 시행함과 동시에 위생상 특히 전염병 예방에 주의를 기울인다.

귀환병은 가능한 한 위수병원 소재지에서 티푸스균 보유자 검색을 시행하기로 한다.

6) 지방 전염병

이번 달에 들어와 천연두가 점점 만연하고 유행 창궐하여 각지 민간에서도 종두를 시행하고 있다. 다음은 이번 달 각 방면에서 보고된 전염병을 열거한 것이다.

지명	천연두	장티푸스	성홍열
경성	1		
용산	20		
인천	9		2
부산	1	1	
대구	1		
수원	1		
거창		2	
회령		1	
남원	9		
진주	1		
합계	43	4	2

7) 기온

이번 달 북한 방면의 기온은

제1순 혜산진-35도, 강계-25도, 춘천-20도, 간도-15도, □산-14도 8분

제2순 혜산진-27도, 강계-18도

또한 남한 방면에서는 최저기온은

제1순 전주-9도 5분, 대구-6도 8분, 부산-4도 1분

제2순 전주-8도, 충주-8도, 대구-4도 2분 등이다.

6. 군마 위생 사항

1) 군필마 숫자의 이동과 증감 및 그 사유

군사령부 장교 승마 전입 1마리, 동 예비 승마 보충 1마리

주차헌병대 폐사 2마리, 폐역 2마리, 임시 보충 29마리

파견기병대 전사 1마리, 폐역 2마리

제6사단 보병 제23연대 장교 승마 폐역 1마리 감소

2) 사역 운동 개황과 위생상의 관계

본 기간 파견 기병대는 5 내지 16기이므로 2~5박 사이 수비지구에서 폭도 토벌에 종사한다. 제1중대 3회, 제2중대 6회, 제3 및 제4중대는 각 1회로서 특히 제1중대의 10기는 밤을 새우며 폭도 추격을 맡았으나 이 때문에 과도한 손해를 입었다. 그 밖에 수색, 전기(傳騎), 교통, 호위 등의 근무는 앞의 보고와 같다.

3) 병든 말 숫자

신환(新患) 45마리. 그중 질병 12마리로서 폐사시킨 것은 8마리이다.

4) 지방 동물 검역 상황

앞의 보고와 큰 차이 없음.

7. 군대 근무

위병 근무, 경편 엄호, 기타 전신기사 호위, 관내 감시 등의 임시호위 등이 있으며 근무는 여전히 번잡하고 힘들다.

남부 일본인 인구 조사표

지명	인구	지명	인구
대구	약 4,000	구례	10
거창	59	담양	30
의령	20	영암	102
지례	15	해남	23
함양	7	몽탄	32
산청	3	능주	20
곡성	10	진도	31
남원	73	경주	169
순창	24	영천	87
장순	23	상주	205
진주	777	김천	500
하동	78	용관	7
부산	14,079	문경	30
초량	2,636	예천	36
절영도	2,341	함창	39
부산진	598	영주	46
구포	713	대전	1,492
삼랑진	745	진?	24
동래	304	보은	22
밀양	798	공주	480
강경	693	전주	638
조치원	518	고부	39
홍산	43	고창	19
청주	191	영광	33
옥천	158	법성포	53
청산	38	무장	12
영동	230	김제	111

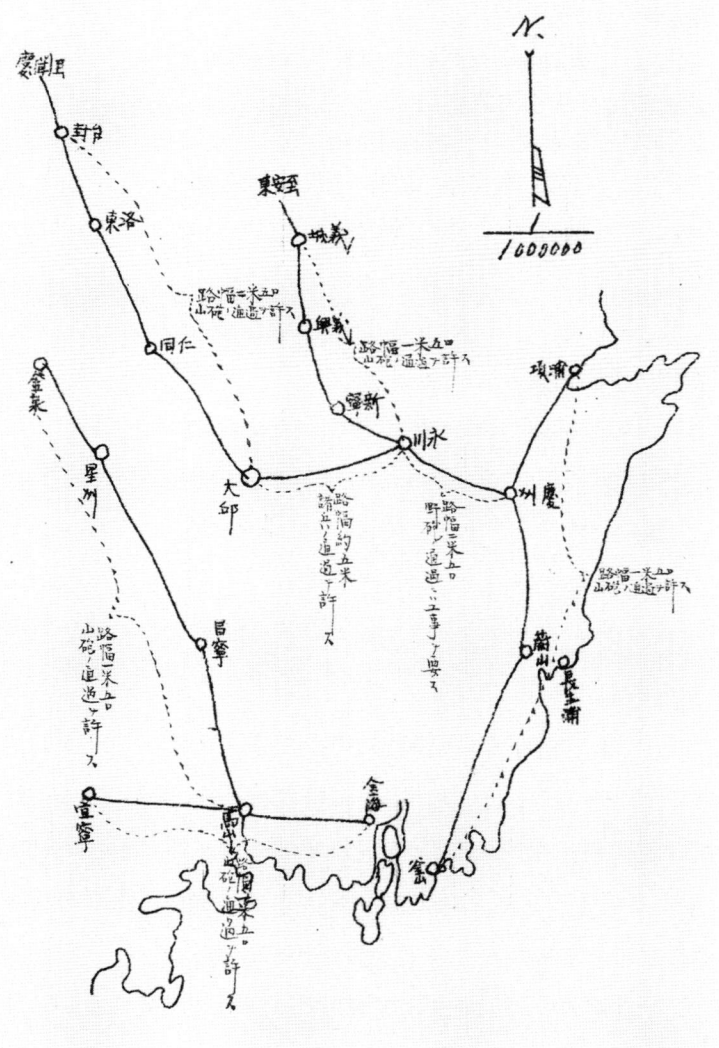

교통로 경황 약도

사료 18

한국주차군 상황보고(1910. 1)

자료명	狀況報告
생산자	韓國駐箚軍司令官 男爵 大久保春野
생산시기	1910年 1月
소장기관	日本 防衛省 防衛研究所
문서정보	陸軍一般史料-文庫-千代田史料-811

1910년 1월 19일

한국주차군사령관 남작 오쿠보 하루노(大久保春野)

1. 상황 보고

1) 현시 한국 수비의 임함에 있어 군대의 배비는 작년 11월 상주 이래 변경된 바 없음.

2) 군기 풍기에 대해서는 분산 배비를 채용한 현시의 상태에 있어 움직임이라도 있다면 엄숙함을 잃기 쉽다. 그를 위해 특히 각 부대장을 계식(戒飾)하여 정신 교육을 장려하고 진작과 엄숙을 도모하도록 노력하고 있다.

용산 부대의 장교를 위해 작년 10월부터 위수연구회를 조직하여 장교의 정신을 연마하고 또한 학술의 진척을 도모하고 있다.

3) 제6사단 기병·포병·공병 및 보병의 신병에 있어서 대체로 교령이 가르치는 바에 의거 교육을 실시하여 받았는데, 보병 제2년병은 인원이 근소하고

근무가 매우 바쁘며 수비를 위해 각소에 산재하여 있어서 점차 각개의 교육을 할 수밖에 없다. 따라서 부대로서 하는 교육은 거의 불가능한 상태에 있다.

임시 한국파견대는 현저하게 분산되어 배비해 있으므로 충분한 교육을 실시할 수 없다.

4) 당 군법회의에서 1909년 중 처형된 인원은 26명으로 그 죄종은 육군형법범 5명, 보통형법범 21명이다. 형기는 징역 1년 6개월 이하, 금고 1년 이하이다. 신분은 하사 2명, 병졸 23명, 용인 1명으로 이를 전년에 비교하면 3분의 1로 감소했다. 또한 같은 해 11월 1일 특별군법회의 개시 후 한국군사(韓國軍司)의 관금 도취 1건, 동 병졸의 군용물 전매 2건을 수리시켰다.

2. 경리 사항

금전 경리 사무는 군대가 분산 배치되어 있어 철도 연선 외에서는 교통이 불편해 그 실행이 곤란한데도 불구하고 대체로 적당히 진보하고 있다.

급양은 교통이 불편한 산간 피원의 장소에 주둔하고 있는 부대에는 물자가 결핍하고, 그 품종도 역시 과소하여 자연히 조리가 단조로운 경향으로 불만이 없지 않은데 회료(賄料) 정액은 평균 21전으로 이것을 내지의 최고액에 비교하면 거의 2배에 해당한다. 따라서 물가가 비교적 고가임에도 불구하고 대체로 내지에 비해서 양호한 상태이다.

피복은 내지에서 급여품 외 장교 이하 일반은 다음의 특종 방한 피복을 급여하고 있어 옥외 근무를 하는 경우라도 방한상 특별히 지장을 느끼지 않는다.

방한 외투 1

방한 쥬반(襦袢) 하카마(袴) 下 1

방한 모투(毛套) 2

방한 신발 하 2

방한 모피 동착(胴着) 1

난방 설비는 영구 병영에는 고정 난로, 한국식 재래 가옥에는 마루 아래 온토로(溫土爐), 기타는 붙박이 난로·화발(火鉢)을 사용하는 등 실내 채난법(採暖法)에 감히 유감이 없다.

거주 설비는 용산·평양·나남·회령 및 마산 주둔부대는 영구 병영 청사를 건설하고 그중 용산 및 평양에서는 이미 준성했다. 나남 및 마산에서도 역시 대체로 준성에 이르렀는데 오로지 회령에서는 점차 기초공사를 마쳐 근래 본 건축에 착수할 상황이다.

영구 병영을 건축하지 않는 각지에서는 모두 한국식 재래 건물을 이용하고 그것에 약간의 보수를 가하여 수용하는 것으로 한다.

3. 위생

군의 위생 성적은 몇 년간 양호하게 나아가 각 병의 영양 상태가 가히 양호하여 체력은 증진하고 일반 환자는 내지 제 부대의 환자와 비교해서도 역시 매우 적다. 최근 즉 1909년 11월의 환자는 건강한 병사 1,000명 가운데 22.84명의 비율이다. 그리고 그 주요 질병은 위장병이다. 최근 1개월 즉 1909년 11월의 병류별 환자는 부표 제1과 같다. 또한 1909년의 일반 환자는 부표 제2와 같다.

질병으로 인한 병력 손모는 전년에 비하여 현저히 감소했다.

병력 손모를 줄이기 위해서는 멀리 떨어진 곳에 병원 분원 또는 부대 휴양실을 특별히 설치하고 위생부원을 분할 배속하며 위생 재료를 넉넉하게 함으로써 구호 료병(療病)의 완전을 기하여 교통이 불편한 피지에서도 일반적으로 병사자가 적었다. 내지 환송 환자도 역시 자못 근소하게 되었다. 1909년의 병력 손모는 부표 제3과 같다.

폭도 진압으로 인한 전상자는 1909년 사이에 36명이 발생했다.

그리고 그 총창의 상황은 폭도가 사용한 연환산탄(鉛丸霰彈) 등에 의해 극심한 참상을 입었음에도 치료법이 완전하여 폐병(廢兵)이 되지는 않았다. 전사상자는 부표 제4와 같다.

전염병은 지방민 사이 각 방면에 사계절 내내 그침 없이 발생해 유행했다. 군대의 대부분은 수비의 임무상 비위생적인 부락에 주둔했음에도 불구하고 각 간부가 주의 주도하여 항상 방역 방법을 강구하고 각 병사의 자위심(自衛心) 환발에 노력하는 한편 군의 등 방역 시설을 기의 적절하게 하여 아직 전혀 그 유행에 노출되지 않았다. 무엇보다 수비 근무 관계상 혹은 정찰이나 토벌, 혹은 호위와 연락에 대병(隊兵)의 행동이 매우 빈번하므로 비위생적 한인 부락에 출입하거나 숙박하기 때문에 역독(疫毒)에 감역될 기회를 많이 접하게 된다. 특히 토벌 행동이 빈번한 임시파견대에서 그러하다고 한다. 전염병 환자는 부표 제5와 같다.

위생부원은 대 소속 또는 병원 소속 및 군사령부 소속의 군의 등을 각 중대에 배치하여 5리 내지 10리의 구역에 산재시키고 당해 중대 분견대를 상시 순회하여 위생 근무에 복무하도록 했다. 모두 원기 왕성하여 정려하고 있다. 또한 군의가 부족한 곳에는 그 지역 소재 경찰에게 치료를 의탁하는 수단을 취하고 있다.

위수병원과 분원의 배치 개소는 다음과 같다.

경성위수병원: 금화, 충주, 대구, 부산, 진해만, 광주, 전주, 해주, 온양

경성(鏡城)위수병원: 원산, 함흥, 북청, 청진, 혜산진

평양위수병원: 의주, 강계

회령위수병원: 북창평, 무산

위수병원 수용 환자 중 광천(鑛泉) 요양이 필요한 자를 위해 경상남도 동래온천장에 전지요양소(轉地療養所)를 개설하여 환자 17명을 수료(收療)했다.

4. 말 위생

군마 일반의 위생 상태는 점차 양호한 지경에 들어 병마(病馬) 및 폐폐마(廢斃馬)의 수도 크게 감소했다. 한국에 있는 말의 수 총 1,247두 중 최근 3개월의 병마수는 부표 제6과 같다. 즉 총 마수 145두 중 외상 및 불려(不慮)는 항상 다수를 점하므로 그 예방에 대해서는 깊이 주의를 주고 있다.

기병 및 포병대의 말은 신병 교육의 초기이므로 비교적 노동 정도가 적지 않은데, 헌병대에서는 1일 5리 내지 8리의 교통 순찰에 이용하고 있어 일반적으로 적당한 노역에 복무하고 있다.

각대의 마굿간은 그 설비가 대략 완전해졌고, 또한 각지에 산재하는 헌병대의 마굿간도 각기 방한 설비를 가설했다. 군마 전염병은 우리 군대에서는 근래 전혀 발생하지 않았다.

5. 폭도의 경황

폭도는 작년 11월 상주 이래 각지에서 공히 적세가 날이 갈수록 감퇴하여 점차 정온해지는 경황을 보인다. 특히 작년 8월까지는 폭도의 소굴지로 가장

극심하게 창궐한 전라도도 지난날의 대토벌 후 계속하여 당해 수비대 헌병 경찰관 등이 끊임없이 토벌 수색 등을 실시한 결과 지금은 거의 집단 적도를 발견할 수 없다. 겨우 수 명의 잔적이 곳곳에서 잠행하는 데 불과하다.

그럼에도 최근 폭도의 횡행지로 또다시 불온한 지역은 황해도의 남부 및 경기도의 북부라고 한다. 이 지방에 출몰하는 자는 2~3명의 수괴가 인솔하는 십수 명 내지 20~30명, 드물게 50명으로 이뤄진 소집단으로 교묘히 우리 경계망의 간극을 찾아서 산간 벽지에 출몰하여 약탈을 일삼고 혹은 단독 일본인을 습격하는 등 지금 다시 의연 불온의 상태에 있으므로 불일간 토벌을 실시하여 그를 소토한다고 한다.

(801 중간)

이 밖에 각 도에서는 경상북도의 북부, 충청남북도에서 때때로 수 명 내지 십수 명으로 구성된 초적(草賊)이 출몰하는 것 외에는 대체로 평온하다.

작년 11월 상주 후 폭도 산포(散布)의 경황(부표 제7) 및 폭도에게 입힌 손해(부표 제8), 작년 12월 중의 폭도 산재 지방(부도 참조) 및 당초부터 지금까지 폭도 소장(消長, 부표 제9)은 부표와 부도에 게시한 바와 같다. 이를 요약하면 현재 잔존한 적도 중 정치적 주의를 가진 무리는 거의 없고 오로지 의식이 궁핍한 야도(夜盜) 초적(草賊)의 무리에 지나지 않는다. 따라서 그 저항력은 극히 미약한데 근본적 진압은 긴 시간의 간단하지 않은 토벌이 필요하므로 전 지방이 모두 무사 정온한 데 이르기는 약간의 년월을 요할 것으로 판단한다.

1) 도문강(圖們江) 대안의 적정

여러 정보에 따르면 노령 연추(烟秋) 및 북간도 방면에 거주하는 적괴 이범윤(李範允) 등 일파의 적도가 한 내지의 폭도와 통하여 북한 방면에 침입한다고 하는 풍설은 작년 10월경부터 때때로 유포되었는데 지금까지 어떠한 조짐도 없다.

위 적정은 종래의 사실에 비춰볼 때 쉽게 믿기 어렵다. 요컨대 도문강부터 포염(浦塩) 부근까지의 사이에는 한인이 자못 많이 거주하고 있고 정치적 의미를 가진 망명자는 이 이주민을 선동하여 폭도를 일으켜 도문강을 넘어 침입하려고 하는 계획이 있다는 풍설은 지난달 이미 들었고, 이토 공작의 흉변 이래 다소 선동의 기염(氣焰)을 높이는 것 같은데 도저히 지금 유력한 폭도를 일으키는 것은 불가능한 상태다. 원래 이토 공작 암살자 안중근(응칠) 등은 포염, 도문강 부근에 거주 유랑하고 있던 자로서 지금도 포염시 및 그 북서부의 한인부락 및 접속된 개척리(開拓里) 및 석막리(石幕里)의 2개 촌에는 배일주의 유력자 및 저명한 두목이 많고 그중에는 러시아 국적에 들어간 자가 이미 300명 이상 있다. 또한 요컨대 '니콜리스크', 수분(綏芬), 연추(烟秋) 등 도문강 및 포염 사이 일대에 주거하는 한민의 수는 매우 많다. 평상시에는 농업에 종사하기에 여념이 없는데 때때로 두목 등의 선동으로 인하여 폭도가 되는 우려가 있다. 그럼에도 지금의 상태에서는 점차 폭거(暴擧)의 효과를 볼 수 없음을 지각함에 이른 것으로 판단된다.

6. 지방 관민의 의향

각 지방 모두 예수교도 및 일부 완미한 인민을 제외하고 점차 군대를 신뢰하여 양자 사이가 완만하여 좋은 상황이다. 이토 공작 흉변에 동반하여 경성 및 지방에서도 당시 속속 연루 혐의자가 구류되는 등 이런저런 인심이 앙진(昻進)된 때 일진회의 정견 발표가 이어지고 이완용 박해사건이 있자 경성을 비롯하여 각 지방 모두 한층 인심의 앙진을 촉진하는 경향이 있었는데 그에 의해 치안상 지방에 있는 폭도의 소장(消長)에 영향을 미치는 데는 이르지 않았다.

7. 정사(政社) 집회의 경황

예수교는 각 파가 모두 세력이 증대하여 완미한 우민 및 배일사상을 가진 자가 귀의하는 일이 점차 증가하는 경향이 있었다. 그리고 이토 공 및 이완용에 가해한 범인은 모두 예수교 신자였다.
예수교는 왕왕 배일주의자의 보호소인가 하는 느낌이 있다.

8. 운수교통

작년 8월 하순부터 증설에 착수한 경비 전화는 근래 대략 가설을 완료하여 더더욱 경비상 편의를 얻을 수 있게 되었다.
압록강 철교 가설 공사는 작년 가을 이래 동강의 중앙까지 교각 기초 공사를 시행하고 대체로 준성에 이르렀는데 지금은 결빙으로 공사를 중지한 상태이다.
저명한 하천의 결빙 경황은 다음과 같다.
도문강(회령 부근)은 12월 1일 결빙하여 다음 날 2일부터 우마차가 자유롭게 통과할 수 있다.
압록강은 11월 30일부터 결빙하여 안동현과 신의주 사이 교통이 일시 두절되고, 12월 9일부터 빙상(氷上) 도하를 개시한다.
대동강(평양 부근)은 12월 초 결빙, 같은 달 12일부터 인마의 빙상 통과를 개시한다.

한강은 12월 13일 경성 이동이 결빙하여 주항(舟航)의 편이 두절된다.

낙동강 기타 남부 수비관구 내의 제 하천의 결빙은 박약(薄弱)하여 빙상 통과를 허락지 않는다.

9. 한국 군대의 경황

장교는 우리 군인에 대하여 신뢰의 도를 더하고 그 행위 또한 점차 향상되고 있다. 또한 고문인 파견장교의 지도에 오로지 복종하여 하사졸의 소질 또한 점차 양호해지고 있다. 따라서 군기 풍기와 같은 것도 또한 근래 점점 드러나게 되었다.

[부표 1] 최근 1개월(1909년 11월) 병류별(病類別) 환자표

병류별	구분		기존 환자	신규 환자	계	치유	사망	내지 환송	치유 일수
전염병 및 전신병			46	40	86	35	9	3	1,759
신경계병			4	2	6	4			93
호흡기병			13	23	36	16	1		632
순환기병			2	5	7	4		1	79
영양기병			18	52	70	51			936
비뇨기 및 생식기병			3	1	4	1			82
화류병			9	2	11	6			139
안병			7	9	16	9		4	197
이병			1	1	2	1			36
외피병			6	26	32	26			331
운동기병			3	2	5	1			99
그 외 상병	전상		1	1	2				50
	기타		10	39	49	31		2	514
계			123	203	326	185	10	10	4,947

* 평균 1일 인원 8,886.84명.
* 병원 매 1,000명당 평균 신 환자 22.84명.

[부표 2] 1908년 · 1909년(1월부터 11월까지) 신환표(新患表)

구분	1909년			1908년		
	환자 수	1일 평균 환자	천 명당 비율	환자 수	1일 평균 환자	천 명당 비율
1월	198	129.94	23.22	311	228.97	28.35
2월	230	106.86	27.35	295	230.14	26.99
3월	255	125.19	27.29	341	227.39	29.67
4월	375	174.20	30.78	625	294.10	50.54
5월	370	200.74	37.89	439	277.71	30.94
6월	464	221.17	32.05	624	311.63	41.62
7월	428	238.61	33.12	651	371.45	43.72
8월	420	246.58	33.73	705	265.77	47.81
9월	241	197.33	24.27	611	388.23	39.84
10월	250	177.55	22.68	524	338.10	31.72
11월	203	166.37	22.84	209	164.43	22.80
계	3,494	180.68	28.66	5,335	290.72	35.82

[부표 3] 1908년 · 1909년(1월부터 11월까지) 병력 손모표(損耗表)

구분	1909년			1908년		
	사망	본국 환송	계	사망	본국 환송	계
1월	4	5	9	8	4	12
2월	1	4	5	4	15	19
3월	4	7	11	2	3	5
4월	3		3	3	2	5
5월	1	10	11	4	9	13
6월	6	6	12	3	4	7
7월	14	7	21	15	20	35
8월	13	6	19	25	24	49
9월	4	18	22	32	23	55
10월	13	10	23	14	21	35
11월	10	10	20	9	9	18
계	73	83	156	119	134	253

[부표 4] 1909년 전사·전상자 계급별표

구분	전사자				전상자			
	장교	하사	병졸	계	장교	하사	장졸	계
중포병대대								
주차사단			2	2			5	5
임시파견대			13	13		2	14	16
계			15	15		2	19	21

* 임시파견대 란은 1월부터 6월까지 보병 제12여단사령부 보병 제14연대와 동 제47연대 파견기병대, 1월부터 8월까지 보병 제27연대, 5월부터 12월까지 임시한국파견대 사령부 동 보병 제1연대 동 제2연대의 사실을 게시한 것임.

[부표 5] 1908년·1909년 전염병 신환표(新患表)

구분	장티푸스(腸窒扶斯)							
	1909년				1908년			
	중포병대대	주차사단	임시파견대	계	중포병대대	주차사단	임시파견대	계
1월		1	2	3		7	1	8
2월		2		2			1	1
3월						1		1
4월			1	1		1		1
5월						1		1
6월			2	2		3	4	7
7월		5	5	10		10	11	21
8월		6	13	19		29	10	39
9월		6	8	14		32	20	52
10월		5	17	22		54	8	62
11월		1	12	13	1	7	19	27
12월			3	3		4	3	7
계		26	63	89	1	147	79	227

구분	적리(赤痢)							
	1909년				1908년			
	중포병대대	주차사단	임시파견대	계	중포병대대	주차사단	임시파견대	계
1월								
2월								
3월								
4월								
5월								
6월		4	5	9	1	3		4
7월		2	6	8	4	3		7
8월			9	9	1	3		4
9월			2	2	5	3		8
10월					1	3		4
11월			1	1				
12월			1	1				
계		6	24	30	12	15		27

* 임시파견대 란의 1908년은 1월부터 12월까지는 보병 제12여단 사령부 보병 제14연대 동 제47연대 파견기병대, 5월부터 12월까지 보병 제27연대, 5월부터 9월까지는 보병 제23연대의 사실을 게시한 것. 1909년은 1월부터 6월까지 보병 제12여단사령부 보병 제14연대 동 제47연대 파견기병대, 1월부터 8월까지는 보병 제27연대, 5월부터 12월까지는 임시한국파견대 사령부 동 보병 제1연대 동 제2연대의 사실을 게시한 것.

[부표 6] 최근 3개월간(9~11월)의 군마 병류표(病類表)

구분 병류	발병수	폐마수 (癈馬數)	폐마수 (斃馬數)	적요
전염병	1			부열우몽(膚列虞夢)이라고 함.
체질병	1	1		폐마(癈馬) 1두는 수삭(瘦削)이라고 함.
신경계병	3		2	폐마(斃馬) 2두는 뇌막염(腦膜炎) 1, 뇌진탕(腦震盪) 1이라고 함.
호흡기병	4			
소화기병	15		4	폐마(斃馬) 4두는 만성 위장가답아(胃腸加答兒) 1, 변비산(便秘疝) 1, 변위산(變位疝) 1, 풍기산(風氣疝) 1이라고 함.
안병	3			
피부병	7			
운동기병	17	3		폐마(癈馬) 3두는 골연증(骨軟症) 1, 견파행(肩跛行) 2라고 함.
제병(蹄病)	14		1	폐마(斃馬) 1두는 제엽염(蹄葉炎) 1이라고 함.
외상 및 불려(不慮)	68			
종양(腫瘍)	1			
계	134	4	7	

* 평균 1일 마 수: 1,235.87두(頭).
* 평균 1일 병마 수: 22.82두.
* 평균 1일 휴업마 수: 20.29두.
* 백마리당 병마 비율: 1.84두.
* 백마리당 휴업마 비율: 1.64두.

[부표 7] 1909년 10월부터 12월까지 폭도 각도별 일람표(한국주차군사령부)

구분 도별	충돌 횟수			폭도 수[1]		
	10월	11월	12월	10월	11월	12월
함경북도	0	0	0	0	0	0
함경남도	2	1	0	30	15	0
평안북도	0	0	0	0	0	0
평안남도	0	0	0	0	0	0
강원도	2	3	3	10	45	44
황해도	8	0	3	130	0	45
경기도	0	8	4	0	175	70
충청북도	2	0	0	10	0	0
충청남도	1	0	2	20	0	30
전라북도	5	3	2	90	45	10
전라남도	16	8	1	370	90	20
경상북도	3	8	3	40	190	40
경상남도	0	1	1	0	7	10
계	39[2]	32	19	700	567	269

* 10월 충돌 횟수 41(105), 폭도 수 700(3,930), 평균 1회당 폭도 수 17.0(37.4).
* 11월 충돌 횟수 32(88), 폭도 수 567(2,457), 평균 1회당 폭도 수 17.7(27.9).
* 12월 충돌 횟수 19(95), 폭도 수 269(3,975), 평균 1회당 폭도 수 14.1(41.8).
* 괄호 안의 숫자는 전년 동월의 수를 표시함.

---

1 원 자료에는 도별, 월별 충돌횟수 및 폭도수가 점선을 이용한 도표로 그려져 있어서 정확한 수치를 알기 어려웠다. 부표 7에 기재된 폭도수의 경우 점이 표시된 지점이 나타내는 수치를 전체 합계를 고려하여 유추한 것으로 정확한 것은 아니다.
2 10월 충돌횟수의 경우 실제 합계와 비고에 기재된 합계가 서로 일치하지 않는다.

[부표 8] 1909년 11월부터 12월까지 폭도 토벌 성적표

구분 월차	충돌 횟수 및 폭도 손해					토벌 이외 검거		일본군 손해	
	횟수	적원수 (賊員數)	사(死)	상(傷)	포로	사	포로	사	상
11월	32 (88)	567 (2,457)	52 (248)	11 (9)	4 (44)	153 (38)	1,142 (129)	(2)	1 (3)
12월	19 (95)	269 (3,975)	22 (246)	16 (20)	10	114 (18)	660 (54)	(1)	(2)
계	51 (183)	836 (6,432)	74 (494)	27 (9)	14 (64)	267 (56)	1,802 (183)	(3)	1 (5)

* 괄호 안의 숫자는 전년도 같은 달의 수를 표시함.
* 검거란의 포로 인원 중 11월에는 자수자 720명, 12월에는 421명을 포함함.
* 표 중 월별 인원 수는 그달 당부에 접수 보고된 것을 포함함.

[부표 9] 1907년 8월부터 1909년 12월까지 적수(賊數) 비교표

월 차	충돌 횟수	폭도 총수	충돌 1회당 평균 폭도 수
1907년 8월	27	5673	210.1
9월	59	8226	139.4
10월	55	7794	141.7
11월	115	17736	154.2
12월	98	8446	86.2
1908년 1월	151	11895	78.8
2월	135	7784	57.7
3월	144	6915	48.0
4월	191	12516	65.5
5월	189	11872	62.8
6월	236	9091	38.5
7월	238	4414	18.5
8월	105	3409	32.5
9월	92	2709	29.4
10월	105	3930	37.4

월차	충돌 횟수	폭도 총수	충돌 1회당 평균 폭도 수
11월	88	2457	27.9
12월	95	3975	41.8
1909년 1월	73	2851	39.0
2월	65	3341	50.6
3월	111	3171	28.6
4월	101	3286	32.5
5월	105	3582	34.1
6월	86	3017	22.0
7월	80	2344	29.3
8월	65	1610	24.7
9월	65	1071	16.5
10월	41	700	17.0
11월	32	567	17.7
12월	19	269	14.1

[부표 10] 한국주차군 인마 일람표

부대		구분	장교	하사	병졸	문관		계	마필
						고등	판임		
군사령부			56	89	168	5	19	337	33
제6사단	사령부		16	16		2	8	42	13
	11여단	사령부	3	2				5	4
		보 13	74	119	1,456(4)			1,649	15
		보 23	71	113	1,441(6)			1,625	12
	36여단	사령부	3	2				5	4
		보 45	75	114	1,397(4)			1,586	13
		보 64	72	114	1,423(5)			1,609	14
	기병 6연대		18	27	262(1)			307	261
	포병 6연대		38	46	492(2)			576	339

부대	구분		장교	하사	병졸	문관		계	마필
						고등	판임		
제6사단	공병 6연대		17	27	320(1)			364	11
	계		387	580	6,791(23)	2		7,768	686
진해만요새사령부			6	11	19		3	39	1
진해중포병대대			21	21	229			271	2
영흥만요새사령부			4	12	17		3	36	2
군악대			1	17	8			26	
위수감옥					5	1	16	22	
육군창고			11	19	40			70	3
경성병원			14	22	119			155	1
평양병원			5	7	17			29	
경성(鏡城)병원			12	21	68			101	1
회령병원			4	5	19			28	1
파견대	사령부		6	9	7			22	7
	보 1		77	127	1,656			1,860	12
	보 2		78	140	1,646			1,864	12
	계		161	276	3,329			3,766	31
총계			682	1,080	10,829(23)	8	49	12,648	761

* 본 표는 1909년 12월 말 조사한 것.
* 본 표 인원에는 고용인 전부를 각 상당 계급 중에 포함함.
* 준사관은 장교 항목에 산입함.
* ( ) 안의 숫자는 사관 후보생.

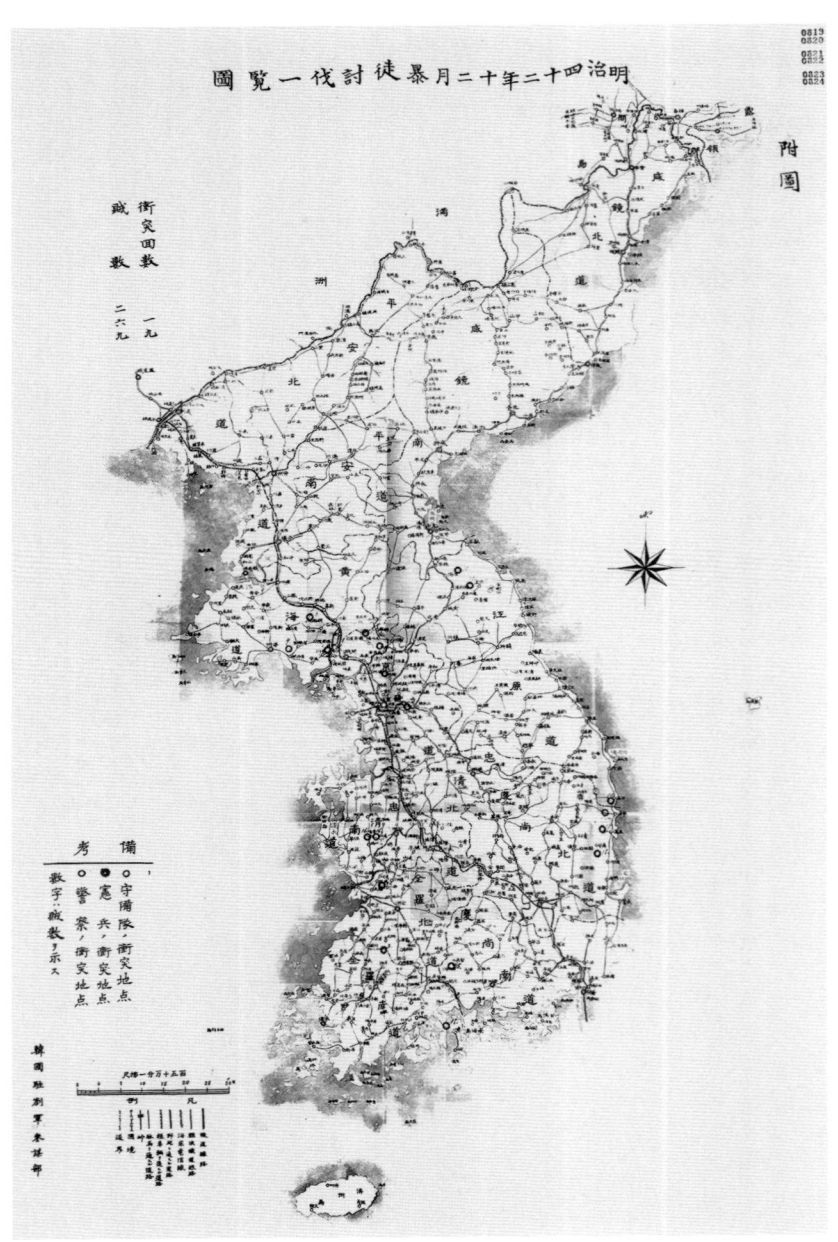

1909년 12월 폭도 토벌 일람도

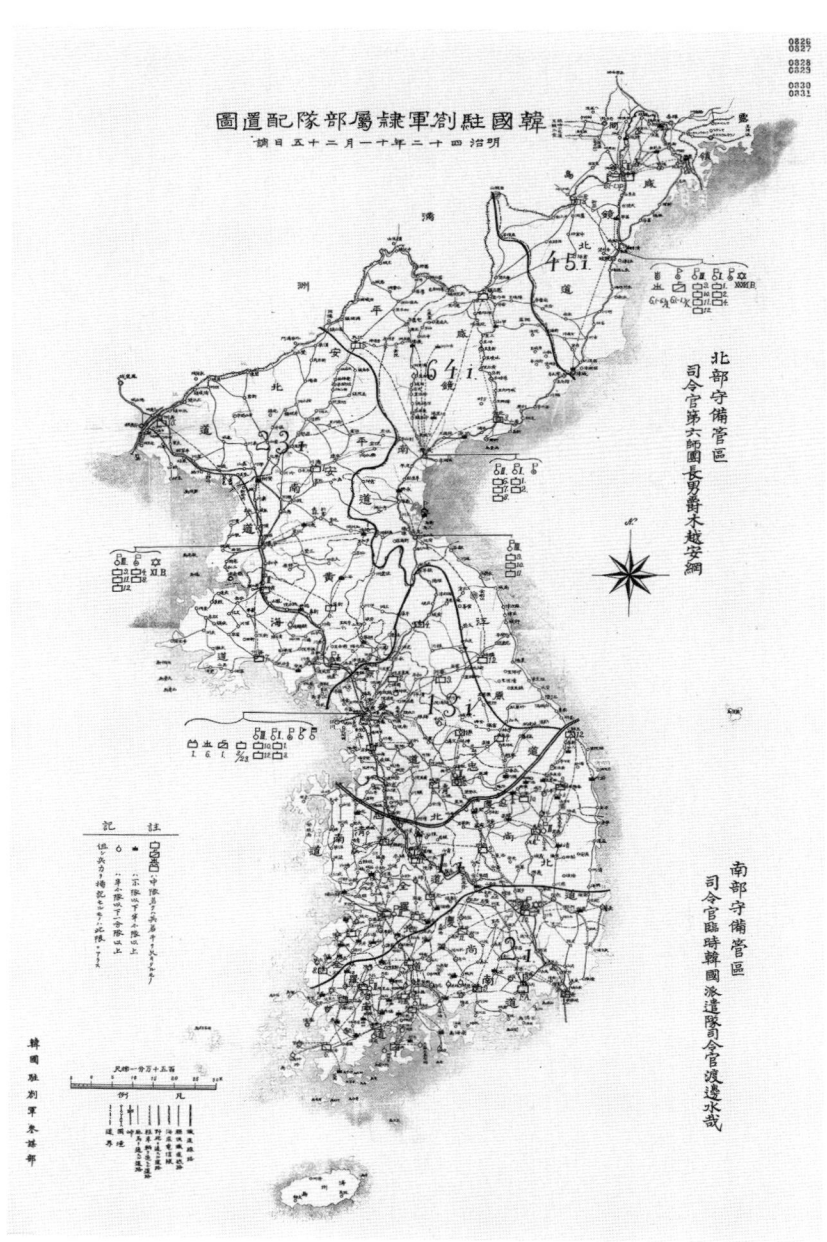

한국주차군 예속부대 배치도

제5장

한국주차군
연도별 작전 계획

사료 19
한국주차군사령관에게 주는
1907년도 작전 계획 훈령

자료명	韓国駐箚軍司令官に与ふる 明治40年度 作戦計画訓令
생산자	
생산시기	
소장기관	日本 防衛省 防衛研究所
문서정보	陸軍一般史料-中央-作戦指導その他-54(C15120087200)

1907년도 작전 계획 훈령

1. 제국 육군은 적국을 러시아로 상정하여 그 극동군에 대하여 공세를 취하는 것을 목적으로 한다.

2. 야전군에게 그 주력(만주군)을 펑톈(奉天) 지방으로, 그 일부(北關軍)를 한국 경성(鏡城) 부근으로 개진(開進)하도록 작전을 계획한다. 그 작전지 경계와 만한(滿韓)수비관구는 부속 지도와 같다.

3. 북관군(北關軍)을 편성하는 목적은 오소리(烏蘇利) 지방에서 적을 견제하는 데 있으며 그 편성은 부속 표와 같다.

4. 북관군에 속하는 부대로서 내지에서 파견해야 하는 부대는 되도록 원산에 상륙하도록 준비한다.

5. 북관군의 개진을 엄호하기 위해 경성(鏡城)에 있는 보병 여단장에게 일시적으로 함경도 지방에 주둔하는 제 단대를 지휘하여 되도록이면 전방에서

엄호진지를 점령하도록 하고 해당 제 단대는 동원이 완결되기를 기다리지 않고 속히 필요한 행동을 취해야 한다. 이를 위해서는 일시적으로 지방의 운반재료를 응용하도록 한다.

6. 북관군의 개진 및 그 운동 사이에 필요한 급양품(給養品)은 상설하거나 임시 설치하도록 각지의 창고에서 보급한다.

개전 당초 원산 및 경성(鏡城)에 큰 창고를 설치하여 개진운동 개시 전에 필요한 양식과 말 먹이를 집적하게 한다.

북관군이 필요로 하는 군수품의 수송은 정황에 따라 육해 양로를 병행한다. 육로에 의한 것은 원산을 기점으로 하여 수차에 걸쳐 이를 전송하고 해로를 이용하는 것은 원산 혹은 본국에서 이를 발송하여 군대 소재지에 가까운 항과 나루에서 육지로 올린다.

7. 한국주차군 수비 관구의 방위를 위하여 귀관이 사용할 수 있는 병력은 다음과 같다.

한국주차사단의 보병 5대대 기병 1중대

진해만 및 영흥만 요새의 방어에 관해서는 1907년도 요새방어계획 훈령에 의하도록 한다. 그러나 해당 요새에 전비를 취할 때는 배속되어 있는 수비대의 도착까지 경비 등을 위해 일시적으로 병력이 필요한 경우에는 안에서 소요 부대를 사용해야 한다.

이와 같이 병력은 되도록 빨리 파견하도록 후비대(보병 5대대 기병 1소대 공병 1중대)와 교대하여 원 사단에 복귀해야 한다.

8. 북관군의 개진을 위하여 원산-경성(鏡城) 사이에 병참을 설치해야 한다. 이를 위하여 북관군에 속하는 후비보병 1대대, 후비공병 1중대, 병참사령부 12개, 육상 근무 보조수졸대 17대 및 건축 근무 보조수졸대 1대를 먼저 파견하고 일시적으로 귀관에게 예속시킨다. 단, 후비대는 되도록 마천령(摩天

嶺) 이북으로 사용해야 한다.

9. 해면(海面)에 관한 정보는 해군 관헌으로부터 그 사령부, 북관 지방에 주둔하는 최고급 고등사령부 및 요새사령부에 통보되며 그 통신사항 및 반려에 관해서는 육군대신이 지시한다.

귀관은 그 관할지의 방비상 필요하다고 인정될 때는 해안감시초소를 배치할 수 있다.

10. 귀관은 그 수비 관구의 방어, 북관군의 개진 및 그 엄호(엄호 진지 구성 및 예정 배치 약도를 첨부해야 한다) 및 원산-경성(鏡城) 사이의 병참 설치에 관한 계획을 정하여 본 훈령 수령 후 30일 이내에 이를 참모총장에게 보고해야 한다.

이후 계획에 임시 개정이 필요한 사안이 있다면 그때마다 보고해야 한다.

11. 1906년도 작전 계획 훈령은 환부하도록 한다.

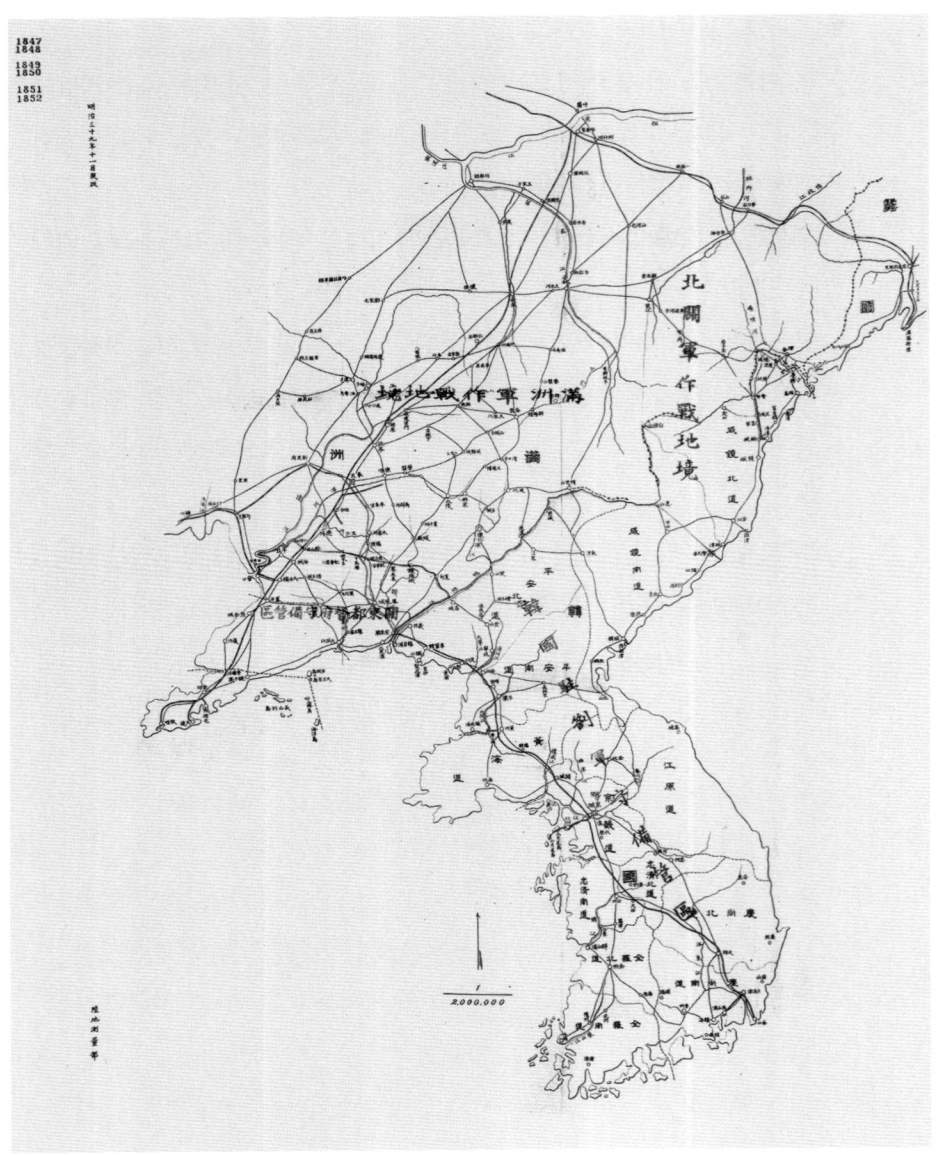

만주 및 한국 내 세부지경 구분

[부표] 북관군 편제표

부대			부대수
군사령부			1
야전사단			1
후비사단			1
도보포병(徒步砲兵) 대대[9cm 구포(臼砲)]			1
야전전신대			2
수압(手押) 경편철도반			1
병참수비대	후비보병대대		4
	후비기병중대		1(1소대 결)
	후비공병중대		1
병참 관련 부대	군병참감부		1
	병참사령부		22
	병참치중	야전병기창	1
		치중감시대	3
		위생예비원	1
		위생예비창	1
		환자수송부	1
		예비마창	1
	병참전신치중	병참전신대	1
		전신예비원	1
		전신예비창	1
보조수졸대	육상근무		18
	건축근무		2
	수상근무		2

* 본 표의 야전사단은 한국주차사단으로 함. 장래 주차사단 때는 예비마창 1개를 증가하는 것으로 함.
* 병참수비대, 병참사령부 및 보조수졸대는 작전 초기에는 본 표 부대 수 내에서 소요에 응하여 약간을 배속하는 것으로 함.
* 원산-경성(鏡城) 간에 병참 설치를 위해 본 표 중 후비보병 1대대, 후비공병 1중대, 병참사령부 12개, 보조수졸대 18대를 선견(先遣)하여 일시 한국주차군사령관에 예속함.

사료 20

한국주차군사령관에게 주는 1908년도 작전 계획 훈령

자료명	韓国駐箚軍司令官に与ふる 明治41年度 作戦計画訓令
생산자	
생산시기	
소장기관	日本 防衛省 防衛研究所
문서정보	陸軍一般史料-中央-作戦指導その他-55(C15120087600)

1908년도 작전 계획 훈령

1. 제국 육군은 적국을 러시아로 상정하여 그 극동군에 대하여 공세를 취하는 것을 목적으로 한다.

2. 야전군에게 그 주력(만주군)을 펑톈(奉天) 지방으로, 그 일부(北關軍)를 한국 경성(鏡城) 부근으로 개진하도록 작전을 계획한다. 그 작전지 경계와 만한(滿韓) 수비 관구는 부속 지도와 같다.

3. 북관군(北關軍)을 편성하는 목적은 오소리(烏蘇利) 지방에서 적을 견제하는 데 있으며 그 편성은 부속 표와 같다.

4. 북관군에 속하는 부대로서 내지에서 파견해야 하는 부대는 되도록 원산에 상륙하도록 준비한다.

5. 북관군의 개진 엄호는 한국주차사단 중 한국주차군 수비 관구의 방어가 필요하지만 전방에서 그 엄호 진지를 점령하도록 한다. 그러나 함경도 지

방에 주둔하는 제 단대는 동원이 완결되기를 기다리지 말고 속히 필요한 행동을 취해야 한다. 이를 위해서는 일시적으로 지방의 운반재료를 응용하도록 한다.

6. 북관군의 개진 및 그 운동 사이에 필요한 급양품(給養品)은 상설하거나 임시 설치하도록 각지의 창고에서 보급한다.

개전 당초 원산 및 경성(鏡城)에 큰 창고를 설치하여 개진운동 개시 전에 필요한 양식과 말 먹이를 집적하게 한다.

북관군이 필요로 하는 군수품의 수송은 정황에 따라 육해 양로를 병행한다. 육로로는 원산을 기점으로 하여 수차에 걸쳐 전송하고 해로로는 원산 혹은 본국에서 발송하여 군대 소재지에 가까운 항과 나루에서 육지로 올린다.

7. 한국주차군 수비 관구의 방위를 위하여 귀관이 사용할 수 있는 병력은 다음과 같다.

한국주차사단의 보병 6대대 기병 1중대

진해만 및 영흥만 요새의 방어에 관해서는 1908년도 요새방어 계획 훈령에 의하도록 한다. 그러나 해당 요새에 전비(戰備)를 취할 때는 배속되어 있는 수비대의 도착까지 경비 등을 위해 일시적으로 병력이 필요한 경우에는 안에서 소요 부대를 사용해야 한다.

이와 같이 병력은 나중에 파견되어야 할 후비대(보병 5대대, 기병 1소대, 공병 1중대)와 교대하여 되도록 빨리 소속 사단에 복귀해야 한다.

8. 제13사단 현재의 편제로 한국에 주차하는 동안에는 그 사단 중에서 새로운 평시 편제에 의해 다른 사단에 전속된 보병부대는 다른 부대의 교대 후 그 새로운 사단에 복귀한다. 이를 위해 제13사단의 충족 인마(人馬)와 동시에 보병 제58연대를 원산에 상륙시킨다. 해당 연대는 상륙 후 제13사단장의 예하에 들어가 가능한 한 빨리 보병 제49연대와 교대할 필요가 있다. 또한

제25여단 사령부는 제13사단 사령부 혹은 보병 제26여단 사령부가 경성(鏡城) 부근에 도착한 후 이와 교대해야 한다. 그러나 새로운 편제에 의해 다른 사단에 예속되는 보병부대 중 함경도 지방에 있는 것은 원산, 그 외는 인천 부근에 집합하여 임기(臨機)의 명령을 기다려야 한다.

9. 북관군의 개진을 위하여 원산-경성(鏡城) 사이에 병참을 설치해야 한다. 이를 위하여 북관군에 속하는 후비보병 1대대, 후비공병 1중대, 병참사령부 12개, 치중(輜重) 감시대 3대 및 육상 근무 보조수졸대 18대를 먼저 파견하고 일시적으로 귀관의 지휘에 속하게 한다. 단, 후비대는 되도록 마천령 이북으로 사용할 필요가 있다.

10. 귀관은 그 관할지의 방어상 필요하다고 인정할 때는 해안감시초소를 배치할 수 있다.

11. 귀관은 그 수비 관구의 방어, 북관군의 개진 및 그 엄호, 제8항의 보병부대의 집합 및 원산-경성(鏡城) 사이의 병참 설치에 관한 계획을 정하여 1908년 2월 마지막 날까지 이를 참모총장에게 보고해야 한다.

이후 계획, 임시 개정이 필요한 사안이 있다면 그때마다 이를 보고해야 한다.

12. 1907년도 작전계획 훈령은 1908년 4월 마지막 날까지 이를 환부하도록 한다.

[부표] 북관군 편제표

부대			부대수
군사령부			1
야전사단			1
후비사단			1
산포병(山砲兵)대대			1
공성중포병(攻城重砲兵)대대			1
야전전신대			2
수압(手押) 경편철도반			1
병참수비대	후비보병대대		5
	후비기병중대		1
	후비공병중대		2
병참 관련 부대	군병참감부		1
	병참사령부		26
	병참치중	야전병기창	1
		치중감시대	3
		위생예비원	1
		위생예비창	1
		환자수송부	1
		예비마창	1
	병참전신치중	병참전신대	1
		전신예비원	1
		전신예비창	1
보조수졸대	육상근무		40
	건축근무		1

* 본 표의 야전사단은 한국주차사단으로 함.
* 공성중포병대대에는 공성중포병대 포창(砲廠) 1개를 부속함.
* 병참수비대, 병참사령부 및 보조수졸대는 작전의 초기에 본 표 부대 수 내에서 소요에 응하여 약간을 배속하는 것으로 함.
* 원산-경성(鏡城) 간 병참설비를 위해 본 표 중 후비보병 1대대, 후비공병 1중대, 병참사령부 12개, 치중감시대 3대, 육상근무, 보조수졸대 18대를 선견(先遣)하여 일시 한국주차군사령관의 지휘에 부속함.

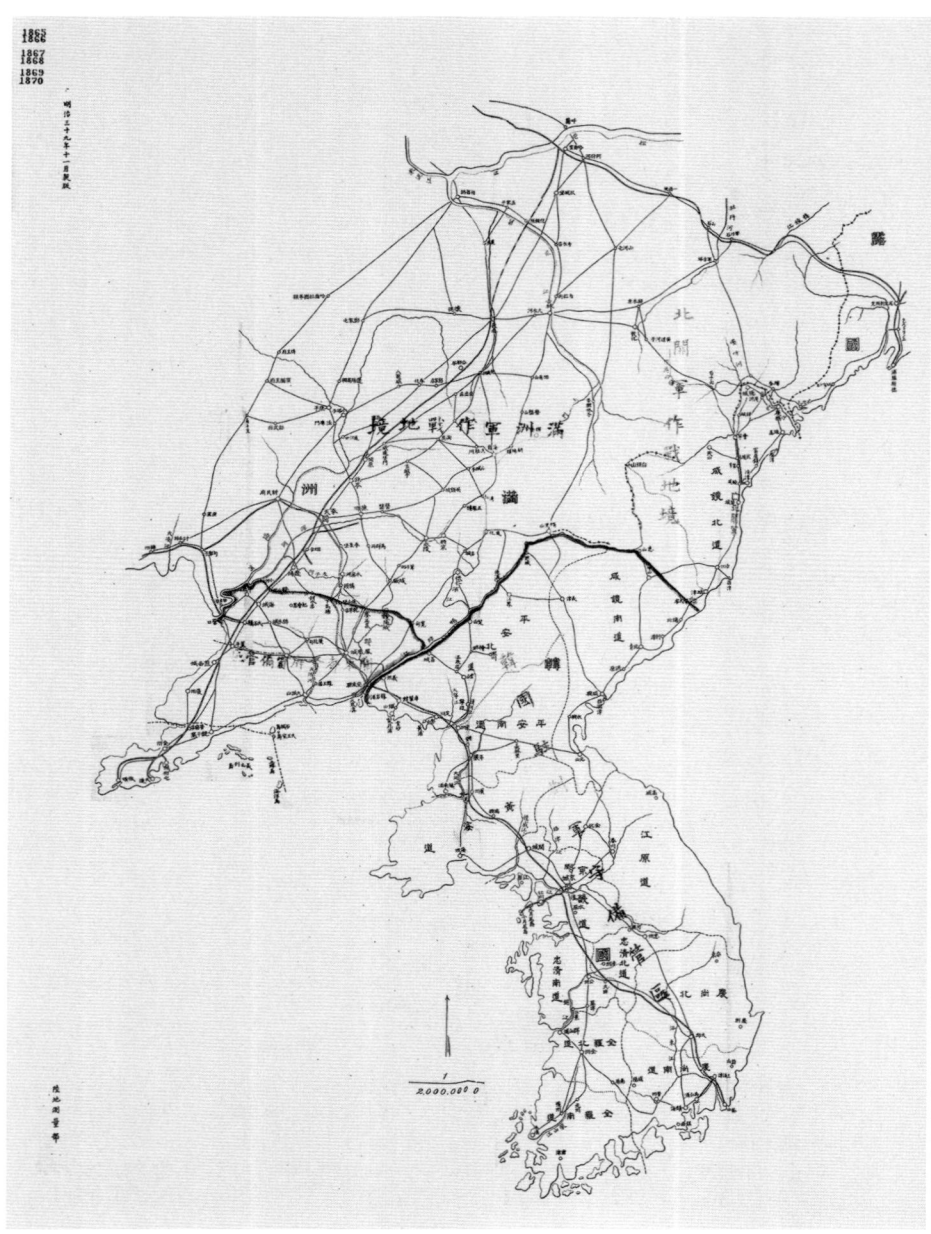

만주 및 한국 내 세부지경 구분

사료 21

한국주차군사령관에게 주는
1909년도 작전 계획 훈령

자료명	韓国駐箚軍司令官に与ふる 明治42年度 作戦計画訓令
생산자	
생산시기	
소장기관	日本 防衛省 防衛研究所
문서정보	陸軍一般史料-中央-作戦指導その他-56(C15120087900)

1909년도 작전 계획 훈령

1. 제국 육군은 적국을 러시아로 상정하여 그 극동군에 대하여 공세를 취하는 것을 목적으로 한다.

2. 야전군에게 그 주력(만주군)을 펑톈(奉天) 지방으로, 그 일부(北關軍)를 한국 경성(鏡城) 부근으로 개진하도록 작전을 계획한다. 그 작전지 경계와 만한(滿韓) 수비 관구는 부속 지도와 같다.

3. 북관군(北關軍)을 편성하는 목적은 오소리(烏蘇利) 지방에서 적을 견제하는 데 있으며 그 편성은 부속 표와 같다.

4. 북관군에 속하는 부대로서 내지에서 파견해야 하는 부대는 해군 작전의 정황에 따라 원산 혹은 그 이북의 항과 나루에 상륙시킨다.

5. 귀관은 한국주차사단(한국주차군 수비 관구 방위에 필요한 부대를 제외)로서 구성되도록 멀리 전방에서 북관군의 개진을 엄호하듯이 계획해야 한다.

그러나 그 후방의 거점으로서 광주령(廣周岺)-초달동(初達洞) 선에 견고한 진지를 구성해야 한다.

함경도 지방에 주둔하는 제 단대는 개전 전부터 적에 대한 행위를 개시할 수 있도록 예상하고, 동원 완결 전이라 해도 필요한 행동을 취할 수 있도록 준비할 필요가 있다.

6. 한국주차군 수비관구의 방위를 위해 귀관이 사용할 수 있는 병력은 다음과 같다.

한국주차사단의 보병 6대대 기병 1중대

진해만 및 영흥만 요새의 방어에 관해서는 1909년도 요새방어계획 훈령에 따르도록 한다. 그러나 해당 요새에 전비(戰備)를 취할 때는 배속되어 있는 수비대의 도착까지 경비 등을 위해 일시적으로 병력을 요하는 경우에는 안에서 필요한 부대를 사용해야 한다.

이와 같이 병력은 나중에 파견되어야 할 후비대[보병 3연대(9대대와 기관총대 3대), 기병 1중대, 산포병 1중대, 공병 1중대]와 교대 후 되도록 빨리 소속 사단에 복귀하는 것을 요한다.

7. 귀관은 한국주차사단으로 하여금 철도 수송 및 도보 행군으로 개진지에 이르도록 계획해야 하며, 단 정황에 따라 원산까지는 선박 수송을 해도 지장은 없다.

8. 귀관은 작전 초기에 북관군의 병참 업무를 담임해야 하며 이를 위해 북관군에 속하는 후비보병 1대대, 후비공병 1중대, 병참사령부 14개, 치중(輜重)감시대 3대 및 육상 근무 보조수졸대 23대를 먼저 파견하고 일시적으로 귀관의 지휘에 속하게 한다. 단, 후비대는 되도록 마천령(摩天嶺) 이북에 사용해야 한다.

앞의 부대는 주차사단의 충족 인마(人馬)에 이어 원산에 상륙하도록 한다.

9. 개전 당초 원산 및 경성(鏡城)에 큰 창고를 설치한다. 그러나 원산 창고에는 개진운동 개시 전에 필요한 양식과 말먹이를 집적하고 그 후 본국에서 오는 보급품은 원산 혹은 군대 소재지에 가까운 항과 나루에서 육지로 올린다.

경성(鏡城) 창고로 향하는 원산 창고의 양식과 말먹이 수송은 귀관이 담임한다. 이를 위해 육로 수송을 주로 해야 하지만 징용해야 할 각종 선박을 이용하여 그 수송을 보충하는 것은 지장이 없다.

위와 같은데도 귀관은 힘써 원산 및 그 이북에서 작전상 주요 지점에 지방 물자를 집적할 계획을 세워야 한다.

10. 만주군에 속하는 약 5사단은 마산포 혹은 부산에 상륙하여 한국 종관철도에 따라 신의주에 수송되는 이 수송 사이의 숙영 및 급양은 귀관이 담임한다. 이를 위해 별도로 병참사령부 3개 및 육상 근무 보조수졸대를 귀관에 예속시킨다.

위에 관한 세부 사항은 참모총장이 지시한다.

11. 귀관은 한국의 방비상 필요하다고 인정할 때는 그 해안에 감시초소를 배치할 수 있다.

12. 귀관은 그 수비 관구의 방어 및 북관군의 개진, 개진 엄호 병참 업무에 관한 계획을 1909년 2월 마지막 날까지 참모총장에게 보고해야 한다.

이후 계획에 임시 개정이 필요한 사안이 있다면 그때마다 이를 보고해야 한다.

13. 1908년도 작전 계획 훈령은 1909년 4월 마지막 날까지 이를 환부하도록 한다.

[부표] 북관군 편제표

부대			부대 수
군사령부			1
야전사단			1
후비사단			1
산포병(山砲兵)대대			1
독립구포(獨立臼砲) 대대 및 동 포창(砲廠)			1
야전전신대			2
수압(手押) 경편철도반			1
병참수비대	후비보병연대		1
	후비보병대대		3
	후비기병중대		1
	후비공병중대		3
병참 관련 부대	군병참감부		1
	병참사령부		26
	병참치중	야전병기창	1
		치중감시대	3
		위생예비원	1
		위생예비창	1
		환자수송부	1
		예비마창	1
	병참전신치중	병참전신대	1
		전신예비원	1
		전신예비창	1
보조수졸대	육상 근무		45
	건축 근무		1

* 본 표의 야전사단은 한국주차사단으로 함.
* 병참수비대, 병참사령부 및 보조수졸대는 작전의 초기에 본 표 부대 수 내에서 소요에 응하여 약간을 배속하는 것으로 함.

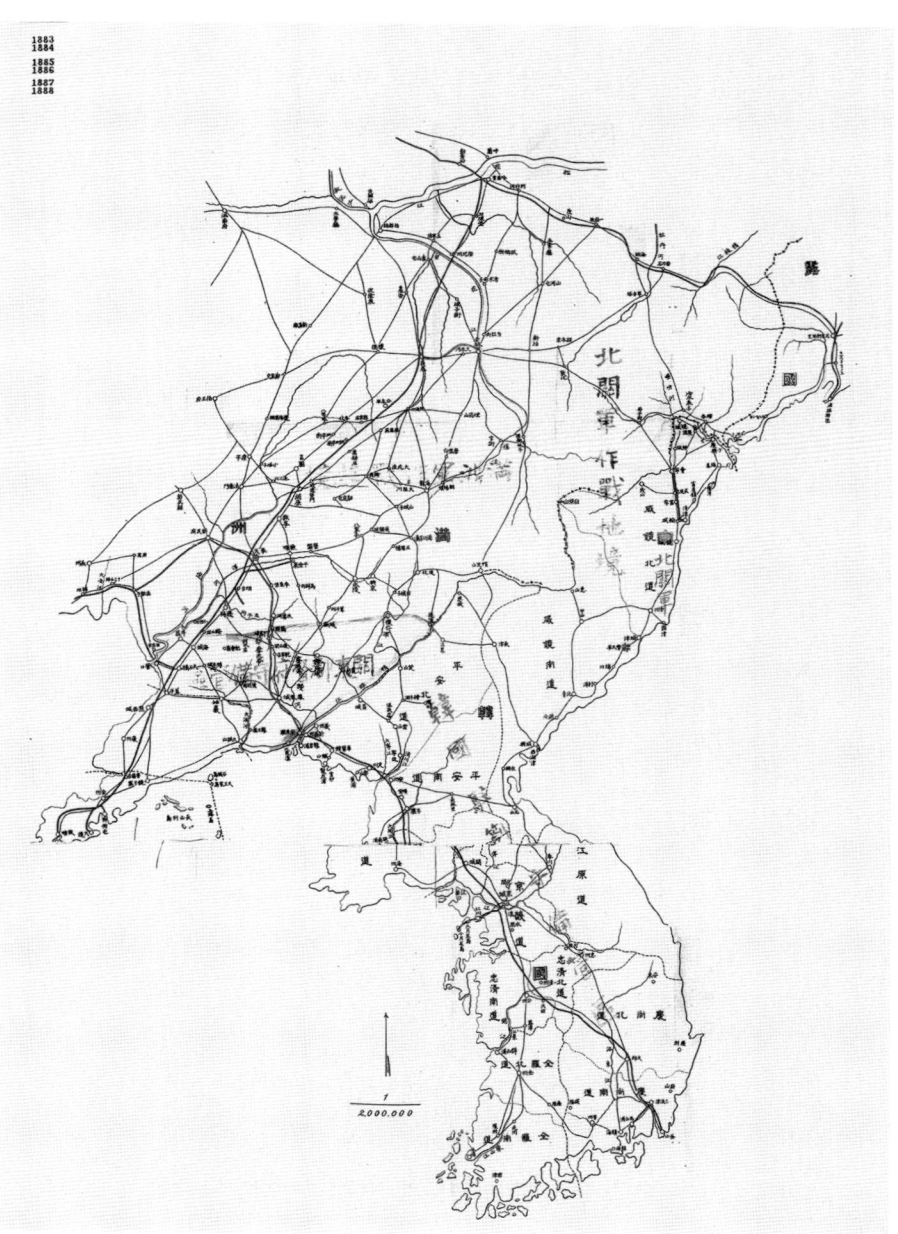

만주 및 한국 내 세부지경 구분

사료 22
한국주차군사령관에게 주는 1910년도 작전 계획 훈령

자료명	韓国駐箚軍司令官に与ふる 明治43年度 作戦計画訓令
생산자	
생산시기	
소장기관	日本 防衛省 防衛研究所
문서정보	陸軍一般史料-中央-作戦指導その他-57(C15120088200)

한국주차군 사령관에게 주는 훈령

군사기밀 1909년 10월 19일 참모본부에서 인쇄

1910년도 작전 계획 훈령

1910년도 작전 계획 훈령

1. 제국 육군은 러시아군에 대하여 공세 작전을 행한다. 이를 위하여 야전군의 주력(만주군)은 창도(昌圖), 해룡(海龍) 선으로, 그 일부(北關軍)는 회령(會寧) 부근으로 개진한다.

2. 야전군의 작전지 경계와 관동도독(關東都督) 및 한국주차군사령관이 담임해야 할 수비 관구의 영역은 부속 지도와 같이 정한다.

3. 북관군(北關軍)은 북관 지방에서 오소리(烏蘇利) 방면의 적을 견제한다. 그 편성과 조직은 부속 표와 같다.

4. 북관군 가운데 다음에 적은 부대로 제1차 수송단을 편성한다.

경성(京城)에 있는 한국주차사단사령부 및 동 기병·포병·공병 중대

후비 혼성여단(混成旅團)

병참소속부대(병참사령부 10개, 치중감시대 5대, 병참전신치중의 일부 육상 근무 보조수졸대 2대)

위의 여러 부대는 기재된 순서대로 대체로 동원 제18일경부터 제20일경에 걸쳐 청진(淸津)에 상륙한다. 단, 그중 한국주차사단의 치중 및 병참사령부 6개, 치중감시대 3대, 육상 근무 보조수졸대 1대는 대체로 동원 제18일경 원산에 상륙한다.

내지에서 파견해야 하는 북관군의 잔여 부대로 제2차 수송단을 편성하여 대체로 동원 제81일경 내지를 출발하게 한다. 단, 그 상륙은 임의로 정한다.

경성에 있는 한국주차사단사령부 및 동 기병·포병·공병 중대는 응급 준비로서 부산 혹은 마산으로 철도 수송하고 그곳에서 승선한다. 이 철도 선박 수송에 관하여는 참모총장이 지시한다.

한국주차사단의 충족 인마(人馬, 1910년도 육군동원 계획상 청진에 상륙해야 하는 것)는 제1차 수송단과 더불어 선박 수송한다.

5. 귀관은 한국주차사단 및 제1차 수송단의 부대로서 북관군의 개진을 엄호하도록 계획해야 한다. 그러나 마지막 엄호 진지로서는 회령 동북쪽 고지를 점령해야 한다.

6. 한국주차사단(제1차 수송단에 편입되는 자를 제외)의 움직임은 모두 도보 행군으로 한다. 그러나 그중 함경도에 주차하는 부대는 응급 준비로서 필요한 행동을 취할 수 있도록 한다.

7. 북관군 사령관 작전지 경계에 도착 후 북관군의 통수권은 동 군사령관에게 돌아간다. 그러나 이와 동시에 북관군 사령관의 지휘에 속하는 것으로

서 한국주차군 수비 관구 안에 남아야 하지만 예속관계를 정한다.

8. 한국주차군 수비 관구의 수비를 총족하기 위하여 귀관에게 다음 부대를 배속한다.

임시한국파견대

후비보병 5대대

후비기병 1중대

후비야포병 1중대

후비공병 1중대

이 중에서 후비보병 2대대는 제1차 소송단의 원산 상륙부대와 동시에 원산에, 그 밖의 후비대는 대체로 동원 제23일경부터 제70일경에 걸쳐 부산 혹은 마산에 상륙하여 귀관의 예하에 들어간다. 그러나 이 후비대의 도착까지 귀관은 한국주차사단 안에서 필요한 병력을 그 수비 관구에 남길 수 있다.

부산 혹은 마산에 상륙하는 후비대는 철도로 수송한다. 이 수송에 관해서는 참모총장이 지시한다. 또는 한국주차사단에 속하는 부대로서 북쪽에서 남쪽을 향하여 이동하는 사람들을 위해 철도 수송이 필요한 경우에는 이를 참모본부에 청구해야 한다.

9. 진해만 및 영흥만 요새의 방어에 관해서는 1910년도 요새방어 계획 훈령에 의해야 한다.

10. 귀관은 수비의 필요상 해안에 감시초소를 배치할 수 있다.

11. 군수품의 보급은 가능한 한 지방 물자에 의하도록 한다. 이것이 어려울 경우에는 내지에서 보급한다.

단, 함경도에서는 전시에 설치되어야 할 청진 창고 및 원산 지급고(支倉庫)에서 보급을 하는 것으로 한다.

12. 만주군에 속하는 약 4사단은 부산 혹은 마산에 상륙하여 한국 종관철

도로 신의주에 수송하도록 한다. 귀관은 또한 이 수송 사이의 숙영 및 급양을 담임한다. 이를 위해 병참 소속 부대를 일시적으로 귀관에 배속시킨다.

13. 귀관은 본 훈령에 바탕을 둔 계획을 정하여 1910년 2월 마지막 날까지 참모총장에 진달해야 한다.

이후 계획에 개정을 가했을 때는 그때마다 보고해야 한다.

14. 1909년도 작전계획 훈령은 1910년 4월 마지막 날까지 환부하도록 한다.

[부표] 북관군 편제표

부대		부대 수
군사령부		1
야전사단		1
후비사단		1
후비혼성여단	후비혼성여단사령부	1
	후비보병연대	2
	후비기병중대	1
	후비 산포병(山砲兵)대대	1
	후비공병중대	1
	후비혼성여단치중대	1
	후비혼성여단위생대	1
	후비혼성여단야전병원	2
산포병(山砲兵)대대		1
야전전신대		2
수압(手押) 경편철도반		1
병참수비대	후비보병대대	4
	후비기병중대	1
	후비공병중대	2

부대			부대 수
병참 관련 부대	군병참감부		1
	병참사령부		32
	병참치중	야전병기창	1
		치중감시대	5
		위생예비원	1
		위생예비창	1
		환자수송부	1
		예비마창	1
	병참전신치중	병참전신대	1
		전신예비원	1
		전신예비창	1
보조수졸대	육상 근무		43
	건축 근무		1

* 본 표의 야전사단은 한국주차사단으로 하고 후비사단은 산포를 편성하는 것으로 함.

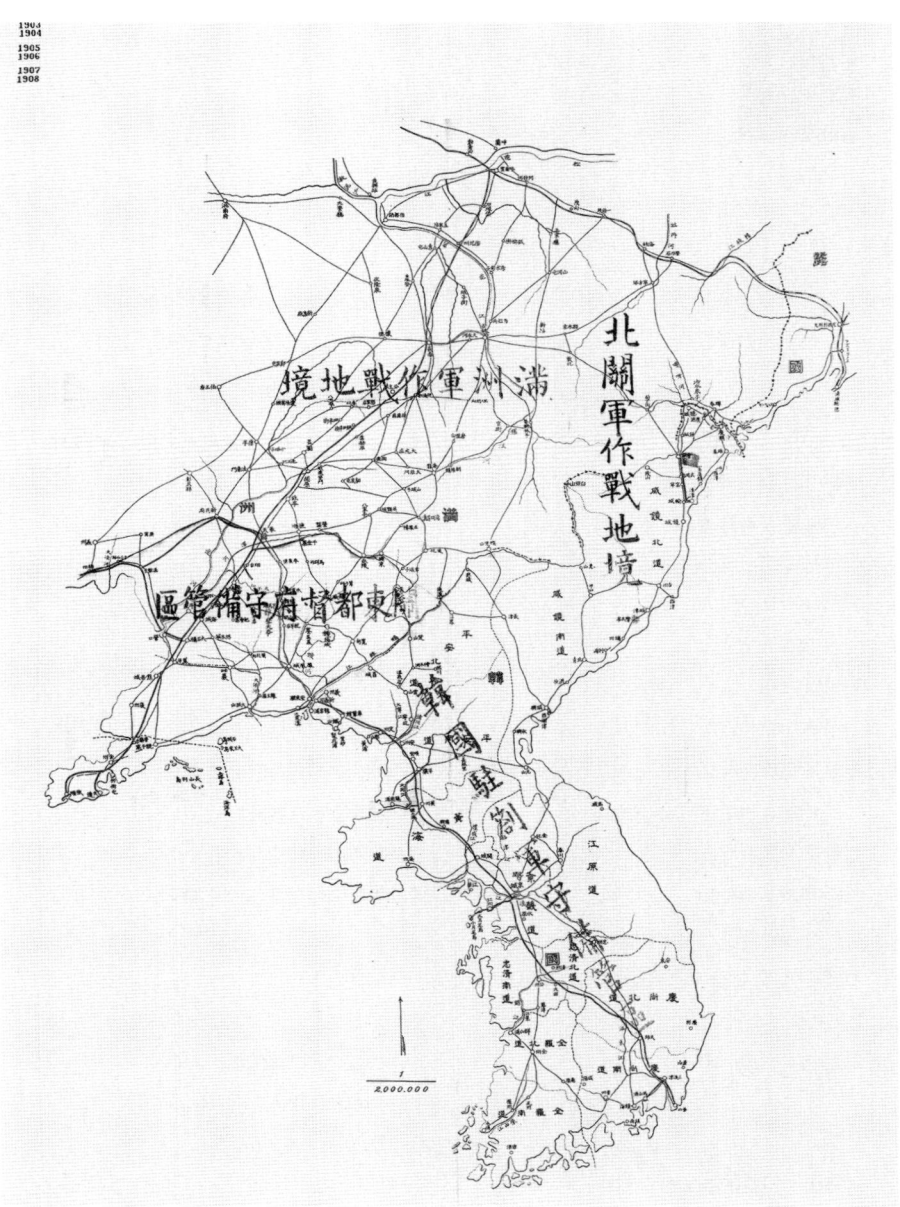

만주 및 한국 내 세부지경 구분

찾아보기

ㄱ

가나자와호(金澤丸) 95
가네다 후사키치(金田房吉) 124
가쓰가세 하지메(勝賀瀨元) 53
가쓰라 다로(桂太郞) 26
각기(脚氣) 70
각기병 238
경성주차대 36
경편철도(輕便鐵道) 90, 161, 167, 248, 260, 261, 267, 301, 305, 310, 315
경하감(硬下疳) 45
계축마(繫蓄馬) 135
구메 이노카즈(久米猪一) 254
기코시 야스쓰나(木越安綱) 88, 125, 126, 129, 170
김인수(金仁洙) 69

ㄴ

나가오 도시로(長尾駿郞) 135
나카무라 고키치(中村幸吉) 56
나카무라 다카요시(中村孝吉) 79

노즈 시즈타케(野津鎭武) 97, 99, 100, 104, 108, 114, 126
뇌충혈 46

ㄷ

다니 도시오(谷壽夫) 168
다루히토(熾仁) 25
다카시키항(竹敷港) 180
다카야마 기미미치(高山公通) 137
다카치호함(高千穗艦) 92
대만육군보급창 35
데라우치 마사타케(寺內正毅) 45, 51, 53~55, 67, 68, 70, 71, 76, 78, 182, 184, 194, 255, 265
도문강(圖們江) 91, 248, 281~283
도비마쓰 간고(飛松寬吾) 246
동청철도(東淸鐵道) 88, 89
두만강 152, 176, 181, 268
두모표(斗毛浦) 242

ㅁ

마쓰우라 간이(松浦寬威) 137
마쓰우라 야스시(松浦靖) 52, 53, 55, 66
말라리아 226, 232, 235, 238, 240, 251, 253
매독 45, 46, 48, 49
모지항(門司港) 35
미쓰이(三井) 물산회사 107, 125
미야무라 구사부로(宮村九三郞) 248
미야자키 요시테루(宮崎吉輝) 124
민영철(閔泳喆) 99

ㅂ

병류표 45, 48, 289
봉황성(鳳凰城) 65, 66, 100, 101, 104,
부산주차대 36
북관군(北關軍) 297~299, 301~305, 307~
310, 312, 313, 315

ㅅ

사가와 고사쿠(佐川耕作) 122
사세보(佐世保) 95, 108, 120, 126~129, 144,
152, 180
사이토 리키사부로(齋藤力三郞) 173
사이토 스에지로(齋藤季治郞) 137
사창(私娼) 45, 46
삼오호(三伍丸) 267
선견징발대 81
세가와 료타로(瀨川良太郞) 47, 50, 73, 75
센카이호(扇海丸) 231
승만마(乘輓馬) 135
시모세 겐타로(下瀨謙太郞) 148

시키타 히데요시(式田秀義) 75
신돌문(申乭文) 266
신돌석(申乭石) 266
쓰가루(津輕) 해협 160

ㅇ

아베 요시스케(阿部好輔) 245
아카시 모토지로(明石元次郞) 135
아타고(愛岩) 113
안도 나오야스(安東直康) 242
압록강 53, 61, 66, 69, 85, 105, 137, 141,
157, 167, 176, 268, 283
야마네 다케스케(山根武亮) 174, 175
야마모토 노부미(山本延身) 233
양무호(揚武號) 54
에토 겐쿠로(江藤源九郞) 68
연하감(軟下疳) 45, 49
영흥만 158, 165, 293, 298, 303, 308, 314
오소리(烏蘇利) 297, 302, 307, 312
오시마 요시마사(大島義昌) 23, 25
오야마 이와오(大山巖) 182
오카 이치노스케(岡市之助) 148
오쿠보 하루노(大久保春野) 255, 265, 276
오타니 기쿠조(大谷喜久藏) 185
오타루호(小樽丸) 132
오타 아키라(太田朗) 230
오타 히로사부로(太田廣三郞) 44, 47, 51, 71,
74, 76
와타베 이사무(渡部勇) 75
왜성대(倭城臺) 246, 247
요시다 도시로(吉田熹郞) 75

찾아보기 **319**

용암리(龍岩里) 54, 56, 57, 59, 64~66, 69
용암포(龍岩浦) 53, 147, 166, 204
우라쓰지 히코로쿠로(裏辻彦六郎) 67~69
우지나(宇品) 35, 82, 128, 144, 147
운동기병(運動器病) 46, 285, 289
울릉도 176
원산주차대 36
육군양말창 34, 35
육군피복창 34
의주(義州) 가도 56~58, 60, 61, 65
이가타 도쿠조(鑄方德藏) 137
이구치(井口胖) 52, 77, 91
이근택(李根澤) 99
이노우에 가즈쓰구(井上一次) 85
이노우에 요시토모(井上良智) 50
이마무라 가이지로(今村外次郎) 252
이범윤(李範允) 281
이시오카 이시로(石岡猪四郎) 250
이양해(李兼該) 267
이용익(李容翊) 89~91, 99
이은찬(李殷瓚) 265
이재순(李載純) 99
이지용(李址鎔) 99
이지치 고스케(伊地知幸介) 84
이질 239
임시 군용철도감부 184
임시 파견대 81

ㅈ

장질부사(腸窒扶斯) 45, 46, 52, 56, 70, 71, 79

장티푸스 25, 45, 226, 235, 238, 245, 261~263, 272, 287
적리 52, 71, 79, 288
제물포조약 24
제13사단 225
제12사단 83
제2사단 83
진남포(鎭南浦) 60, 268
진해만 148, 150~152, 155, 156, 165, 176, 180, 181, 280, 293, 298, 303, 308, 314

ㅊ

치요다함(千代田艦) 86, 87, 103, 109, 113, 114

ㅌ

태고산(太孤山) 92
텐진조약 24

ㅍ

파블로프 54
파성보고 86
폰 클레르 91

ㅎ

하라구치 겐사이(原口兼濟) 169, 173
하세가와 요시미치(長谷川好道) 174
하쿠아이호(博愛丸) 147
한국주차대병원 34, 36, 37, 39
한국주차대사령부 32, 36, 37, 39
한국주차병원 184, 185, 190

한국주차병참감부 184~187

한국주차전신대 32~34, 36, 37, 184, 185, 189

한국주차헌병대 34, 36, 37, 184, 185, 190, 197

한남기선회사(韓南汽船會社) 267

한일의정서 90, 151, 171, 175, 179

현상건 114

혼성 제9여단 23

화류병(花柳病) 46, 48, 235, 285

횡현(橫痃) 48

후지이 고쓰치(藤井幸搥) 124

후지카와호(富士川丸) 92

히라야마 하루히사(平山治久) 122

한반도주둔일본군 사료총서 ①
일본의 군사적 침략과 한국주차군

제1판 1쇄 발행 2020년 5월 26일

편   역 조건
감   수 정태헌, 황선익
펴 낸 이 주혜숙

펴 낸 곳 역사공간
등   록 2003년 7월 22일 제6-510호
주   소 03996 서울특별시 마포구 월드컵로100 4층
전   화 02-725-8806
팩   스 02-725-8801
전자우편 jhs8807@hanmail.net

ISBN   979-11-5707-404-4 93910

- 책값은 뒤표지에 있습니다. 잘못된 책은 바꾸어 드립니다.
- 이 도서의 국립중앙도서관 출판예정도서목록(CIP)은 서지정보유통지원시스템 홈페이지 (http://seoji.nl.go.kr)와 국가자료공동목록시스템(http://www.nl.go.kr/kolisnet)에서 이용하실 수 있습니다.(CIP제어번호: CIP2020020344)
- 이 저서는 2016년 대한민국 교육부와 한국학중앙연구원(한국학진흥사업단)의 한국학 분야 토대연구지원사업의 지원을 받아 수행된 연구임(AKS-2006-KFR-1220001).